普通高等教育“十二五”旅游管理专业规划教材

前厅客房服务与管理

主　编　冯艳芳

副主编　陈瑞霞　梁　丹

参　编　靳小红　胡　俊　李艳娜

机械工业出版社

前厅客房服务与管理是现代饭店运营与管理的重要组成部分。本书吸取了国内外前厅客房服务与管理的最新知识和技术，注重知识的应用性和可操作性，侧重理论指导下的管理实务与运作，简化以学科知识体系为背景的知识要点的陈述，适当增大图表等内容的比例，着眼于旅游饭店新岗位群的诸多最新的现实需要。本书内容深入浅出，难易适度，适用性强。

本书可作为应用型本科、高职高专、成人教育院校旅游管理及相关专业的教学用书，也可供饭店从业人员的培训和自学之用。

为方便教学，本书配备电子课件等教学资源。凡选用本书作为教学用书的教师均可登录机械工业出版社教材服务网 www.cmpedu.com 免费下载。如有问题请致信 cmpgaozhi@sina.com，或致电 010-88379375 联系营销人员。

图书在版编目（CIP）数据

前厅客房服务与管理/冯艳芳主编．—北京：机械工业出版社，2012.7（2020.1 重印）
普通高等教育“十二五”旅游管理专业规划教材
ISBN 978-7-111-39438-9

Ⅰ．①前…　Ⅱ．①冯…　Ⅲ．①饭店—商业服务—高等学校—教材
②饭店—商业管理—高等学校—教材　Ⅳ．①F719.2

中国版本图书馆 CIP 数据核字（2012）第 187736 号

机械工业出版社（北京市百万庄大街 22 号　邮政编码 100037）
策划编辑：徐春涛　　责任编辑：徐春涛　孙晶晶
封面设计：张　静　　责任印制：常天培

北京虎彩文化传播有限公司印刷

2020 年 1 月第 1 版第 4 次印刷
184mm×260mm・15.5 印张・382 千字
6 001—6 800 册
标准书号：ISBN 978-7-111-39438-9
定价：37.00 元

凡购本书，如有缺页、倒页、脱页，由本社发行部调换

电话服务　　网络服务
服务咨询热线：010-88379833　　机 工 官 网：www.cmpbook.com
读者购书热线：010-88379649　　机 工 官 博：weibo.com/cmp1952
教育服务网：www.cmpedu.com
封底无防伪标均为盗版　　金 书 网：www.golden-book.com

前　言

饭店业已经成为颇具规模和发展潜力的新兴产业，为我国的经济建设和旅游业的发展做出了令人瞩目的贡献。面对日趋激烈的市场竞争和挑战，我国饭店业要提高竞争力，实现全面、协调、可持续的健康发展，必须有人才支撑体系作保障，把重视人才培养作为根本大计。伴随着旅游业的迅速发展，我国的旅游教育事业也取得了很大的发展。旅游专业是应用型专业，只有紧贴旅游行业的实际，才会有生命力。因此大力发展旅游管理教育，提高办学水平和质量，培养素质高、能力强、掌握职业技能的专门人才是十分重要的。

本书在编写过程中，坚持适应高等院校教育改革和发展的需要，立足于提高学生的整体素质和培养学生的综合能力，贯彻了科学性、实用性、先进性、规范性原则，力求全面、系统、先进、实用，既注重阐述有关管理理论，又系统地介绍对客服务的内容和要求，力求理论联系实际。本书吸取了国内外前厅客房服务与管理的最新知识和技术，注重知识的应用性和可操作性。本书侧重理论指导下的管理实务与运作，简化以学科知识体系为背景的知识要点的陈述，适当增大图表等内容的比例，着眼于旅游饭店新岗位群的诸多最新的现实需要。本书内容深入浅出，难易适度，适用性强，学术性与普及性兼顾，理论性与应用性并重，知识性、科学性、实用性、创造性相结合，借以提高学生的专业技能和整体素质。

本书由冯艳芳担任主编，陈瑞霞、梁丹担任副主编。具体编写分工如下：第一章、第九章由焦作师范高等专科学校靳小红编写，第二章、第三章、第七章由河南工程学院胡俊编写，第四章、第五章、第十三章由南阳师范学院冯艳芳编写，第六章由安阳师范学院李艳娜编写，第八章、第十二章由郑州师范高等专科学校梁丹编写，第十章、第十一章由河南商业高等专科学校陈瑞霞编写。

在本书的编写过程中，我们得到了许多饭店人士的支持和帮助，并参阅了大量专家学者的相关文献，在此一并向他们表示衷心的感谢。

为了便于师生的教与学，本书提供电子课件和思考与练习及答案。

由于时间仓促和能力所限，书中难免会有不妥和疏漏之处，敬请专家和广大读者批评指正，以便我们能不断完善，沟通信箱 hdp316@163.com。

编　者

目　录

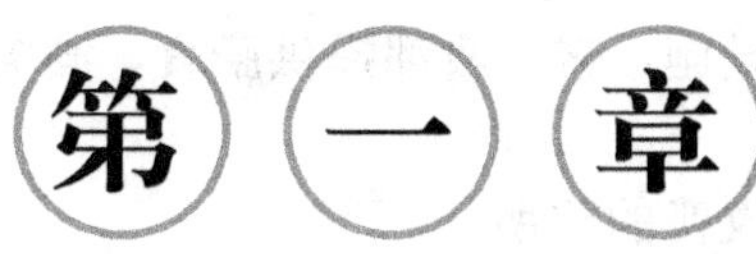

第一章 前厅部概述

学习目标

1. 了解饭店商品的概念、特点。
2. 理解饭店组织机构设置的依据。
3. 理解前厅部的地位与作用。
4. 掌握前厅部的主要任务。
5. 了解前厅部的组织机构及主要岗位职能。
6. 掌握前厅部人员的素质要求。
7. 了解前厅部环境的布局与设计。

第一节　饭店的基础知识

一、饭店概念

人们外出旅游和办事时，都要在旅途中寻找“家外之家”，来满足自己休息和栖身之需。而现在能够专门满足这类需求的行业，在中文里被称为饭店、旅馆、度假村、旅社等。其中，南方多称之为“饭店”，北方多称之为“宾馆”、“酒店”。

英文中表示饭店的词也颇多，其中有两个是最重要的，一是 hotel，二是 inn。hotel 往往表示的是一种标准的住宿设施，inn 让人想起家庭中特有的温暖、热情与方便。但英文中一般用 hotel，这个词来源于法语 hoste，是法国贵族在乡下招待贵宾的别墅。后来，欧美的饭店业沿用了这一名词。尽管各种叫法不同，但基本属性相类似，只是设施、设备以及在提供服务的种类和档次上存在差别。

目前，饭店已经成为国际性的定义，其含义已经发生深刻的变化。国外的一些权威词典为饭店一词曾经下过如下定义：

《利尔百科全书》——一般地说，饭店是为公众提供住宿、膳食和服务的建筑与机构。

《大不列颠百科全书》—— 饭店是指在商业性的基础上向公众提供住宿，往往也提供膳食的建筑物。

《美利坚百科全书》—— 饭店是指设备完好的公共住宿设施，它一般都提供膳食、酒类以及其他服务。

《牛津插图英语辞典》—— 饭店是提供住宿、膳食等而收费的住所。

从上述的定义可知，作为饭店，必须同时具备以下四个条件：

（1）它是由建筑物及设备完好的设施组成的接待场所。

（2）它必须提供住宿、餐饮及其他服务。

（3）它的服务对象是公众，主要是外地旅游者，同时也包括本地居民，既包括某些其他特殊身份或阶层的人，也包括广大普通消费者。

（4）它是商业性的服务企业，以营利为目的，所以其使用者需要支付一定的费用。

所以，饭店就是以建筑物和设施为凭借，主要通过客房、餐饮向客人提供综合服务的场所。换言之，饭店就是利用空间设备、场所和一定消费性物质资料，通过接待服务来满足客人住宿、饮食、娱乐、购物、消遣等需要而取得经济效益和社会效益的一个经济实体。

二、饭店商品的特点

作为向客人提供食宿和其他服务的饭店是一个综合性的企业。企业是指从事经济活动，以获取利润为目的的经济单位，也就是通过生产或销售商品来获取利润。饭店商品与一般商品比较，具有如下特点：

1．生产与消费同步

这是与工业生产不同的典型特征。工厂生产出来的产品还要通过仓储和转运，生产工人与购买者是不直接见面的，产品生产在前，服务消费在后，两者之间存在时间差。而饭店商品不同，只有客人进入预订的客房或在餐厅点餐时，“饭店服务”的生产才能开始，而同时客人的消费也随之开始。当客人消费停止时，“饭店服务”的生产过程也随之停止。饭店服务对服务的提供者（员工）是一个行为过程；饭店服务对服务的接受者（客人）则是亲身参与的行为过程。这就决定了客人参与服务生产过程的不可分离性，这一点应该是“饭店服务”的显著特征。

2．受人的影响大，具有不可捉摸性

服务是“人”对“人”的工作。在大工业的产品生产过程中，定量化、数据化是最基本的。物质产品生产有尺寸、重量、形状、成分、温度、时间等一系列完整的可度量标准作为依据，最终物质产品的质量完全可以依照这些标准检测其优劣。但对服务数量和质量的测评却是复杂而又困难的。作为服务对象的“人”，来自不同的国家和地区的不同类型，由于他们所处的社会经济环境不同、经历不同、消费水平和结构不同，对服务接待的要求也不尽相同，因此客人对服务质量的感受往往带有较强的个人色彩。另外，服务提供者的“人”也是有生命的，他们可能会因为自己的情绪、身体状况、素质、服务技巧等影响到饭店所提供商品的质量。所以饭店商品的质量会因为客人的评价标准不同或服务员提供的服务不同而具有不可捉摸性。

3．价值不可储存

一般企业的商品交换是买者获得使用价值，卖者失去使用价值，产品的所有权发生转移。饭店和一般企业不一样，它是出租饭店的客房、餐厅、会议室和其他综合服务设施，并同时提供服务，但不发生实物转让。饭店未出租的空房、餐厅内的空餐桌等，这都造成了机会损失。有形的物质产品可以储存，而服务则无法储存，今天卖不出去的客房就是永远失去的营业收入。对于一家饭店而言，它的基本生产单位“房间”、“天数”、“餐位”、“开餐时间”都是容易消失的。只有及时出售服务空间，充分发挥服务功能，才能增效、增收。

4．综合性和季节性

现代旅游是一种高级消费形式，现阶段我国的旅游饭店主要是为观光、商务、度假的客人提供各种会议服务的，饭店必须提供满足客人吃、住、行、游、购、娱的多种产品和服务。饭店商品同时具有生存、享受和发展三种功能。客人外出旅行，有了食宿的地方，这是生存的主要条件；在客人住店期间，优美的饭店环境，完善的服务设施，服务人员热情、周到的服务，这对客人是一种享受；客人投宿饭店期间，参加会议及学术交流或工作学习，参观旅游，既开阔眼界，增长才干，又陶冶了情操。这些都是以饭店商品为基础的。所以，饭店商品必须是能够满足客人多层次消费的综合性商品。

旅游本身受季节、气候等自然条件和各国的休假制度影响比较大。在国际上，各国的休假大多在夏季和秋季，因此饭店商品的销售具有明显的季节性。淡旺季客人人数差别很大，往往造成客人住店的差异。

明确饭店商品的特点，目的在于掌握饭店商品的内在规律，并针对这些特点，努力避免和克服不足，把握住经营的最佳时机。例如，掌握了饭店的服务工作具有不可预测性，就会认识到：饭店商品吸引客人的主要魅力在于客人的感受如何，从而重视提高服务的质量，对不同类型的客人，采取针对性的服务。每个饭店都应贯彻“客人至上，服务第一”的宗旨。

三、饭店的组织机构设置

饭店商品是指能够满足客人多层次消费的综合性商品。为更好地满足客人需求，就需要饭店在经营和组织机构设置时科学化、合理化。根据饭店的经营性质、规模大小、档次高低、服务项目多少，机构设置也各不相同。结合目前饭店业的现状和发展趋势，饭店的组织机构设置应尽量压缩和精简，以扁平化和小型化为最有效率和活力。

按照饭店各部门的性质，可将饭店划分为营业部门、职能部门和其他机构设置。

1．饭店营业部门

（1）前厅部。前厅部也称总台，是饭店经营活动的中心。前厅部的主要机构有预订处、接待处、问讯处、行李处、电话总机、收银处等。其通过预订客房、办理登记手续、安排住宿房间、分发行李包、代客储存物品、办理邮电业务、外币兑换、结账等，为客人提供全面的服务。前厅部的工作始终贯穿于客人与饭店接触、交流的全过程。因此，前厅部人员是“饭店的代表”。此外，前厅部还担负着联系和协调饭店各部门的工作，并承担为饭店最高决策层提供决策信息和数据的重任，所以前厅部是饭店组织管理的关键部门和中心环节。

（2）客房部。客房是客人住宿和休息的场所，也是饭店设施的主体部分。它包括客房主管部、楼层服务组、公共区域服务组、棉织品组、洗涤组。随着人民生活水平的飞速提高和现代化旅游业的发展，客人对客房环境、住宿设施、清洁卫生设备及服务质量等都提出了很高的要求。因此，为客人提供一个整洁、舒适、安全的房间是客房部的主要任务。客房服务质量和管理水平的好坏，直接影响到饭店的经营收入和效益高低，还关系到整个饭店的声誉和经营效果，因而必须妥善地做好客房部管理，不断提高饭店的经营管理水平。

（3）餐饮部。餐饮部是饭店又一个主要的创收部门。饭店餐饮服务的规模不论大小，一般均包括食品原料采购供应、厨房加工烹调、餐厅酒吧三部分业务活动，因而相应设置的业务部门有原料采购供应部、厨房、餐厅、酒吧。

此外，饭店为了竞争和发展的需要，日益重视向客人提供更加完善和更加新型的业务项目，以满足客人多方面的需求。

（4）康乐中心。在许多饭店中，特别是度假型饭店都设有专门的部门为旅游团体和旅游者个人提供康乐活动，其中包括高尔夫球、网球、保龄球、健身、游泳等活动。这些活动均由康乐部组织安排，并设专门人员负责组织和指导工作。

康乐中心还通过向客人提供娱乐设施，保证饭店娱乐活动的正常进行并获得相应的经营收入。康乐中心的主管和其他专职人员，一般都具备组织娱乐活动的能力和专长。他们经常为饭店组织一些别开生面和富有吸引力的娱乐活动，满足客人的娱乐要求。

（5）商场部。现在几乎所有的饭店都设有商品销售点，大型饭店的商品部和市区内零售商场的经营类似。但饭店商品部装饰豪华，商品价格通常高于饭店外同类商品的价格。饭店商品部出售的商品，一般以当地特有的旅游商品为主，同时也经营一些日常生活用品。在有些大型饭店中，商品部属于业务部门，其经营收入在饭店营业总收入中占有一定的比例。

2．饭店职能部门

饭店职能部门不直接从事饭店接待和供应业务，而是为业务部门服务，执行自身某种管理职能的部门。饭店的人力资源部、市场营销部、工程部、保安部和财务部均属于饭店的职能部门。

（1）人力资源部。人力资源部的主要职责是为了满足饭店经营管理的需要，协助其他部门负责饭店管理人员和服务人员的选聘、培训及具体的管理工作。人力资源部是饭店中的一个非常重要的部门，一般直接受总经理的领导和指挥。人力资源部除设有经理和副经理外，还有专职人员负责人员调配、职工培训、工资管理等。有些饭店的人力资源部还设有专门的培训机构。

（2）市场营销部。市场营销部的主要职责和工作目标是为饭店组织客源。为了保证饭店有充足的客源，市场营销部的人员要进行市场调研，了解市场需求，掌握客源流向并负责推销饭店产品。

饭店市场营销部的规模大小是有差异的。一般规模是1～10人或1～20人。市场营销部设经理和主管销售业务的专职人员。有些大型饭店的市场营销部还设分管旅游销售、会议销售、宴会销售的经理以及公共关系等专职工作人员。为了做好销售工作，饭店总经理也要分出一部分时间来处理市场营销部的有关事宜。

（3）工程部。工程部的主要职责是负责饭店房屋及设备的维修工作，使饭店的外部及内部装修等保持在完好和较高的水平上，并经常对饭店的各项设备、设施进行修理、保养和更新。工程部还需要按计划对饭店的能源进行有效的管理。

工程部的组织机构包括：工程部办公室（由工程部经理、助理调度员等组成），锅炉冷冻组（由锅炉房和冷冻机房组成），电工组（由交配电组和强弱电组组成），维修组（由综合维修人员组成），电梯组（由电梯操作人员和维修人员组成），土建维修组（由土建工、木工、油漆工组成）。也有的饭店只设锅炉、冷冻、水电、土建四组。

（4）保安部。保安部是饭店非常重要的职能部门之一，客人在饭店中不仅需要良好的食宿服务条件，同时需要一个安全、舒适、宁静的环境。保安部对饭店的各种设施、财产的安全以及客人的人身和财产安全负有重要责任。

饭店设有保安部经理和专职的安全保卫工作人员，对全饭店进行 24 小时的安全保卫和巡视。虽然保安部的人员可以负责饭店整体的安全、保卫工作，但是饭店的所有工作人员和服务人员都应当关心安全工作，并积极参加安全、保卫措施的具体实施工作。

（5）财务部。财务部负责处理饭店经营活动中的财务管理和会计核算工作。财务部人员的数量取决于饭店的经营规模。一般来说，饭店财务工作直接由一位饭店的副总经理领导，财务部门内部设有经理、副经理、主管会计、会计员、出纳员若干名。

3．其他机构设置

根据我国国情、法律、政治经济体制，饭店还要设置其他机构：一是党组织的领导机构，它要对饭店的经营决策、正常运行、实现组织目标起监督、保证作用。二是工会、共青团、妇女组织机构。工会是职工代表大会的常设机构，通过职工代表大会的形式让职工行使民主管理的权利，并维护广大职工的利益。共青团、妇女组织是饭店的群众组织。根据该组织章程，它们一方面要从该组织成员的特点出发，引导他们在饭店中发挥积极作用，另一方面要保护该组织成员的权益。

第二节　前厅部的地位、作用及主要业务

一、前厅部的地位和作用

前厅部是客人与饭店接触的主要场所，也是客人在住店期间形成对饭店“第一印象”和“最后印象”的地方，起着计划、组织、指挥、协调职能的首席经营管理部门，负责销售饭店服务，组织接待工作，调度业务经营及为客人提供订房、登记、行李、电话、退房等各项服务。因此，前厅部在饭店里占据着重要的地位。

1．前厅部是饭店的对外形象代表

前厅部是饭店的神经中枢，在客人心目中它是饭店管理机构的代表。客人在入住登记、离店结算、遇到困难、寻求帮助、感到不满投诉时，首先想到的是找前厅部。因此，前厅

部是客人在住店期间形成对饭店“第一印象”和“最后印象”的地方。如果前厅工作人员能以热情周到的服务态度待客，以娴熟的技巧为客人提供服务，认真、有效地帮助客人解决疑难问题，妥善处理投诉，那么客人就会对饭店的服务感到放心和满意。反之，客人对一切都会感到不满。

由以上论述可见，前厅部的工作直接反映了饭店的工作效率、服务质量和管理水平，直接影响饭店的总体形象。

2．前厅部是饭店业务活动的中心

前厅部的业务涉及面广，通常由预订处、礼宾服务处、接待处、问讯处、收银处、电话总机、商务中心、大堂副理等机构组成，它们均设在饭店大堂地段。前厅部为客人提供的服务从客人抵店前的预订、入住，直至客人离店结账，建立客史档案，贯穿于客人与饭店交易往来的全过程。同时，前厅部还承担着及时将客源、客情、客人需求及投诉等各种信息通报有关部门，共同协调全店的对客服务工作，以确保服务工作的效率和质量。因此，前厅部自始至终是为客人服务的中心，是客人与饭店联络的纽带。

3．前厅部是饭店管理机构的参谋和助手

前厅部作为饭店业务活动的中心，前厅部服务人员通过每日预订、接待入住、客史档案、接待客人投诉等环节，及时收集到有关整个饭店各种经营管理的“第一手”信息，并对这些信息进行认真整理和分析，每日或定期地向饭店管理机构提供能真实反映饭店经营管理的数据和相关信息，从而为饭店管理机构制订和调整饭店策略提供咨询意见和参考依据。

综上所述，前厅部的工作效率和管理水平直接影响饭店的经营效果和经济效益。因此，前厅部在饭店中的地位和作用是十分重要的。

二、前厅部的主要任务

前厅部在饭店中的地位和作用决定了其工作目标就是尽最大可能地推销饭店客房商品及其他产品，协调饭店各部门向客人提供满意的服务，使饭店获取理想的经济效益和社会效益。具体地讲，前厅部有以下几项主要工作任务：

1．销售客房

据有关数据统计，我国许多饭店的客房收入一般要占整个饭店总收入的40%～60%（特别是南方沿海城市饭店）。在我国的涉外旅游饭店中，客房营业收入占饭店营业收入的比例为48.7%，餐饮营业收入占饭店营业收入的比例为35.52%，其他商品经营收入占饭店营业收入的比例为19.31%。因此，目前客房仍是饭店的主要产品，销售客房商品是前厅部的首要任务。前厅部接待入住客人数量的多少、推销客房数量的多少，销售价格的高低，不仅直接影响着饭店的客房收入，而且也间接地影响着饭店餐厅、酒吧及商务中心等收入。因此，前厅部客房销售工作的开展主要从两个方面入手。

（1）预订销售。预订销售是饭店客房销售的重要渠道，是饭店销售客房商品的重要手段，也是前厅部的中心任务。因此，积极开展客房预订业务，是保证饭店客源和经济效益的重要任务。

（2）接待销售。在饭店的每日营业中，前厅部的接待员都会接待很多客人。这时，接待员需要有强烈的销售服务意识和良好的推销能力，配合好营销部开展促销活动。无论对待哪种客人，都要适时地向客人推销客房，还要推销店内的其他服务产品。

2．控制房态

前厅部除做好客房销售工作外，还要在任何时刻都能准确地反映客房状况。准确、有效的房态控制有利于提高客房利用率及对客人的服务质量。因此，在前厅客房电子控制系统中能每时每刻显示每个房间的状况（如住客房、走客房、待打扫房、待售房等），为客房的销售和分配提供可靠的依据。

3．提供对客服务

前厅部作为饭店业务活动的中心，在饭店直接承担着为客人提供机场（车站）接送服务、入住登记、行李服务、换房、退房、邮件服务、问询服务、电话总机服务以及各种委托代办服务等。

4．协调对客服务

前厅部还是饭店与客人沟通的桥梁。客人对饭店每一次具体服务的感受决定着饭店的整体服务质量和声誉。因此，前厅服务人员要根据客人的要求，协调好前台、后台之间的对客优质服务，保持好与饭店各部门之间的有效联系，以达到使客人满意的目的。例如，客人向前厅服务人员反映房间设施问题，前厅服务人员就应立即通过管理渠道向工程部反映客人意见，并检查监督落实情况，给予客人圆满的答复。

5．管理客账

前厅部负责客账管理，它包括客账建立、客账登记、客账结算等内容。由前厅部总台收银处在客人预订客房或办理入住登记手续时建立客账，并按照饭店服务程序和财务政策规定，与相关部门协调沟通，及时登账，迅速、快捷地为客人办理离店手续。这样既方便客人，又有利于保障饭店的经济效益。

6．信息管理

前厅部是与客人接触最多的场所，是饭店信息的集散中心。它不仅负责收集、整理各类外部信息（如客源市场信息、国内外经济信息、旅游发展信息等）和各类内部信息（如开房率、营业收入、预订情况等），还要对其进行加工处理，然后将整理好的信息及时传递到饭店的各经营部门和管理部门。同时，还要随时准备好向客人提供其所需要和感兴趣的信息资料（如城市公交路线、旅游路线、餐饮、购物等信息）。

7．建立客史档案

前厅部为了更好地发挥信息管理作用，一般都要为住店客人建立客史档案。大部分饭店为住店一次以上的零星散客建立客史档案。在建立客史档案时，一般通过将客人姓名、身份、公司名称、地址、抵离店日期、消费记录和特殊要求等内容记录下来，再按客人姓氏的字母顺序排列客史档案进行保存，定期对客史资料进行统计分析、整理和存档。通过建立客史档案可为饭店分析客源市场状况，为回头客提供优质服务、个性化服务提供依据。

第三节 前厅部的组织机构及主要岗位

前厅部要顺利、高效地开展各项业务工作，必须有科学、合理的组织机构作保证。

目前，市场中有许多性质、规模不同的饭店，其前厅部组织机构形式多样。根据现代组织管理理论，不同的饭店前厅部组织机构设置、任务划分和人员配备应遵循以下基本原则：

一、前厅部组织机构设置原则

1．从实际出发，实事求是

前厅部机构设置、人员分配、职责划分不能生搬硬套，应该根据饭店的性质、规模、地理位置、经营特点及管理方式等来确定。例如：规模小的饭店或以内部接待为主的饭店可不设前厅部，将其归入客房部管理；中型饭店可以将管理层次扁平化，减少基层管理岗位，只设领班岗位。

2．精简高效，合理分工

前厅部在设置机构时，为防止出现机构臃肿、人浮于事的现象，要遵循“因事设岗、因岗定人”的原则，同时还要考虑管理幅度问题，做到机构设置科学、合理。

3．职责分明，统一协作

在“因事设岗、因岗定人”的基础上，还要“因人定责”，明确每个岗位员工的工作职责、权利、工作内容以及上下级隶属关系。这样不仅可以有效地督导日常工作，使内部沟通渠道畅通，权责分明，还便于本部门各岗位间的协作。

此外，前厅部组织机构设置还需要制订科学、有效的工作流程，真正发挥前厅部“神经中枢”的作用，从而便于与其他相关部门在业务经营和管理方面的合作。

二、前厅部组织机构设置图

每个饭店因规模大小不同，在进行组织机构设置时要结合其自身的类型、性质、规模、等级、管理方式、客源特点等方面因素进行设置。所以其前厅部组织机构也有很大差别，主要表现在以下 3 个方面：

1．大型饭店管理层次多，而小型饭店管理层次少

目前，大型饭店前厅部组织机构中通常设有部门经理——主管——领班——服务员 4 个管理层次，而小型饭店可能只设经理——领班——服务员 3 个管理层次。但 21 世纪饭店管理的发展趋势是组织机构的扁平化，饭店将可能会减少管理层次，来提高各岗位员工之间的沟通及管理效率，从而来降低管理费用。例如：大型饭店前厅部可能会有部门经理——领班——服务员 3 个管理层次，而小型饭店可能只设经理——服务员 2 个管理层次。大型、中型、小型饭店前厅部组织机构如图 1-1、图 1-2 和图 1-3 所示。

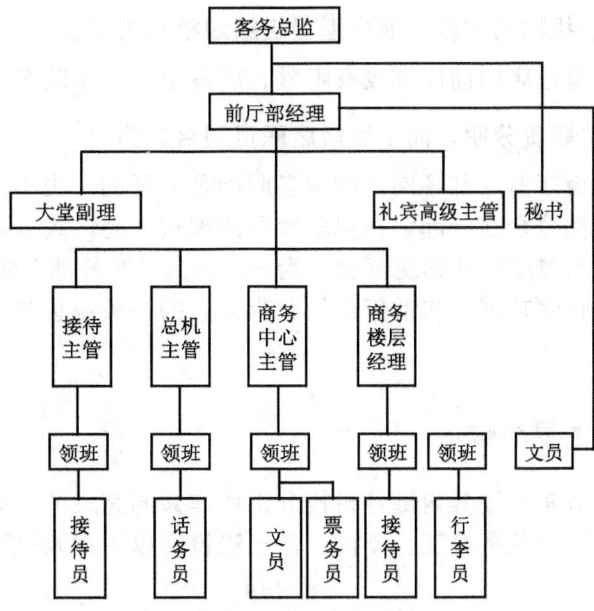

图 1-1　大型饭店前厅部组织机构图

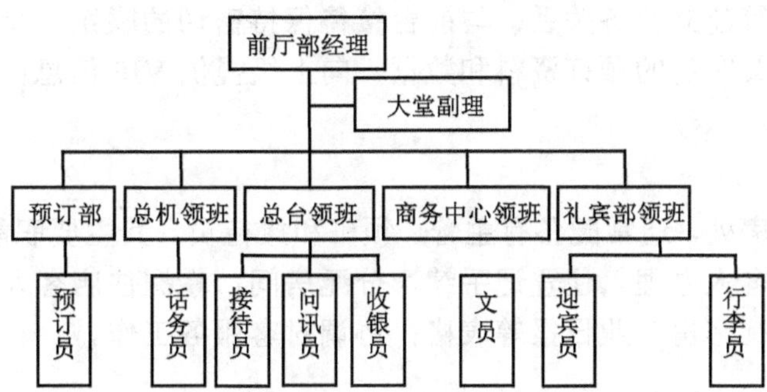

图 1-2　中型饭店前厅部组织机构图

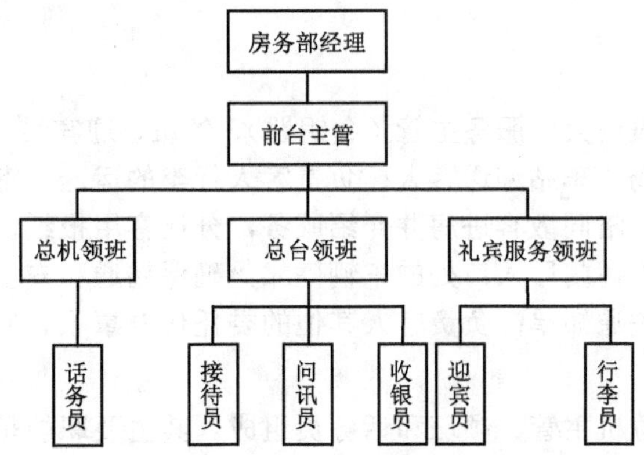

图 1-3　小型饭店前厅部组织机构图

2. 大型饭店组织机构内容多，而小型饭店组织机构内容少

目前，大部分大型饭店的前厅部设有吧堂、商务中心、车队等，而小型饭店则没有。

3. 大型饭店岗位职责分明，而小型饭店职责则合二为一

一般来讲，大型饭店前厅部各岗位的很多职能是分开的，由不同的岗位负责，而小型的饭店则可能将一些岗位合在一起。在竞争激烈的现代社会，大多数饭店考虑到前厅部与客房部联系密切，将其前厅部和客房部合二为一，称为“客务部”或“房务部”。还有一些饭店考虑到前厅部的销售功能，将前厅部划归为饭店的公关销售部，而将饭店的客房部设置为独立的部门。

三、前厅部的主要岗位

前厅部的工作任务是通过其内部各机构分工协作共同完成的。如前所述，因各饭店性质、规模等不同，前厅部业务分工也不同，但一般设有以下主要机构：

1. 预订处

预订处是前厅部的“心脏”，是专门负责饭店订房业务的部门。其人员配备是由预订主管、领班和订房员组成。其主要职能是：负责饭店的订房业务，接受客人的预订；负责与有关公司、旅行社等建立业务关系；与前台接待保持密切的联系，及时向前厅部经理及前台有关部门提供有关客房的预订资料和数据，向上级提供 VIP 信息；编制报表；参与制订全年客房预订计划。

2. 接待处

接待处又称开房处，通常配备有主管、领班和接待员。其主要职能是：负责销售客房，接待住店客人，为客人办理入住登记手续，分配房间；掌握住店客人的动态及信息资料，控制房间状态；编制客房营业日报等表格；协调对客服务工作。

3. 问讯处

问讯处通常配有主管、领班和问讯员。其主要职能是：回答客人的问询，包括介绍店内服务及有关信息，市内观光、交通情况，社团活动等；接待来访客人；处理客人的邮件、留言等。

4. 礼宾部

礼宾服务人员一般由大厅服务主管（金钥匙）、领班、迎宾员、行李员等组成，其主要职能是：在门厅或机场、车站迎送客人；负责客人行李的运送、寄存及安全；寄存和出租雨伞；帮助客人找人；陪同散客进房并介绍服务，分送客用报纸、信件和留言；代客召唤出租车；协助管理和指挥门厅入口处的车辆停靠，确保畅通和安全；回答客人问询，为客人指引方向；传达有关通知单；负责客人其他的委托代办事项。

5. 电话总机

电话总机一般由总机主管、领班和话务员组成。其主要职能是：接转电话，为客人提供请勿打扰电话服务；提供叫醒服务；回答电话问询；接受电话投诉；电话找人；电话留言；办理长途电话事项；传播或解除紧急通知或说明等。

6. 商务中心

商务中心通常由主管、领班和职员构成。其主要职能是负责为饭店客人提供商务、办公、差旅等方面的支持和服务，包括设备出租服务、传真收发服务、复印和打字服务、翻译和秘书服务、票务服务等。

7. 收银处

收银处也称结账处，一般由领班、收银员和外币兑换员组成。收银处通常隶属于饭店财务部管辖。但由于收银处位于总台，与总台接待处、问讯处等岗位有着不可分割的联系，直接面对面地为客人提供服务，是总台的重要组成部分。因此，前厅部也应参与和协助对前厅收银处的管理和考核。收银处的主要职能为：负责处理客人账务，为客人办理离店结账手续，包括收回房间钥匙、核实客人的信用卡、负责应收账款的转账等。

8. 大堂副理

大堂副理是饭店联系客人的纽带，为客人提供个性化服务，提高客人在饭店住宿期间的满意度。其主要业务包括：

1）接待客人。

2）处理客人的投诉。

3）独立应对饭店的突发事件。

4）为客人提供问询服务。

5）组织举办客人专项活动，如常客鸡尾酒会。

6）管理饭店备用钥匙。

7）做好每日前厅工作记录。

8）巡查前厅各个岗位并协助工作。

9）接待来访者，如相关政府管理部门的检查和媒体记者采访等。

四、前厅部各主要岗位的岗位职责

1. 前厅部经理

前厅部经理的主要职责：直接管理所有前厅部员工并确保其正确履行职责；负责对大堂副理、总台、预订处、礼宾部、电话总机、商务中心、商场、医务室各区域和各项对客服务进行指挥协调。

前厅部经理的任职条件：仪表端庄，性格外向，有良好的心理素质，能承担来自外界的压力；大专及以上学历，英语水平较高且能够熟练运用；担任饭店主管 2 年以上，或者有 5 年以上前厅工作经验；熟悉前厅管理专业知识、市场销售知识和接待礼仪；熟练运用计算机。

2. 大堂副理

大堂副理的主要职责：监督前厅部各岗位的服务工作，保持前厅的良好运作；处理客人的投诉，解决客人提出的问题；与其他部门保持良好的沟通与协作；负责接待饭店贵宾。

大堂副理的任职条件：仪表端庄，善于交际；热爱饭店工作，钻研业务，反应敏捷；

中专学历或同等文化程度：能用流利的英语从事前厅服务；具有2年以上前台工作经验，3年以上前厅工作经验。

3．接待员

接待员的主要职责：在客人住店期间，代表饭店与客人打交道；确认住店客人的客房预订种类和入住天数：帮助客人填写入住登记表，安排客房：尽可能落实客人的特殊要求；了解客人的付款方式，并跟踪、监管客人的信用，把客人和客房的有关信息录入系统，并将其通知饭店相关人员。

接待员的任职条件：相貌端庄，善于处理人际关系，办事稳重、踏实，有强烈的服务意识；高中毕业及以上学历；能进行英语日常会话，开展对客服务；熟悉饭店的计算机管理系统，通晓前台接待、问询、客房预订的计算机操作；接受过前台管理的专业培训，懂得一般旅游心理学知识；从事前台工作半年以上。

4．总机话务员

总机话务员的主要职责：使用聆听技巧使来电者流畅地说出需求以便获得准确、完整的信息；接听电话并通过总机系统转接客房或店内的个人和部门。

总机话务员的任职条件：说话口齿清楚，音质优美，反应敏捷；掌握电话交换机操作技能，懂得自动直拨电话计费系统、打印机以及叫醒服务机的操作方法；高中毕业及以上学历；能用英语与外宾进行流利的会话；接受过3个月以上的话务员专业训练。

5．迎宾员

迎宾员的主要职责：代表全饭店人员迎送抵达或离开饭店的客人，并致以问候；维持饭店正门前的交通秩序。

迎宾员的任职条件：体态、站姿端正，工作责任心强，能吃苦耐劳，对客人热情友好，有强烈的服务意识；高中以上文化程度：能进行一般的英语会话；接受过专业训练，熟悉迎宾工作的规范和要求。

6．行李员

行李员是大堂服务的主体，其主要职责是：为客人提供迅速、准确的行李运送服务；负责留言、信件、快件的投递；提供呼唤找人服务。

行李员的任职条件：体态、站姿端正，工作责任心强，能吃苦耐劳，办事稳重，为人诚实，对客热情友好，不卑不亢，有强烈的服务意识；高中及以上文化程度；能进行一般的英语会话；接受过专业训练，熟悉饭店情况，了解饭店的各项服务设施。

7．“金钥匙”

“金钥匙”是国际五星级饭店高水平、高素质服务的象征。

“金钥匙”的职责有：全方位地满足住店客人提出的特殊要求，并提供多种服务，如行李、钟点医务、托婴、沙龙约会、推荐特色餐馆、导游、导购等，对客人有求必应；协助大堂副理处理饭店各类投诉；保持个人的职业形象，以大方得体的仪表、亲切自然的言谈举止迎送抵、离饭店的每一位客人；检查大厅及其他公共活动区域；协同保安部对行为不轨的客人进行调查；对行李员的工作活动进行管理和控制，并做好有关记录；对抵、离店客人给予及时关心；将上级命令、所有重要事件或事情记在行李员、门童交接班记录本上，每日早晨呈交前厅经理，以便查询；控制饭店门前的车辆活动；接受前厅部经理委派培训行李员；在客人登记注册时，指导每个行李员帮助客人；与团队协调好关系，使团队行李顺利运送：确保行李房和饭店前厅卫生、清洁；保证大门外、门内、大厅3个岗位有人值班；保证行李部服务设备运转正常，随时指导每个行李员帮助客人，随时检查行李车、秤、行李存放架、轮椅。

8．商务中心文员

商务中心文员的主要职责：为客人提供传真、复印、中英文打字、国际国内直拨电话、洽谈室服务、国际互联网接入、特快专递等商务服务。

商务中心文员的任职条件：仪表端庄，性格开朗，待人热情，工作认真，有良好的心理素质；掌握打字技能，通晓商务中心各类设备的操作程序和使用要求；具有中专学历或同等文化程度；能使用英语对客服务：接受过3个月以上的专业训练，熟悉商务中心工作的规范和要求。

第四节　前厅部的业务特点及人员素质要求

一、前厅部的业务特点

1．工作内容庞杂

前厅部的工作范围较广，项目多，通常包括销售、预订、接待、问讯、行李、寄存、收银、总机话务、票务等一系列内容，并且每项工作都有相应的规范与要求，在具体的操作过程中必须严格遵守，才能使客人满意。

2．工作涉及面宽

前厅在整个饭店的管理过程中负有协调功能，必然与各个相关部门发生联系，有时不仅需要熟悉本身的业务，还要了解其他部门的情况，才能帮助客人解决问题。

3．专业要求高

随着时代的进步，现代科技不断引入到各行各业的管理中，饭店前厅也大都实行了计算机管理，员工必须经过专业培训才能上岗操作，另外，在帮助客人克服困难，回答其提出的问题时，也需要员工具备相应的能力与业务知识背景，这就对员工的素质、专业技术水平、业务水平提出了较高的要求。

二、前厅部的人员素质要求

前厅部的管理水平与服务质量直接影响客人的满意程度，影响饭店给客人的留下印象。虽然，前厅部人员所具备的素质和要求应根据其担任的岗位而各有侧重，但因前厅部员工均直接面对客人提供服务，所以优秀的前厅管理人员和服务人员都应具有较高的的基本素质和要求。具体要求如下：

1．前厅部管理人员应具备的综合素质要求

（1）仪容仪表。前厅部员工体态匀称、仪表堂堂，能给客人留下良好的第一印象，并从中感觉到家庭般的温暖和“宾至如归”的感受。

前厅部的员工应注意日常自我检查，确保其仪容仪表符合饭店的标准和要求。

个人卫生方面，应注意整体卫生，如男士的头发不应过领，女士的头发不应超肩，颜面常保持清洁，口腔无异味，牙齿洁白，常修剪指甲，不涂抹指甲油等；着装方面应穿店服，做到整洁挺括，扣子无脱落，皮鞋应光亮，袜子应常换无破损；化妆饰物方面，男士须修面，女士应化淡妆，不佩戴饰物，工号牌应端正等。

（2）礼貌修养。礼貌修养是以人的德才学识为基础的，是内在美的自然流露。前厅部人员应有的礼貌修养具体表现在：言谈方面，应做到用语规范、声调柔和、语气亲切、表达得体；行为举止方面，应做到站立挺直自然，不倚不靠，行走轻快，不奔跑；工作作风方面，应做到朴实、谦虚、谨慎；服务态度方面，应做到一视同仁、不卑不亢，待人热情、分寸、适度；表情方面，应做到自然诚恳、微笑服务。

（3）品行的道德。前厅部员工首先必须品行端正、诚实且具有较高的修养及职业道德水平。前厅部的工作会涉及价格、现金及饭店营业机密，如果员工品行不端正，就很容易利用饭店管理中的漏洞为个人谋取私利；如果员工修养不好，也很难提供高水平的服务。

2．前厅部管理人员的素质要求

（1）前厅部经理的素质要求。前厅部经理的知识要求：

1）掌握现代饭店经营管理知识，熟悉旅游经济、旅游地理、公共关系、经济合同等知识。

2）掌握前厅部各项业务标准化操作、客房知识，了解客人的心理和推销技巧。

3）掌握饭店财务管理知识，懂得经营统计分析。

4）熟悉涉外纪律，了解我国及主要客源国的旅游法规。

5）能熟练运用一门外语阅读、翻译专业文献，并能流利、准确地与外宾交流。

6）具有一定的计算机管理知识。

7）了解宗教常识和国内外民族习惯及礼仪要求，了解国际时事。

前厅部经理的能力要求：

1）能够根据客源市场信息和历史资料预测用房情况，决定客房价格，果断接受订房协议。

2）能够合理安排前厅部人员有条不紊地工作，能够处理好与有关部门的横向关系。

3）善于在各种场合与各阶层人士打交道，并能够积极与外界建立业务联系。

4）能独立起草前厅部工作报告和发展规划，能撰写与饭店管理有关的研究报告。

5）遇事冷静，有自我控制能力。

6）善于听取他人意见，能正确地评估他人的能力，能妥善处理客人的投诉。

（2）大堂副理的素质要求。大堂副理的主要素质要求有以下几点：

1）掌握现代饭店管理知识，特别是营业运转部门的管理知识，熟悉旅游学、旅游地理、公共关系、旅游心理学，以及宗教、民俗、礼仪等方面的知识。

2）熟悉本饭店运转体系，熟悉饭店的各项政策及管理规定，了解饭店安全、消防方面的规章制度、处理程序及应急措施。

3）具有高度的责任心和服务意识，为人正派，热情大方，办事稳重。

4）有较强的应变能力、组织指挥能力和是非判断能力，能独立处理较复杂的紧急问题。

5）能处理好人际关系，善于与人交往。

6）有较好的外语口头表达能力和文字表达能力，能流利、准确地使用外语与客人交流。

7）具有从事饭店工作5年以上经验，有在一两个前台运转部门（特别是前厅部）基层管理工作的经历。

8）仪表端正，风度气质良好。

（3）主管（领班）的素质要求。前厅部各部门的主管（领班）工作在对客服务的第一线，直接指挥、督导、控制并参与前厅服务及客房的销售工作，是前厅部正常运转、保证服务质量的直接责任者。他们应具备的素质要求：

1）比较系统地掌握旅游经济、旅游地理和主要客源国的民俗礼仪及现代饭店经营管理知识。

2）能坚持原则，敢于负责，作风正派，办事公道，在工作中的各个方面都能起表率作用。

3）受过严格的操作训练，精通业务，熟练掌握服务技能和技巧，并能带领全体员工共同完成客房销售和对客服务任务。

4）有较好的外语口头表达能力和文字表达能力，能流利、准确地使用外语与客人对话。

5）善于处理人际关系，会做思想工作，关心本班组员工的合理要求和切身利益。

6）有处理各种突发事件的应变能力。

7）仪表端正，风度气质良好。

3．前厅部服务人员的素质要求

（1）良好的语言基础。前厅部人员应该有良好的语言基础，首先，必须具有良好的语言表达能力及理解能力，普通话发音应标准，音质纯美、圆润动听；其次，必须熟练地掌握一门以上的外语，并在听、说、读、写几个方面，特别是口语方面达到相当的水平；此外还应掌握一些常用的方言，如广东话、闽南话等，以便于更好地接待中国香港、澳门、台湾同胞。

（2）较广的知识面。前厅部人员必须对历史、地理、气候、金融、风景名胜、交通状况、异国风情、宗教等方面的知识有较全面的了解。

（3）端庄的仪表。前厅部员工要有得体的举止，因为他们的一言一行都关系到客人对员工本身及饭店的印象。例如，在进行站立服务时，不得踱步、转圈、把手插入口袋或抱在胸前，以免给客人以急促、忙乱、坐立不安的印象。

（4）各种良好的性格。前厅部服务人员应具有外向的性格，热情开朗，善于交际。此外，还必须有乐于为别人服务的品质，灵活创新的个性，愿意接受新事物。除此之外，前厅部服务人员更重要的是要具有耐心、容忍和合作精神，善于自我调节情绪，保持始终如一的温和、礼貌，并具有幽默感，善于理解别人，能为尴尬的局面打圆场，使自己在对客服务中保持身心平衡，并提高服务过程中的随机应变能力。

（5）各项基本技能

1）人际关系能力。前厅部人员与同事、客人及上级领导都应该建立良好的关系，互相理解，互相合作，以顺利地完成工作。

2）业务操作技能。前厅部服务人员必须动手能力强，反应敏捷，能够熟练、准确地按照操作程序完成本职工作。

3）应变能力。客人的性别、国籍、年龄、职业、教育程度、职务和需求等各有不同，前厅部职员必须具备应变能力，才能有针对性地提供优质服务。

总之，前厅部人员必须热爱服务工作，性格开朗，通情达理，善解人意，并具备一定的应变能力及高度的自信心和自制力。应让客人感觉到前厅部员工受过良好、正规的饭店专业培训，有一种饭店从业人员特有的气质和风度。

第五节 前厅环境设计与控制

前厅是指饭店的正门、大厅（大堂）以及楼梯、电梯和公共卫生间等，属于前厅部管辖范围。它是饭店建筑的重要组成部分，每一位抵达饭店的客人都要经过这里。因此，前厅的布局、灯光、色彩以及气氛都是不容忽视的内容。它的设计、布局以及所营造出的独特氛围，将直接影响饭店的形象及其本身功能的发挥。

一、前厅环境设计的原则

尽管前厅的设置随着饭店业的发展在不断更新，各类饭店在前厅设计上都突出自身的特点，但是前厅的设计都要遵循这些基本原则，以利于前厅的运转。

1．功能性原则

前厅设置的功能性原则是前厅环境设计中最基本的层次。因此，无论饭店大堂设计的风格是现代还是古典，都应在满足客人品味的同时充分体现功能性，前厅的各项设计一是紧紧围绕便于对客服务这一实用功能展开；二是应该注意各工作环节的衔接，确保前台接待人员的工作效率和节省客人的时间与体力功能的实现。

2．经济性原则

传统的饭店大堂大都追求一种宽敞、华丽、宁静、安逸、轻松的气氛，但现在越来越多的饭店开始注重充分利用饭店大堂宽敞的空间，开展各种经营活动，以求“在饭店的每一寸土地都要挖金”的经营理念。因此，前厅的设置要尽量少占用大堂空间，要从饭店自身的等级规模条件出发，以较少的投入达到最佳设计效果。

3．整体性原则

饭店大堂被分隔的各个空间，应满足各自不同的使用功能。但设计时，若只求多样而不统一，或只注重细节和局部装饰而不注重整体要求，势必会破坏大堂空间的整体效果而显得松散、凌乱。所以，大堂设计应遵循“多样而有机统一”的理念，注重和谐的整体性。

4．独特性原则

大堂作为客人和饭店活动的主要场所，无论功能要求，还是空间关系，比起其他场所，在设计时都要细致得多，复杂得多。因为涉及的各要素是五花八门的。大堂设计要统一而非单调，丰富而非散乱，力求形成自己的风格与特色。大堂设计也应以饭店的经营特色为依据，设计效果应能充分显现和烘托饭店的特色。唯有风格独特、创意新颖的前厅设计，才能给客人带来赏心悦目的感觉，才能增强饭店的品牌价值和竞争优势，不能盲目仿效或尾随其他竞争饭店。

5．环保性原则

前厅设计要树立环保意识。在材料的选配上应首选环保材料，同时也要尽量少投入，减少能源消耗，以保护环境，减少污染。

二、前厅的功能布局

1．正门入口处及人流线路

正门入口空间是人来车往重要的“交通枢纽”。饭店大门设计应醒目，方便客人进出，多为玻璃手推门、转门或自动感应门，尤以双层为佳。厅门外有车道和雨搭，正门前台阶旁还应设有专供残疾客人轮椅出入的坡道，以方便残疾客人出入。

从入口到大厅内各个功能区间的人流线路可以通过铺设地毯、布置地面图案、艺术陈设装饰以及各种指示标志形成明确的人流走向，使具有动感的走线与相对平静的休息区和服务区互不影响。

2．服务区

前厅的对客服务区主要包括总服务台、大堂副理处和行李处等。总台是向客人提供入住登记、结账、问讯、行李等各项服务的场所，是饭店对外服务的窗口和中心枢纽，集中了饭店的多种服务功能，其设置和设施的摆放极为重要，直接关系到工作效率和服务质量。

（1）总台的位置。总台一般设置在进入大门的大堂侧面，便于服务客人、管理和控制整个大厅的基本情况。

（2）总台大小。总台长度和面积应与饭店规模、等级相一致，规模越大、等级越高，则总台越长、总台面积越大；反之亦然。总台一般设计成内外层重叠的工作面，外层高度为 110cm 左右，台面宽度应限于 65～80cm 之间；内层为员工操作台，台面高度为 80cm 左右，柜台内侧与墙面之间，通常应有 1～1.5m 的距离，供接待员活动和摆放工作文件之用。

（3）总台的形状与布置。为了给客人创造一种良好的空间印象，总台形状最好选用长排水平式柜台。

（4）总台的装饰材料。装饰材料一般采用经久耐用、易清洁的材料。常用的由花岗岩、大理石、硬木、装饰面板等。柜台侧面也可以用石材、木材，甚至可以用皮革或软性材料。总之，总台装饰材料应与大堂的整体氛围相协调。

3．休息区

前厅休息区是专供客人等候、休息或约见亲友的场所，它要求相对宁静和舒适，在布局和装饰上选用别致的沙发、地毯、茶几及各种台灯来突出该区域。休息区的座位数量原则上不宜提供太多，按每 15 个房间一个座位的比例进行配备。这样，人多时还可以促进大堂吧的盈利。

4．公共卫生间

饭店大厅通常都设有供客人使用的公共卫生间，它主要配备有便器、洗脸盆、烘手器等器具和面巾纸等一次性用品。在一定意义上，公共卫生间可以反映出饭店的档次和服务水准。因此，公共卫生间要干净、宽敞，设施要完好，用品要齐全；装修材料要选择与大堂质地相同的材料；公共卫生间的标志要明显，位置可选择在既能方便客人又能避开外人直视的地方。

三、前厅环境氛围的营造

1. 主题

雷同和千篇一律的饭店环境已经很难吸引越来越多的、成熟的消费者，主题化与个性化的设计与装修风格是现代饭店经营者追求的潮流。大堂的设计要注重利用一切建筑或装饰手段，创造一种亲切、宜人、欢悦、静谧、有文化气韵、有现代气息、流畅、主题突出、功能合理、流线组织高效、人群集散便捷的空间。

2. 空间

我国星级饭店评定标准规定，饭店必须具有与接待能力（用额定的客房间数）相适应的大堂，即一般饭店大堂面积不少于客房数$\times 0.4\text{m}^2$，而豪华高档饭店的大堂面积不少于客房数$\times 0.8\text{m}^2$。任何一家饭店大堂空间的天花板、门窗、墙面、地面装饰材料与设施、设备质量必须与饭店规模、等级标准相适应，且空间的布局要合理协调，才能给客人和员工提供一个宽松的活动场所及工作环境。

3. 光线

前厅内要有适宜的光线，要能使客人在良好的光线下活动，员工在适当的光照下工作。前厅内最好通入一定数量的自然光线，同时配备层次、类型各不相同的灯光，以保证良好的光照效果。客人从大门外进入大厅，是从光线明亮处进入到光线昏暗处，如果这个转折过快，客人会很不适应，睁不开眼睛，所以灯光的强弱变化应逐渐进行。要使每位客人的眼睛都能逐渐适应光线明暗的变化，可采用不同种类、不同亮度、不同层次、不同照明方式的灯光，配合自然光线达到使客人和员工的满意。

4. 绿化

随着现代生活节奏的日益加快，人们越来越向往回归自然，亲近自然。饭店作为人们在旅途中暂时歇脚的地方，应该在人工构筑的环境内尽量布置绿化植物，用一些植物和水体来创造充满生机和富有情趣的绿色环境。前厅的绿色饰物可采用盆栽、盆景、插花来布置，通过在室内布置绿色植物有利于调节大厅的气温、温度、净化空气、分割空间等作用，同时还有利于消除人们长时间在室内而产生的疲劳。

5. 色彩

色彩是能创造内部环境的主体要素，色彩的运用是内部设计的重要手段，决定着空间审美、个性、情趣，并影响人的心理和情感，是人类精神追求的一种形式。在饭店中，前厅环境的好坏，还受到前厅内色彩的影响。前厅内客人主要活动区域的地面、墙面、吊灯等，应以暖色调为主，以烘托出热烈的气氛。而前厅的环境及客人休息的沙发附近，色彩就应略冷些，使人能有一种宁静、平和的心境，适应服务员工作和客人休息对环境的要求，创造出前厅特有的安静、轻松的气氛。例如，红色有扩张感，使人兴奋，可以营造出热情、温暖、喜庆的气氛；黄色给人以明朗、欢乐、华贵的感觉；而绿色则意味着自然和生长，使人平静而稳定等。

四、前厅服务氛围的控制

前厅服务是饭店软环境的重要组成部分。软环境的营造是由前厅服务人员来决定的。

因此，前厅服务氛围可以通过两个方面来控制：

1．前厅服务形象的控制

希尔顿国际饭店集团的创始人希尔顿先生曾说过：“如果我是客人，我宁愿住在只有破旧的地毯，但处处都充满微笑的饭店，而不愿意走进只有一流设备却不见微笑的地方。”前厅服务人员的一颦一笑、举手投足都会对客人的心理产生影响，他们的精神面貌、体态举止、有声语言都影响着饭店良好服务氛围的形成。因此，前厅服务人员应该具备良好的职业道德、端庄大方和美观、自然的精神面貌，以及符合饭店规定的体态举止和规范的礼貌用语。

（1）前厅服务人员精神面貌

1）良好的职业品德。良好的职业品德是饭店从业人员所应具备的、最为重要的职业素质，包括乐于服务的心灵、道德心及坚毅性。从思想素质方面看，要热情本职工作，热情接待客人；从道德情操方面看，应具备诚实、善良、坚毅、勤劳等美德；从才能方面看，应掌握文化知识、专业知识以及灵活应变等各种能力。

2）端庄大方的仪容仪表。前厅服务人员的仪容端庄、大方，着装整齐、美观、清洁，会使前来住店的客人对饭店的服务产生信任感，有利于创造良好的服务氛围。

（2）前厅服务人员的体态举止。体态语是人们传递信息的重要手段，前厅服务人员的举手投足都对客人的心理产生影响。前厅服务人员的站立、行走、入座、引领、打手势等都应该有一定的姿势和标准，严格按照饭店行业的规定执行。比如，站立是饭店服务人员的基本功，站姿也是身体其他姿态的基础。站立的基本姿势是身体端正，挺胸、收腹、立腰、沉肩、双眼平视前方、嘴微闭、面带微笑、精神饱满。站立时，身体不能东倒西歪，不可靠在桌子上或椅背上。疲劳时双脚可暂时作“稍息”状，但身体仍需保持正直。坐姿应以优雅为宜，要端庄、稳重、自然、亲切；走姿应该大方得体，灵活而不失稳重，给客人一种动态美等。

（3）前厅工作人员的有声服务。语言是服务的灵魂，除了得体的体态举止，前厅服务人员还应借助规范的体态语、礼貌的服务用语等有声语言来提升服务品质。

1）与客人交谈时的体态规定。

① 注意面向客人，面带微笑。目光停留在客人的眼鼻三角区，不能与客人的双眼对视，也不能左顾右盼，心不在焉。

② 应与客人相距1m左右，垂手恭立，不能倚靠他物。

③ 态度和蔼，适当使用手势。

④ 讲话完毕后，先向后退一步再转身离开。

2）语言应用原则。

① 音调婉转，音量适中。

② 切忌使用方言，要用普通话。

③ 语言和蔼，发自内心。

④ 对客人用语一视同仁。

⑤ 使用普通话，但避免用俗语。

⑥ 尽可能掌握一门外语，能与外国客人沟通交流。

⑦ 语言表达准确、清晰。

⑧ 语言表达具有幽默感。

⑨ 善于倾听对方的讲话。

⑩ 合适地附和及应答对方。

⑪ 在客人交谈时，不要打断客人。

3）前厅常用的接待用语。“欢迎”或“欢迎您”，“请这边来”或“这边请”，“谢谢”或“谢谢您”，“请您稍候”或“请您稍等”，“让您久等了”或“很抱歉耽误了您的时间”，“请再说一遍”或“您要的是……”，“对不起”或“实在对不起”，“抱歉”或“实在抱歉”，“可以看一下您的证件吗?”，“请您填写一下住宿登记表好吗？”，“请在这里签上您的名字”，“行李员会为您拿行李并引领您去房间”，“祝您住店愉快”，“这是您的传真，请核收”，“这是您的行李，请检查一下是否有误”，“这是您的账单，请过目”，“感谢您的光临，希望下次能再见到您”。

（4）礼貌礼节。各个饭店对员工礼节礼貌的培训及考核素来是服务行业为改善服务形象、提高服务质量而积极练兵的重要内容。前厅员工迎客走在前，送客走在后，辅以鞠躬、微笑致意、指引等动作，并附上礼貌用语。

2．前厅服务方式的控制

目前，我国许多饭店的前厅服务仍采用传统的站立服务和柜台服务。这类服务虽然便于管理，便于向客人表达热情接待之意，但不利于客人与饭店员工的沟通，易产生隔阂。所以，饭店可积极进行前厅服务方式改良。比如，变封闭的站立式服务为开放的坐式服务，或变员工走动为客人提供一站式服务等。

本章小结

饭店是以建筑物为依托，通过向客人提供住宿、餐饮、娱乐、购物等方面的综合服务，进行盈利性经营活动的经济组织或场所。饭店产品是由满足客人需求的物质实体和非物质形态服务构成。根据饭店的经营性质、规模大小、档次高低、服务项目多少，机构设置也各不相同。结合目前饭店业的现状和发展趋势，饭店的组织机构设置应尽量压缩和精简，以扁平化和小型化为最有效率和活力。

前厅部作为饭店的“大脑”，负责销售客房，接待客人，为客人办理住店和离店手续，并为客人提供问询服务、预订服务等各种综合服务。为提高饭店服务质量和建立良好的客人关系，其工作目标是：为客人提供热情、高效的服务；控制好房态，提高客房利用率；建立良好的客户关系。

前厅部的组织机构因规模、性质的不同，设置时要从实际出发，实事求是，遵循机构精简、分工明确、职责分明、统一指挥的原则。一般而言，前厅部分为预订处、接待处、礼宾部、问询处、收银处、电话总机和商务中心等部门。但近些年来，很多饭店为了节省人力，压缩编制，精简员工，提高工作效率，往往将前厅部与客房部合二为一，通称为“房务部”，还将以上各岗位合起来。

前厅部是饭店的中枢神经和对客服务的指挥中心，是饭店的营业橱窗，是给客人留下重要印象的地方。因此，前厅部的软硬件水平对饭店的总体服务质量高低起着至关重要的作用。

思考与练习

一、填空题

1. ______________是客人与饭店接触的主要场所，也是客人在住店期间形成对饭店“第一印象”和“最后印象”的地方。

2. 销售______________商品是前厅部的首要任务。

3. “______________”是国际五星级饭店高水平、高素质服务的象征。

4. ______________是专门负责饭店订房业务的部门，可以说是前厅部的“心脏”，其人员配备由预订主管、领班和订房员组成。

二、不定项选择题

1. 当有客人查询住客房号时，问询员是否可以将客人的房号告诉询问者？（　　）
   A. 可以告诉
   B. 不能告诉
   C. 未经客人允许，不能告诉其他客人
   D. 如果询问者很着急，问询员又不能及时联系上住客并取得许可的情况下，可以先告诉询问者

2. 前厅部组织机构的设置原则是______。（　　）
   A. 实际出发，实事求是　　B. 精简高效，合理分工
   C. 职责分明，统一协作　　D. 因人设岗、因岗定人

3. 下列______是现代饭店商务中心为客人提供的服务？（　　）
   A. 翻译　　B. 收发传真
   C. 提供会议服务　　D. 出租有关的办公设备

4. 入住商务楼层的客人可以在饭店的______办理入住手续。（　　）
   A. 总台　　B. 商务楼层
   C. 客房内　　D. 饭店接客人的车上

5. 据统计，目前在国际饭店业中，______收入一般占饭店营业总收入的50%以上。（　　）
   A. 娱乐　　B. 餐饮　　C. 商务中　　D. 客房

三、简答题

1. 饭店商品的特点是什么？
2. 前厅部的主要工作任务有哪些？
3. 前厅部经理有哪些职责？
4. 参观考察当地不同星级饭店的前厅部，了解其组织机构的形态有何不同？
5. 参观几家饭店，看看其前厅的环境、布局设备及柜台有什么特点。

四、案例分析

客人迟迟不来。虽然大堂吧的环境优雅、温馨，胡先生却有些坐立不安，毕竟此次生意的成败关系到公司的兴衰。

“先生，请您把脚放下来，好吗？”当训练有素的服务员一边添加开水一边委婉地轻声提醒时，胡先生才发现自己竟不经意地把脚搁在对面的椅子上摇晃，并引起了其他客人的频频注视。等待令胡先生极为烦躁。未加思索，他带了怨气盯着服务员一字一句地说：“我偏不放下，你怎么办？”

有片刻的沉默，服务员笑了笑：“先生，您真幽默，出这样的题目来考我。我觉得您蛮有素质的。”说完，她很快转身就走了，并且始终没有回头。稍后，胡先生弯腰借弹烟灰的刹那，把脚放了下来。

问题：

1．请简述前厅部服务人员应该具备的素质？

2．本案例中前厅部服务人员处理得如何？

第二章 客房预订服务与管理

学习目标

1. 了解客房预订的意义、任务和相关知识。
2. 了解客房预订的渠道、方式和种类。
3. 熟悉客房预订的程序与要求。
4. 理解从饭店及客人的利益出发，以满足客人不同订房需求的观念和意识。
5. 掌握客房预订的类别、基本流程及操作方法。
6. 掌握超额预订管理及其处理方法。
7. 应用预订服务技巧，妥善、灵活地处理客房预订过程中遇到的常见问题。

第一节　预订工作概述

预订（Reservation）是指客人在抵达饭店之前对饭店客房的预先订约。预订在得到饭店的确认后，饭店与客人之间达成一种预期出租或者使用客房的协议。

前厅部的首要功能就是销售客房，客房预订则是客房销售的中心环节。一般来说，饭店都会在前厅部设有预订处，专门受理预订业务。饭店的客房预订是一切预订的核心，只有客房有了保证，其他相关设施及服务才会有保证。因此，客房预订系统的工作效率，关系到饭店产品经营的成功与否。

一、预订的作用

每个客人在开始旅行之前，都希望对整个行程所需的各项设施先做好安排，以免在旅途中因某项设施得不到保证而耽搁行程。对于饭店来说，预订房间就是预订工作的核心内容，饭店开展的预订服务，就是为了满足客人的这种需要。

开展预订业务对饭店经营来说具有以下几个方面的重要意义：

（1）它是客人对饭店形成第一印象的首要环节。由于预订工作是在客人到达之前就开始的，是客人对饭店产生印象的首要环节，因此预订工作的效率和质量就成为了客人对饭店评价的第一步，它直接关系到客人对饭店第一印象的形成，甚至可能成为影响客人是否选择该饭店的一个首要依据。所以，做好饭店的预订工作，是一个饭店做好客人服务工作，争取客源，扩大市场的重要一环。

（2）预测未来客源情况。通过预订工作，可以使饭店更好地预测未来一段时间内的客源情况，便于及时调整经营策略。饭店取得客人的信息资料，集中起来进行分析研究，就可以清楚地了解客人的活动情况，把握市场动向。

（3）协调各部门业务，提高工作效率。预订业务拓宽了对客服务时间，有利于饭店提前做好一切接待准备工作，掌握对客服务上的主动权，这样才能保证饭店的对客服务的整体质量。

二、预订的工作范围

预订处专门从事客房预订工作，它是调节和控制饭店客房预订和销售的中心，是服务于客人的超前部门，其主要业务包括：

（1）办理团体及散客的订房事宜，进行房间预分。团体客人与散客的起居时间是不同的，因此两者的预订程序各有特点，房间预分的原则也不一样。如果能够从预订工作流程设计上避开这个问题，有针对性地优化客房分配结构，显然对后续服务的开展极其有利。

（2）做好预订存档工作，使所有预订房间得以正确累计汇总。所有有关客户的资料都必须完整、准确地记录，应杜绝马虎大意的失职行为。

（3）收集有关信息资料，准确处理客人的特殊预订要求。将客人的要求认真记录下来，有时候对于客人的想法要“善解人意”。即使在明显无法满足客人要求的情况下，也要礼貌地回答客人的问题。

（4）每天为饭店各部门提供详尽的即将入住的客人资料，与其他部门协调合作，使饭店达到最高开房率。并不是所有的客人都会事先预订客房，除了常规的客房预订之外，饭店同样需要一定量的散客来弥补客房预订的不足。在销售客房的同一前提下，准确、迅速的预售资料保证了前台的散房销售。

（5）定期为饭店销售部及决策部门提供信息反馈及客源动态资料。预订处每天都要整理出近期内的预订资料，并及时送交前厅经理办公室。

三、预订的工作要求

预订员在受理预订中要做到：

（1）热情接待，准确报价。在电话或柜台前，服务人员都应主动问好，询问需求，热情礼貌，语态亲切，语言甜美。若有客人要求的房间，主动介绍房间细节和设备设施。根据各种不同类型的客人，准确报出协议价、公司价、散客价、团队价等。

（2）记录清楚，处理迅速。帮助客人落实订房时，要认真做好记录。接到预订函电后，应立即处理，回复要快，不能让客人久等。

（3）填写预订单时，必须认真、仔细，逐栏、逐项填写清楚。否则，稍有差错，将会给接待工作带来困难，影响服务质量和饭店的经济效益。

（4）遇有大团或特别订房时，订房确认书要经前厅部经理或总经理签署后发出。这时如确实无法满足其预订要求，要另发函电，表示歉意，并同样经前厅部经理或总经理签署后发出。

第二节　预订的渠道、方式和种类

一、预订的渠道

饭店预订的常见渠道可以归结为直接渠道和间接渠道两大类。

1. 客房预订的直接渠道

客房预订的直接渠道是指客人或客户不经过任何中间环节直接向饭店订房。它包括：客人本人或委托他人直接向饭店预订客房；旅游团体或会议的组织者直接向饭店预订所需的客房；旅游中间商作为饭店的直接客户向饭店批量预订房间。采用直接订房渠道，饭店所消耗的经营成本相对较低，而且能对订房过程进行直接、有效的控制。在中国饭店市场，超过一半的客人是直接向饭店订房的。

2. 客房预订的间接渠道

对饭店来说，总是希望将自己的产品和服务直接销售给消费者，但由于人力、资金、时间等的限制，往往无法进行规模化的、有效的销售活动。因而，饭店利用中间商与客源市场的联系及其影响力，利用其专业特长、经营规模等方面的优势，通过间接销售渠道，将饭店的产品和服务更广泛、顺畅、快速地销售给客人，希望获得更高的客房出租率。

间接渠道的订房大致有下列几类：

（1）通过旅行社订房。

（2）通过航空公司及其他交通运输公司订房。

（3）通过专门的饭店订房代理商订房。

（4）通过会议及展览组织机构订房。

目前，不论对单体饭店，还是连锁饭店或饭店联号，预订网络、航空运输部门所带来的客房预订数量在饭店客源中都占较大比重。例如，全球分销系统（Global Distribution System）和中央预订系统（Central Reservation System，简称 CRS），将全球各主要航空公司、旅行代理商及连锁饭店、饭店联号的资源进行统一整合和调配，网络各成员定期缴纳一定数量的年费（Annual Fee）或按预订数量向网络支付佣金（Commission），以获得资源共享。

二、预订的方式

客人预订客房的方式多种多样，各有不同特点，主要有以下几种方式：

1. 电话预订

客人通过电话与饭店订房的方式，不但方便、快捷，而且便于客人与饭店之间的有效沟通，特别是提前预订的时间较短时，这种方式最为有效。一方面，客人可以及时了解饭店是否有自己满意的客房；另一方面，饭店可以根据客人的实际需求，运用相应的销售技巧推销客房。

在接受电话预订时，预订处的员工要注意做到亲切、耐心、细致，充分体现工作效率。首先不能让客人久等，预订员必须对客房情况非常熟悉，能及时向客人提供其需要的信息。由于电话的清晰度、语言障碍及听力等因素的影响，电话订房容易出错，因此预订员必须将客人的预订要求认真记录，并在记录完毕之后向对方复述一遍，得到客人的确认方可。

2．传真订房

传真是一种现代通信技术，目前正广泛地得到使用。其特点是：操作方便，传递迅速，即发即收，内容详尽，并可传递发送者的真迹，如签名、印鉴等，还可传递图表。传真预订手续非常简单，只要把传真预订的信息输入计算机，然后再给对方回复一个确认函，预订就算完成。同时传真资料还可以成为客史档案，供饭店对客源市场作研究。

3．互联网预订

随着互联网的推广普及，越来越多的客人开始采用这种方便、快捷、先进而又廉价的方式进行客房预订。饭店也越来越注重其网站主页的设计，以增强吸引力。

（1）通过饭店连锁集团公司的订房系统（CRS）向其所属的饭店订房。随着我国饭店业连锁化、集团化进程的加快，不少饭店纷纷加入了国际或国内饭店集团的连锁经营。大型的饭店连锁集团公司都拥有中央预订系统，即CRS。例如，洲际饭店的GlobalⅡ预订系统为在世界各地55个国家的150个连锁饭店提供客房预订服务，约占这些饭店预订业务的30%～80%。

（2）通过饭店自设的网站，直接向饭店订房。一些大型饭店已自设网站，实行全方位的在线订房。虽然这一做法比传统的做法经济、迅速，但对大多数中、小型饭店来说一时还难以承受，因此尚未得到广泛的普及和应用。

目前，互联网预订的不足之处在于相关法律法规尚待健全，预订的安全性及可靠性得不到充分保障，在全世界各个国家普及程度不一。

4．口头订房

口头预订是指客人直接来到饭店，当面预订客房，在饭店实务中属于最常见的订房方式，安全可靠。预订员可以详细了解客人的要求，根据客人的喜好，把握客人心理，运用销售技巧灵活地推销客房和饭店其他产品，必要时还可以通过展示客房来帮助客人作出选择。

对于客人的口头预订，预订员接待客人时应注意仪表端庄，举止大方，讲究礼节礼貌，态度热情，充分展示饭店的形象。记录要清楚，特别是客人的姓名不能写错。要让客人确定逗留的天数，如果不能完全确定，也要让其说出大致的日期。受理此方式时，应注意避免向客人作出具体房号的承诺。

5．合同订房

饭店与旅行社或商务公司之间通过签订订房合同，达到长期出租客房的目的。应注意订房合同的样式与内容要依据饭店的不同而有所变化。

三、预订的种类

饭店在接受和处理客人预订时，根据不同情况，可将预订分为 3 种类型：

1．临时预订（Advance Reservation）

临时预订是指客人在即将抵达饭店前很短的时间内或在到达的当天联系订房。这类订房一般是由总台接待处受理，因为接待处比其他部门更了解饭店当天客房的出租情况。由于时间紧，饭店一般没有必要寄确认信，同时也无法要求客人预付订金，在这种情况下只能是口头确认。

按照国际惯例，饭店对预先订房的客人，会为其保留房间直至抵达日当天下午 18 时为止，这个时限被称为“取消预订时限”。如果订房客人到了这个规定的时限仍未抵店，也未事先与饭店联系，该预订即被自动取消。接受此类预订时，应该注意询问客人的抵店时间和航班、车次，并提醒客人注意，以免引起不必要的纠纷。

2．确认类预订（Confirmed Reservation）

确认类预订是指客人的订房要求已被饭店接受，而且饭店以书面形式予以确认，如邮寄、传真回复确认书等。一般不要求客人预付预订金，但规定客人必须在预订入住的时限内到达饭店，否则视为自动放弃预订。

书面确认与口头确认相比有如下优点：

（1）能复述客人的订房要求，使客人了解饭店是否已正确理解并接受了他的订房要求，使客人放心。

（2）能申明饭店对客人承担的义务及有关变更预订、取消预订以及其他有关方面的规定，以书面形式确立了饭店和客人的关系。

（3）能验证客人所提供的个人情况，如姓名、地址等。所以，持预订确认书的客人比未经预订、直接抵店的客人在信用上更可靠，大多数饭店允许其在住店期间享受短期或一定数额的赊账服务待遇。

（4）书面确认比较正式。对于大型团体、重要客人，特别是一些知名人士、政府官员、国际会议等订房的确认函，要由前厅部经理或饭店总经理签发，以示尊重和重视。

对于确认类预订，饭店依然可以事先声明为客人保留客房至某一具体时间，过了规定时间，客人如未抵店，也未与饭店联系，饭店有权将客房出租给其他客人。

3．保证类预订（Guaranteed Reservation）

客人通过预付订金来保证自己的订房要求，特别是在旅游旺季，饭店为了避免因预订客人擅自不来或临时取消订房而造成损失，要求客人预付订金来加以保证，这类预订称为保证类预订。保证类预订以客人预付订金的形式来保护饭店和客人双方的利益，约束双方的行为，因而对双方都是有利的。

对于保证类预订，饭店必须保证只要客人一到就为其提供房间，或代找一间条件相仿的房间。在后一种情况下，饭店要代付第一夜的房费以及其他附带费用（包括出租车费和电话费等），这就是国际惯例所谓的“第一夜免费制度”。

如果客人逾期不到饭店，事先又不声明取消订房，饭店就要从预付订金中或是按合同收取一天的房费，余款退还给客人，同时为客人保留房间到抵店日期的次日退房时间为止。

保证类预订又分 3 种类型：

（1）预付款担保。对于饭店来说，最理想的保证类预订方法是要求客人预付订金，如现金、支票、汇款等饭店认可的形式。

预订员要熟记饭店预付订金的规定，一般包括收取预付订金的期限、支付订金最后截止日期、规定预付订金数额的最低标准、退还预付订金的具体要求等内容。提前向客人发出支付预付订金的确认书，陈述饭店收取预付订金及取消预订、核收取消费的相关规定，并取得客人的认可和承诺。

（2）信用卡担保。信用卡担保是指客人将所持信用卡的种类、号码、有效期及持卡人姓名等以书面形式正式通知饭店，达到保证性预订的目的。如果客人没有如期到达，饭店根据订房客人的信用卡号码、姓名及预订未到记录等情况向客人所持的信用卡公司或授权机构收取相关房费。

（3）合同担保。订立商业合同是指饭店与有关客户单位签订的订房合同。合同内容主要包括签约单位的地址、账号以及同意对因失约而未使用的订房承担付款责任的说明。合同还应规定通知取消预订的最后期限，如签约单位未能在规定的期限通知取消预订，饭店可以向对方收取房费等。当公司有需要时，就与饭店联系为其安排客房。即使客人未入住，房间也被保留一个晚上，同时公司也保证支付房费。

第三节　预订业务流程

饭店客房的预订是一项专业性较强的工作，因此必须建立完整且详尽的工作程序，从而确保客房预订工作的准确、高效、有序。客房预订的工作程序可分为以下几个阶段：

一、预订前的准备工作

在预订前做好准备工作，掌握当日及未来一段时间内可预订的客房数量、等级、类型、位置、价格标准等情况，只有对可预订的各类客房心中有数，才能给订房客人一个迅速而准确的答复，提高预订工作水准和效率。

1. 做好交接班

接班时查看上一个班次的预订情况，问清情况，掌握需要处理的优先等待的、列为后备的、未收订金的等不准确的预订名单及其他事宜。

2. 备好报表、表格、收据

按岗位工作任务及班次的区分，将所需要的各种报表、表格、收据等分门别类、整齐有序地摆放在规定的位置。

3. 掌握房价

熟悉饭店不同类型的客房价格、配置、床位数量、所在楼层位置等情况，以及“房价折扣表”上的各种优惠价格，如折扣价、团队价、免费价等，在客人询问时能够快速回应。

二、受理预订

订房员接到客人的订房申请时，首先要查阅订房控制簿或计算机，决定是否受理此项订房要求，此时需要考虑以下 4 个方面的因素，即抵店日期、客房类型、客房数量和住店夜次。

掌握了这些信息，预订员就能判断客人的订房要求与饭店客房的供给状况是否吻合，从而决定是否受理预订。如果受理预订，意味着对预订客人的服务工作已经开始。

如有空房，预订员应立即填写“预订单”（见表 2-1）。该表通常印有客人姓名、抵离店日期及时间、房间类型、价格、结算方式，以及餐食标准、种类等项内容。填写客房预订单时，要认真、逐项地填写清楚。因为这是最原始的订房资料，一个失误会导致一系列订房工作的错误。

表 2-1　预订单（RESERVATION FORM）

<table>
<tr><td colspan="2" rowspan="6">客人姓名（GUEST NAME）：
先生/太太/小姐
Mr./Mrs./Ms.______
Mr./Mrs./Ms.______
Mr./Mrs./Ms.______
Mr./Mrs./Ms.______</td><td colspan="3">确认号码（CFM. NO.）：</td></tr>
<tr><td colspan="3">确认书（CONFIRMATION）：是（YES）☐　否（NO）☐</td></tr>
<tr><td colspan="3">新订（NEW BOOKING）　☐</td></tr>
<tr><td colspan="3">修改（AMENDMENT）　☐</td></tr>
<tr><td colspan="3">取消（CANCELLATION）　☐</td></tr>
<tr><td colspan="2">房间数目(NO.OF ROOMS)：</td><td>人数（NO.OF PERSONS）：</td></tr>
<tr><td>房间类别（ROME TYPE）：</td><td>价目（TARIFF）：</td><td colspan="2">折扣（DISCOUNT%）：</td><td>房价（RATE）：</td></tr>
<tr><td>到达日期（ARRIVAL DATE）：</td><td colspan="2">到达/航班时间(ARR./FLIGHT TIME)：</td><td colspan="2">交通安排（TRANSPORTATION REQUEST）：</td></tr>
<tr><td>离开日期(DEPARTURE DATE)：</td><td colspan="2">离开/航班时间(DEP./FLIGHT TIME)：</td><td colspan="2" rowspan="3">备注（REMARKS）：</td></tr>
<tr><td>订房者（BOOKED BY）：</td><td colspan="2" rowspan="2">电话（TEL）：
传真（FAX）：</td></tr>
<tr><td>公司（COMPANY）：</td></tr>
<tr><td>申请日期（DATE APPLIED）：</td><td>经办者（HANDLED BY）：</td><td colspan="2">输入者（ENTERED BY）：</td><td>批准者（APPROVED BY）：</td></tr>
</table>

三、确认预订

预订员在接到客人的预订要求后，要立即将客人的预订要求与饭店未来时期客房的利用情况进行对照，决定是否能够接受客人的预订。如果可以接受，就要对客人的预订加以确认。确认预订的方式通常有两种，即口头确认（包括电话确认）和书面确认。

受理当天订房，通常采用口头确认。口头确认最主要的是跟客人强调清楚“取消订房时限”——晚上 18 点未到达，该预订即被取消。

根据国际惯例，不管订房人是以口头或打电话的方式订房，或是以书面的形式订房，只要客人订房后与到饭店之间有充足的时间，饭店都应向客人寄送书面订房确认函。随着现代通信的日益普及，书面确认的方式逐步被电话和电子邮件所取代。

预订确认函见表 2-2。

表 2-2 预订确认函

____________饭店	客房类型、数量：________房价：________
地址：____________	预订日期：________抵达日期：________
电话：____________	抵达时间：________逗留天数：________
您对：____________	离店日期：________
____________	结账方式：________订金：________
的预订已确认	客户地址：________
	客户姓名：________电话：________
本饭店愉快地确认了您的订房。由于客人离店后，需要有一定时间整理房间，因此，下午 15 点以前恐怕不能安排入住，请见谅。另外，未付订金或无担保的订房只保留到下午 18 时。	
	预订员：________

填写完预订确认函之后需要注意以下几点：

1．重申订房要求

重申客人的订房要求，包括客人姓名、人数、抵店和离店时间、房间类型和数量等；双方就付款方式、房价问题达成的一致意见。

2．声明饭店规定

声明饭店取消预订的规定：未付订金或无担保的订房只能保留到客人入住当天的下午 18:00；对客人选择本店表示感谢。

3．签名寄发

预订员或主管在预订书上签名、注明日期，并及时邮寄给客人。对于重要客人的确认函，一般要由前厅部经理或饭店总经理签发，以示对客人的尊重。

四、拒绝预订

当客人的订房要求不能满足时，预订员应该向客人积极介绍与客人要求相近类型的其他房间，尽量将客人留住，切不可直接拒绝，即使不能满足客人的最初订房要求，最终也要让客人满意。用建议代替简单的拒绝是很重要的，它不但可以促进饭店客房的销售，而且可以在客人心中树立饭店良好的形象。

1．查看报表

（1）查看可行性表，确认预订日期订房情况。

（2）确定饭店确实无法接受客人预订。

2．提出建议

婉拒预订时不能因为未能符合客人的最初要求而终止服务，而应该主动提出一系列可供客人选择的建议。

（1）建议客人重新选择来店日期。

（2）建议客人改变住房类型。

（3）建议客人改变对房价的要求。

（4）征询客人的意见，是否愿意接受为他代订其他饭店的客房。

（5）征询客人的意见，是否愿意接受作为等待类订房。

3．寄致歉信

按照国际惯例，饭店在婉拒客人订房要求后，为了更好地树立饭店形象，还要为客人寄送一份致歉书。常用婉拒预订书信格式见图 2-1。

尊敬的　　先生／女士：

感谢您对本饭店的关照和支持。非常遗憾地向您解释，本饭店未能接受您的订房要求，对此，我店深表歉意。希望有机会再能为您服务。

顺致崇高敬意！

We regret that we have been unable to be of service to you. However we hope to be in apposition to accommodate you at a future date.

Yours Faithfully

年　月　日

图 2-1　致歉信

如果最后还是无法满足客人的要求，预订员也应该用友好、遗憾和理解的态度对待客人，并表示今后愿意随时为其提供服务。

五、核对预订

对于有些客人往往提前很长时间进行客房预订，但由于种种原因在入住前的这段时间内取消预订或更改预订的情况，为了提高预订的准确性和饭店的开房率，并做好接待准备，在客人到店前（尤其是在旅游旺季），预订人员要通过书信或电话等方式与客人进行多次核对，即再确认，问清客人是否能够如期抵店，住宿人数、时间和要求等是否有变化。

订房核对工作通常要进行 3 次，如果是重要客人或大型团体提前预订时间长，还应该增加核对次数。

（1）第一次是在客人预订抵店前一个月进行。预订员以电话、书信或传真等方式与订房人联系进行核对，核对的内容是抵达日期、住店天数、房间数量与类型等。核对的主要对象是重要团队和重要客人。如果没有变化，可按准确订房处理；如果有更改，根据变更后房间有无，作相应处理；如果客人在核对中取消订房，则修正预订信息，对客人取消预订的房间，做好闲置客房的补充预订，或者转为通知等候类订房的客人。

（2）在客人抵店前一周再一次核对。其具体做法与第一次核对相同。核对的重点是抵达时间和重要客人的订房，要注意更改变动的预订客人。

（3）在客人抵店前一天做第三次核对。这次预订员主要采用电话方式，对预订内容做仔细检查，并将准确的订房信息传达到总台接待处。如果有取消预订的，补充预订已经来不及，要立即将更改情况通知总台，以便及时出租给其他未预订而来店的客人。

六、预订的取消

由于各种原因，客人可能在预订抵店之前取消订房，这是饭店不愿看到的事情。但是，客人肯花时间通知饭店取消原来的订房，要知道这对饭店是十分有利的。所以，应鼓励取消预订的客人及时与饭店联系，预订员接受订房的取消时，不要流露出任何不愉快的情绪，对取消预订的客人给予同样的热情和耐心。

预订员在接受客人取消预订时，应按以下方法正确处理：

1. 接收预订信息

询问要求取消预订客人的姓名、到达日期和离店日期。接受退订时要礼貌待客，提供同样方便、快捷的服务。

2. 确认取消预订

（1）记录取消预订代理人的姓名及联系电话，提供取消预订号。

（2）如果客人在原订日期当天未到，预订员应及时与旅行社、订房单位或个人取得联系，问清是 Cancelled 还是 No Show。对于前者，按常规取消预订程序处理；如果是后者，则要根据实际情况，必要时为客人保留房间。对于只住一天的客人，直接交由总台接待处办理相关事项。

3. 处理取消预订

（1）感谢预订人将取消要求及时通知饭店，询问客人是否要做下一阶段的预订。

（2）客人取消预订后，预订员要做好预订资料的处理工作，如在预订单上盖上“取消”的印章，并在其备注栏内注明取消日期、取消人等，然后存档。另外，还要在计算机上将其注销。

（3）如果预订后已将其情况通知到其他各相关部门，如接机、订餐、鲜花、翻译等特殊安排，那么在客人取消预订后就要将这一信息再次通知以上这些部门。

（4）有关团体订房的取消，要按合同办理。一般的饭店合同规定，旅行社要求取消订房，至少在原定团队抵达前 10 天通知饭店，否则按合同收取损失费。

4. 存档并通知

（1）查询原始预订单，将取消预订单放置在原始预订单之上，钉在一起。

（2）按日期将取消单放置在档案夹最后一页，将取消的信息通知有关部门。

正确处理订房的取消，对于饭店巩固自己的客源市场具有重要意义。数据显示，取消订房的客人中有 90%以后还会来预订。

为了防止因客人临时取消预订而给饭店造成损失或使饭店工作陷入被动，饭店可以根据实际情况，如在旺季时，要求客人预先支付一定数额的订金。尤其是团体客人，通常会预收相当于一天房费的订金，并要求客人在抵达前一个月付款，收款后将有关资料送交总台收银处，在客人结账时冲抵总款项。

七、预订的变更

预订的变更是指客人在抵达之前临时改变预计的日期、人数、要求、期限、姓名和交通工具等。

在接到客人要求变更预订的申请后，预订员应先查看有关预订记录，确定是否能够满足客人的变更要求，并填写“预订更改表”（见表 2-3）。若在此之前已将客人的有关资料通知给有关部门，则还应把变更的信息再传达、通知给这些部门。如果不能满足客人的变更要求，预订员应将饭店的情况如实告知客人，并与之协商解决。

表 2-3　预订更改表

日期（DATE）：

姓名 Name	入住日期 Arr. Date		离开日期 Dep. Date		房间类型 Room Type		房价 Rate		备注 Remarks
	旧 Ori.	新 New	旧 Ori.	新 New	旧 Ori.	新 New	旧 Ori.	新 New	
总计（Total）	客房数（RMS）：						人数（PAX）：		

1．接收更改信息

（1）询问要求，更改预订客人的姓名及原始到达日期和离店日期。

（2）询问客人需要更改的日期。

2．确认更改预订

（1）在确认新的日期之前，先要查询客房出租情况。

（2）在有空房的情况下，可以为客人确认更改预订，并填写预订单，记录更改预订的代理人姓名及联系电话。

3．将更改单存档

（1）找出原始预订单，将更改的预订单放置在上面并订在一起。

（2）按日期、客人姓名存档。

4．处理未确认预订

（1）如果客人需要更改日期，而饭店客房已订满，应及时向客人解释。

（2）告知客人预订暂放在等候名单里，如果饭店有空房时，及时与客人联系。

5．完成更改预订

（1）感谢客人及时通知，感谢客人的理解与支持。

（2）及时更改预订信息，避免忙中出错。

八、预订资料记录储存

当预订确认书发出后，预订资料必须及时、正确地予以记录和储存，以防疏漏。预订资料一般包括客房预订单、确认书、预付订金收据、预订变更单、预订取消单、客史档案卡及客人原始预订凭证等。

预订资料的记录储存可采用下列两种方式：

（1）按客人所订抵店日期顺序储存。按照客人所预订的抵店日期顺序，将预订单归档储存，以便随时掌握未来每天的客人抵店情况。

（2）按客人的姓氏字母顺序储存。按照客人姓氏第一个字母的顺序，将预订单归档储存，以便随时查找出客人的预订资料。同时，前厅部问讯处和电话总机也可通过客人姓氏字母顺序快捷、有效地查找相关资料。

有关同一客人的预订资料装订在一起，将最新的资料存放在最上面，依次顺推，以利于查阅。通常按以下顺序（从上往下排放）装订订房资料：饭店相关部门最新发出的预订确认传真或信函→某客人多次询问进展的来电或来函→饭店相关部门确认某客人的传真或信函→某客人要求修改、变更的预订传真或信函→某客人发出询问相关价格、项目的咨询信函→饭店销售部或预订处向某客人发出的推销信函。

九、超额预订

1．超额预订及其处理

在客房预订过程中并非所有的客人都如期抵店。由于种种原因，客人可能会临时取消预订，或者变更抵店日期，这就会造成饭店部分客房没能及时销售出去。为了尽可能地减少损失，饭店在订房已满的情况下，仍然会吸收一部分订房客户，弥补少数客人因临时取消预订或者提前离店而出现的闲置客房，其目的是充分利用饭店客房，提高开房率。

因此，所谓超额预订，即是饭店在一定时期内有意识地使其所接受的客房预订数超过其客房接待能力的一种预订现象。

超额预订属于一种风险行为，应该有个“度”的限制，以免出现客人因“过度超额”而不能入住，或“超额不足”而使部分客房闲置。通常，饭店接受超额预订的比例应控制在10%～20%之间，具体而言，各饭店应根据各自的实际情况，合理掌握超额预订的“度”。具体来说，饭店可以从以下几个方面着手，控制适当的超额预订率：

（1）统计往年的预订取消率、预订无到率，从而估算现在的超额订房比率。

（2）掌握散客订房和团体订房的比率。在现有订房中，散客数量比较多，则超额预订比率相对较大；团体订房较多，则超额预订比率相对较小。

（3）掌握客源市场不同季节的差别。在淡季或者平季，一般不会出现客满甚至超额预订的情况，而且客人容易受各种因素影响而改订其他饭店，这时超额订房的比例可以大些。而在客房供不应求的旺季时，好不容易订到空房的客人取消订房的可能性比较小，超额订房的比例也应小些。

（4）对预订客房状况进行动态分析。如果提前预订数量较大，超额订房的可能性就越大。

（5）要考虑客人对品牌的喜爱程度。信誉度较高的饭店，客源的忠诚度相对较高，不会随意改订其他饭店，因此实际入住率也较高，超额预订率要低些。反之，则超额预订率要高些。

从实际经营的角度来看，饭店超额预订是可以理解的。然而，饭店接受了客人的预订，就意味着在饭店与客人之间确立了关于客房租用的合同关系。如果饭店进行超额预订，势必造成在某个时间，有某个或更多客人不能正常入住饭店，这就相当于饭店单方面毁约了，一方面造成不满客人有权进行起诉，另一方面对饭店的声誉带来不好的影响。饭店经营者应当对此有个清醒的认识，对于因超额预订而不能入住的客人，应该妥善对待。

如果因超额预订而不能使客人入住，按照国际惯例，饭店方面应该做到：

（1）诚恳地向客人道歉，请求客人谅解。

（2）立即与另一家相同等级的饭店联系，请求援助。同时，派车将客人免费送往这家饭店。

（3）如属连住，则店内一有空房，在客人愿意的情况下，再把客人接回来，并对其表示欢迎（可由大堂副理出面迎接，或在客房内摆放花束等）。

（4）对提供了援助的饭店表示感谢。

如果客人属于保证类预订，则除了采取以上措施以外，还应视具体情况，为客人提供以下帮助：

（1）支付其在其他饭店住宿期间的第一夜房费，或客人搬回饭店后可享受一天免费房的待遇。

（2）免费为客人提供一次长途电话费或传真费，以便客人能够将临时改变地址的情况通知有关方面。

（3）次日排房时，首先考虑此类客人的用房安排。大堂副理应在大堂迎候客人，并陪同客人办理入住手续。

2．超额预订数的确定

如何科学、合理地掌握超额预订的尺寸，可以运用计算公式进行核准。超额预订数要受预订取消率、预订而未到客人的比率、提前退房率以及延期住店率等因素的影响。它们之间的关系如下：

超额预订房数=预计临时取消订房数+预计预订而未到客人房数+预计提前退房数−预计延期住店房数

=饭店应该接受当日预订房数×预订取消率+饭店应该接受当日预订房数×预订而未到率+续住房数×提前退房率−预期离店房数×延期住店率

假设，X表示超额预订房数，A 表示饭店客房总数，C 表示续住房数，R_1表示预订取消率，R_2表示预订而未到率，D表示预期离店房数，F_1表示提前退房率，F_2表示延期住店率，则

$$X=(A-C+X)R_1+(A-C+X)R_2+CF_1-DF_2$$

$$X=[CF_1-DF_2+(A-C)(R_1+R_2)]/(1-R_1-R_2)$$

设超额预订率为 R，则

$$R=X/(A-C)100\%$$

例 2-1　饭店有客房 500 间，未来 4 月 1 日续住房数为 200 间，预计离店数为 100 间，该饭店预订取消率通常为 7%，预订未到率为 3%，提前退房率为 4%，延期住店率为 6%。就 4 月 2 日而言，该饭店：

（1）应该接受多少超额预订？

（2）最佳超额预订率为多少？

（3）一共应该接受多少预订？

解：（1）该饭店应该接受的超额预订房数为

$$\begin{aligned}X&=[CF_1-DF_2+(A-C)(R_1+R_2)]/(1-R_1-R_2)\\&=[200\times4\%-100\times6\%+(500-200)\times(7\%+3\%)]/(1-7\%-3\%)\\&=36\text{（间）}\end{aligned}$$

（2）超额预订率为

$$R=X/(A-C)100\%=36/(500-200)\times100\%=12\%$$

（3）该饭店总共应该接受的客房预订数为

$$A-C+X=500-200+36=336\text{（间）}$$

答：就 4 月 2 日而言，该饭店应该接受 36 间超额订房，最佳超额预订率为 12%，总共应该接受 336 间订房。

十、预订中的常见问题处理

1．客人订房时无空房

（1）首先应向客人道歉，并说明原因。

（2）用商量的口气询问是否有变动的可能，如果客人表示否定，则预订员应询问客人是否愿意将其列入候补订房客人名单内，若愿意，则应将客人的姓名、电话号码或地址、订房要求等资料依次列入候补名单，并向客人说明饭店会按照客人留下的电话号码及候补名单的顺序通知客人前来办理预订手续。

（3）如果客人不愿意，则预订员可以婉拒客人或向客人提供其他信息并建议客人到其他饭店预订。

2．已预订客人要求增加房间的数量

（1）预订员首先应问清客人的有关信息，如客人的姓名、单位或抵达、离店日期等，根据客人所提供的资料查找客人的预订单，核对无误后再行操作。

（2）查看计算机中饭店预订信息情况，判断是否接受客人的要求，若不能满足，则应向客人推销其他类型的房间或婉言谢绝客人的要求。

（3）再次向客人复述当前客人预订房间数以及其他信息，并根据实际情况收取一定的保证金。

（4）更改预订单，并将已修改的预订单发送到有关部门与班组。

3．客人指定房型、楼层、房号

饭店通常不接受指定房号的预订，但会答应客人尽量按客人要求的房号安排；如果遇到重要贵宾或常客，客人要求又强烈，这种情况下，预订员应视情况而定。

（1）预订员应根据客人的预订日期，查看计算机预订情况而判断是否接受客人的指定性预订。

（2）若有空房，则应立即办理预订手续，把需要的房号预留起来并输入计算机；若没有空房，则应向客人说明情况后推销其他房间，或建议其他入住方案（如先请客人入住其他类型的房间后再更换等）。

（3）最后向客人说明如果出现不能满足要求的情况，则请客人谅解并作换房处理。

4．客人在预订房间时嫌房价太贵

预订员应妥善运用推销语言技巧，也向客人表明我们一定能使客人感到物有所值，请客人放心。

（1）先肯定房价高，后向客人详细介绍本饭店的客房结构及配套设施、设备等。

（2）若客人还未下结论，则不妨采用对比法，如将客人所预订的房间与其他饭店的房间进行比较，建议客人先入住尝试，为客人办理预订手续。

5．客人更改预订日期时无房

（1）首先向客人道歉，并简单说明原因，尽量得到客人的谅解。

（2）向客人询问是否可以改变日期或建议预订其他类型的房间等；若客人不同意，则建议将客人暂时列入预订候补名单内。

（3）问清客人的联系电话，以便于及时跟客人取得联系。

（4）取消或更改原来的预订单，及时发送到各相关部门或班组。

6．订房员接到饭店内部订房

（1）仔细审查订房单是否完整、正确，是否有负责人的亲笔签名，核实所给予的优惠幅度是否在该负责人的权限范围内。

（2）如预订房价的优惠幅度超越权限或协议范围，或者订单不完整，订房员应拒绝接受并报告主管。

第四节 客情预测及传递

前厅部是饭店的信息中心，信息量大且变化快。同时，前厅部对信息处理的质量、信息传递的速度以及信息沟通的效果将直接影响饭店其他部门的对客服务效率。因此，前厅部管理人员应注意信息沟通，做好饭店客情预测及传递工作。

客情预测表是反映未来一段时间内预订客人的基本信息的表格。为了做好接待工作，前厅部预订处应在客人抵达饭店前，将有关预订信息和指令以客情预测表的形式传送至饭店各相关部门，以便提前做好接待准备。

按照时间划分，客情预测及传递一般要经过 3 个阶段。

一、近期预测

近期预测一般是指半月或一月以上的预测。通常只统计订房客人数量、每天所需房间、重要客人或会议等。各部门管理人员可以据此做好近期计划和设备物资准备，主要是紧缺物资或季节性物资，防止客人到店后措手不及，影响服务质量。

二、每周预测

每周预测是指提前一周时间，将饭店主要客情，如重要客人、大型团队、会议接待、客满等信息通知各部门。其方法可采取分发各类预报表，如“一周客情预测表”（见表 2-4）、“重要客人呈报表”（见表 2-5）等，也可召开由运转总经理主持的协调会。

表 2-4 一周客情预测表

日期	星期	预抵散客	团队	离店	团队离店	住宿	团队住宿	故障房	已满房数	预计出租房数	预计出租单位	预计出租率	预计空房间数	已用房间数	可用房间数

表 2-5 重要客人呈报表

____月__日

房号	姓名	身份	接待单位	抵店日期	离店日期	客房种类		房租		备注
						T	S	T	S	
小计										
送：总经理室、大堂经理、公关销售部、餐饮部、客房部、保安部、前厅部、大厅、总机、客房用膳部										

三、翌日抵达客人预测

翌日抵店客人预测表比近期预测和每周预测内容更详细，包括客人姓名、房号及等级、房租、优惠条件及具体的接待安排等，提前一天通知各部门，客房部可以提前安排好人员，及时腾出并清理好房间，总服务台接待处可以准确分房，前厅部服务人员可以对客人以姓氏相称，以提高服务质量。饭店在这方面常使用的表格有："次日抵店客人一览表"（见表 2-6）、"鲜花水果篮通知单"和"特殊要求通知单"等。

表 2-6 次日抵店客人一览表

____年__月__日

预订号	序号	客人姓名	房间数	房间类别	抵达时间航班	预期离店日期	备注
1							
2							

翌日抵店客人预测表发出后，在客人抵达的当天，预订处还要将资料交给接待处、问讯处和电话总机，以便他们将其输入计算机，为住店客人提供服务。

此外，有些详细情况只有当客人抵达后才能了解到，这些情况以及可能发生的一些临时变化情况都应在客人抵达后及时通知各有关部门。

本章小结

积极、有效地开展预订业务，既能满足客人的订房需求，又可以提高饭店的经济效益。由于饭店的预订通常是客人与饭店联系的第一步，直接关系到客人对饭店的第一印象。服务的好坏甚至会对客人选择饭店及饭店的产品造成影响。因此，做好饭店客房的预订工作是前厅部的一项重要任务。

客人预订饭店客房的方式有电话预订、电传/传真预订、互联网预订、当面（散客）预订、团队预订等。每个饭店应该充分把握自己目标市场客源通常采用的预订方式，积极采取有效的措施和方法及时、准确地受理客人的预订。为了促进饭店销售，提高客房出租率，预订员在接受与确认预订的过程中，需要掌握口头确认、书面确认、保证性预订、婉拒预订等预订确认的技能；在预订控制方面，需要掌握预订的变更、预订的取消、预订过程的检查和控制等技能；在预订确认后，须记录和整理排放预订资料；然后在客人抵店前做好核对次日抵店客人预订内容、预分排房、制作报表的工作；同时还必须具有做好预订失误处理以及应对预订常见问题的能力。

思考与练习

一、填空题

1．订房员接到客人的订房申请时，如有空房，预订员应立即填写______________。

2．在订房时要求客人预付订金的方法是______________。

3．______________是指客人直接来到饭店，当面预订客房。

4．预订分为______________、______________和______________等类型。

二、不定项选择题。

1．如果客人取消预订，预订员要在预订单上加盖______印章。（　　）

A．No Show　B．取消　C．重新存档　D．重新核对

2．对于未付订金的订房，通常只能保留到客人入住当天的______。（　　）

A．上午 10 点　B．中午 12 点　C．下午 18 点　D．晚上 22 点

3．预订单上通常印有______等内容。（　　）

A．离店日期　B．房价　C．是否需要接机　D．客人的年龄

三、简答题

1．预订业务的作用有哪些？

2．如何进行预订确认？

3．怎样婉拒预订？

4．如何完成预订信息的记录和存档？

5．什么是超额预订？超额过度时，饭店应该如何处理？

四、案例分析

销售公关部接到一个日本团队住宿的预订，在确定了客房类型和安排在 10 楼同一楼层后，销售公关部开具了“来客委托书”，交给了总服务台的石小姐。由于石小姐工作疏忽，错输了计算机，而且与此同时，又接到一位中国台湾石姓客人的来电预订。因为双方都姓石，石先生又是饭店的常客，与石小姐相识，石小姐便把 10 楼 1015 客房许诺订给了这位台湾客人。

当发现客房被重复预订之后，总服务台的石小姐受到了严厉的处分。不仅因为工作出现了差错，而且违反了客人预订只提供客房类型、楼层，不得提供具体房号的店规。这样一来，饭店处于潜在的被动地位。如何回避可能出现的矛盾呢？饭店总经理找来了销售公

关部和客房部的两位经理，商量了几种应变方案。

台湾石先生如期来到饭店，当得知因为有日本客人来才使自己不能如愿时，表现出了极大的不满。换间客房是坚决不同意的，也无论总台怎么解释和赔礼，这位台湾客人仍指责饭店背信弃义，崇洋媚外，“有什么了不起，我先预订，我先住店，这间客房非我莫属。”

销售公关部经理向石先生再三致歉，并道出了事情经过的原委和对总台失职的石小姐的处罚，还转告了饭店总经理的态度，一定要使石先生这样的饭店常客最终满意。

这位台湾石先生每次到这座城市，都下榻这家饭店，而且特别偏爱住10楼。据他说，他的石姓与10楼谐音相同，有一种住在自己的家的心理满足；更因为他对10楼的客房的陈设、布置、色调、家具都有特别的亲切感，会唤起他对逝去的岁月中一段美好而温馨往事的回忆。因此他对10楼情有独钟。

销售公关部经理想，石先生既然没有提出换一家饭店住宿，表明对我们饭店仍抱有好感，“住10楼比较困难，因为要涉及另一批客人，会产生新的矛盾，请石先生谅解。”

“看在饭店和石小姐的面子上，同意换楼层。但房型和陈设、布置各方面要与1015客房一样。”石先生作出了让步。

“只有14楼有一间客房与1015客房完全一样。”销售公关部经理说，“事先已为先生准备好了。”

“14楼，我一向不住14楼的。西方人忌13楼，我不忌，但我忌讳的就是14，什么叫14，不等于是‘石死’吗？让我死，多么不吉利。”石先生脸上多云转阴。

“那么先生住8楼该不会有所禁忌了吧？”销售公关部经理问道。

“您刚才不是说只有14楼有同样的客房吗？”石先生疑惑地问。

“8楼有相同的客房，但其中的布置、家具可能不尽如石先生之意。您来之前我们已经了解石先生酷爱保龄球，现在我陪先生玩上一会儿，在这段时间里，饭店会以最快的速度将您所满意家具换到8楼客房。”销售公关经理说。

“不胜感激，我同意。”石先生惊喜。

销售公关部经理拿出对讲机，通知有关部门：“请传达总经理指令，以最快速度将1402客房的可移动设施全部搬入806客房。”

饭店的这一举措，弥补了工作中失误，赢得了石先生的心。为了换回饭店的信誉，同时也为了使“上帝”真正满意，饭店做出了超值的服务。此事被传为佳话，广为流传。

问题：对预订中的“重房”问题应该怎样处理？

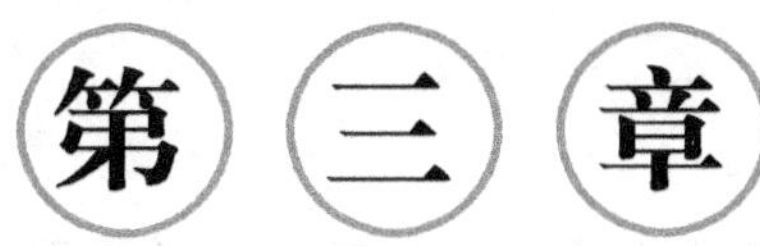

第三章 总台接待与结账业务

学习目标

1. 了解前厅接待工作的意义。
2. 掌握入住登记流程。
3. 熟悉客房分配的方法。
4. 了解接待工作中的常见问题及对策。
5. 熟悉总台收银业务的服务项目。
6. 掌握客人结账退房的业务流程。
7. 了解结账业务中的常见问题及对策。

第一节 总台接待业务

对于大多数客人来说，在前台办理入住登记是其本人第一次与饭店员工面对面接触的机会。对饭店前厅部来说，入住登记是对客服务全过程的一个关键阶段，这一阶段的工作效果将直接影响到前厅的销售客房、提供信息、协调对客服务、建立客账、客史档案等各项功能的发挥。办理入住登记手续也是饭店与客人之间建立正式的合法关系最根本的一步。

一、总台接待的主要工作

总台接待一般位于饭店的前台中央，是前厅服务与管理的中枢。接待处的主要职责是接待散客和团队的客人，完成他们的入住登记，并根据不同地区和国籍的客人的住宿要求，合理地安排房间。其主要工作内容是：

（1）办理入住登记手续，分配房间。
（2）积极推销客房及饭店其他产品。
（3）协调对客服务。
（4）掌握住客动态及住客资料。
（5）掌握客房出租的变化情况，正确显示客房状态。

（6）制作客房营业月报表。

二、办理入住登记手续的目的与要求

1．住宿登记的必要性

（1）住宿登记是公安部门和警方的要求。出于维护国家及公众安全的需要，各国警方及公共安全部门都要求饭店在客人住宿时履行住宿登记手续。

（2）住宿登记可以有效地保障饭店的利益，防止客人逃账。

（3）住宿登记是饭店取得客源市场信息的重要渠道。住宿登记表中有关客人的国籍、性别、年龄以及停留事由（商务、旅行、会议等）、房价等都是饭店客源市场的重要信息。

（4）住宿登记是饭店为客人提供服务的依据。客人的姓名、房间号码、家庭住址、出生日期、民族等，是饭店为客人提供优质服务的依据。

（5）住宿登记可以保障饭店及客人生命、财产的安全。通过住宿登记，查验客人有关身份证件，可以有效地防止或减少饭店不安全事故的发生。

2．客人的选择

饭店是为客人提供饮食、住宿等综合服务的场所。作为饭店，有义务接待前来投宿的旅客。在国外，如果饭店无缘无故拒绝客人留宿，那么该客人有权向法院提出起诉。但这并不意味着饭店必须无条件地接待所有客人。

对于下列客人，饭店可以不予接待：

（1）被饭店或饭店协会通报为不良分子（或列入黑名单）的人。在日本和我国的某些城市，受害饭店会向饭店协会呈交报告，该协会向所有会员饭店通报不良客人的姓名等资料。

（2）拟用信用卡结账，但其信用卡未通过饭店安全检查（如已被列入黑名单，或已过期失效，或有伪造迹象等）。

（3）多次损害饭店利益和名誉的人。

（4）无理要求过多的常客。

（5）衣冠不整者。

（6）患重病及传染病者。

（7）带宠物者。

前台员工在接待客人时，对于上述人员可以婉言谢绝。

三、散客入住登记程序

1．识别客人有无预订

客人来到接待处时，接待员应面带微笑，主动问好，并询问客人有无订房。若已订房，应问清客人是用谁的名字订的房，然后根据姓名找出客人的订房资料，确认订房内容，特别是房间类型与住宿天数。如客人没有订房，则应先查看房态表，看是否有可供出租的客房。若能提供客房，则向客人介绍房间情况，为客人选房。如没有空房，则应婉言谢绝客人，并耐心地为客人介绍邻近的饭店。

2. 填写住宿登记表

在我国，住宿登记表大体分 3 种，即“国内旅客住宿登记表”、“境外旅客临时住宿登记表”和“团体人员住宿登记表”（见表 3-1～表 3-3）。

表 3-1 国内旅客住宿登记表

编号： 房号： 房租：

<table>
<tr><td>姓名</td><td>性别</td><td>年龄</td><td colspan="2">籍贯</td><td colspan="2">工作单位</td><td colspan="2">职业</td></tr>
<tr><td></td><td></td><td></td><td colspan="2">省 市 县</td><td colspan="2"></td><td colspan="2"></td></tr>
<tr><td>户口地址</td><td colspan="6"></td><td>从何处来</td><td></td></tr>
<tr><td colspan="4">身份证或其他有效证件</td><td></td><td colspan="4">证件号码</td></tr>
<tr><td>抵店日期</td><td></td><td>离店日期</td><td colspan="2"></td><td colspan="4"></td></tr>
<tr><td rowspan="3">同宿人</td><td>姓名</td><td>性别</td><td>年龄</td><td>关系</td><td rowspan="3">备注</td><td colspan="3"></td></tr>
<tr><td></td><td></td><td></td><td></td><td colspan="3"></td></tr>
<tr><td></td><td></td><td></td><td></td><td colspan="3"></td></tr>
<tr><td colspan="5">请注意：
1. 退房时间是中午 12:00
2. 贵重物品请存放在前台保险箱内，客人一切物品遗失饭店概不负责
3. 来访客人请在 23:00 前离开房间
4. 退房请交回钥匙
5. 房租不包括房间里的饮料</td><td colspan="4">结账方式：
现金：
信用卡：
支票：
客人签名：
接待员：</td></tr>
</table>

表 3-2 境外旅客临时住宿登记表

Registration Form of Temporary Residence for Visitors

IN BLOCK LETTERS: DAILY RATE: ROOM NO.:

<table>
<tr><td colspan="2">SURNAME:</td><td colspan="2">DATE OF BIRTH:</td><td colspan="2">SEX:</td><td colspan="2">NATIONALITY OR AREA:</td></tr>
<tr><td colspan="2">OBJECT OF STAY:</td><td colspan="2">DATE OF ARRIVAL:</td><td colspan="2">DATE OF DEPARTURE:</td><td colspan="2">COMPANY OR OCCUPATION:</td></tr>
<tr><td colspan="8">HOME ADDRESS:</td></tr>
<tr><td colspan="6">PLEASE NOTE:
1. Check out time is 12:00 noon
2. Safe deposit boxes are available at cashier counter at no charge
Hotel will not be responsible for any loss of your property
3. Visitors are requested to leave guest rooms by 11:00PM
4. Room rate not including beverage in your room
5. Please return your room key to cashier counter after check-out</td><td colspan="2">On checking out my account will be settled by:
CASH:
T/A VOUCHER:
CREDIT CARD:
GUEST SIGNATURE:</td></tr>
<tr><td colspan="8">For Clerk Use</td></tr>
<tr><td>护照或证件名称：</td><td>号码：</td><td colspan="2">签证种类：</td><td colspan="2">签证号码：</td><td colspan="2">签证有效期：</td></tr>
<tr><td>签证签发机关：</td><td>入境日期：</td><td colspan="2">口岸：</td><td colspan="4">接待单位：</td></tr>
<tr><td colspan="3">REMARKS:</td><td colspan="5">CLERK SIGNATURE:</td></tr>
</table>

表 3-3 团体人员住宿登记表

Registration Form of Temporary Residence for Group

团队名称： 日期： 年 月 日 至 月 日

Name of group： Date： Year Mon Day Till Mon Day

房号 Rm No.	姓名 Name in full	性别 Sex	出生年月 Date of Birth	职业 Occupation	国籍 Nat.	护照号码 Passport No.
签证号码：			机关：		种类：	
有效日期：			入境日期：		口岸：	

留宿单位：________ 接待单位：________

饭店运行与管理所需的登记项目有：

（1）客人姓名及性别。姓名与性别是识别客人的首要标志，服务人员要记住客人的姓名，并要以姓氏去称呼客人以示尊重。

（2）房号。房号是确定房间类型和房价的主要依据。注明房号同时有利于查找、识别住店客人及建立客账。

（3）房租。房租是客人与接待员在饭店门市价的基础上协商而定的，它是建立客账、预测客房收入的重要依据。

（4）付款方式。确定付款方式有利于保障客房销售收入及决定客人住宿期间的信用标准，并有助于提高退房结账的速度。最主要还是方便住客，由饭店为其提供一次性结账服务。

（5）抵离店日期。掌握客人准确的抵店日期、时间，有助于计算房租查询、邮寄等系列服务的顺利进行；而了解客人的预计离店日期，则有助于订房部的客房预测及接待处的排房，并有助于客房部清扫工作的安排。

（6）住址。正确、完整的客人永久住址，有助于饭店与客人的日后联系，如遗留物品的处理、邮件转寄服务等。

（7）饭店管理声明。登记表上的管理声明，即住客须知，它告诉客人住宿消费的注意事项。

（8）接待员签名。接待员签名有助于加强员工的责任心，有利于控制和保证服务质量。

有些饭店为进行市场分析，还在登记表中设计了调研项目，如停留事由、交通工具、订房渠道、下个目的地等内容。

住宿登记表是有关客人最基本、最原始的资料，一般都要求客人用正楷字填写，尤其是客人的姓名必须填写清楚，易于辨认。表格至少一式两联，一联留饭店前台收银处保存，另一联交公安部门备案。

为了减少客人在大堂的逗留时间，提高工作效率和服务质量，除提前分配房间以外，总台接待员还可以在客人抵店之前，根据客人的预订资料或“客史档案”，预先将“住宿登记表”上的一些基本项目填好。等客人抵达之后，经核实客人身份、证件，请客人填上登记表的其他内容即可。

3．分配房间和确定房价

分配房间与办理住宿登记手续同时进行，不同的房间类型对应不同的市场价格，客人选定房间的同时也就确定了其所需支付的房间价格。

分配给客人的房间，要当面向客人讲清房间的特点、房价以及外加服务费等，获得客人的认可之后方可确认。根据客人的类型，如持有贵宾卡的客人和旅行社的团体客人，按照饭店的规定给予不同的价格折扣。

4. 确定付款方式

确定付款方式的目的，从饭店角度来看，可避免利益损害，防止住客逃账（走单）；从客人的角度来看，可享受住宿期消费一次性结账服务和退房结账的高效率服务。

接待员可从登记表中的“付款方式”一栏中得知客人选择的付款方式。客人常采用的付款方式有现金、信用卡、支票及旅行支票等。

5. 填写房卡

房卡又称欢迎卡，接待员在给客人办理入住登记手续时，会给客人填写封面印有“欢迎光临”字样的房卡。房卡的内容主要包括饭店运行与管理所需登记的项目、住客须知及饭店服务项目、设施的介绍。房卡的主要作用是证明住店客人的身份，方便客人出入饭店。因此，房卡又称“饭店护照”。

房卡的主要作用是：

（1）向客人表示欢迎。饭店的房卡上一般会印有总经理对客人所致的欢迎辞，故又称为“欢迎卡”。

（2）表明客人的身份。房卡是楼层服务员为客人开房的依据，同时也可用作客人在餐厅等饭店其他场所消费或购买饭店服务时签单的依据；如果这些服务场所没有计算机，或虽有计算机，但没有与总台收银处联网，则在房卡上必须注明客人所交押金金额，并盖有饭店的印章。

（3）起一定的促销作用。很多饭店在其房卡上印有饭店服务项目，以便向客人推销饭店的服务。

（4）起向导作用。一些饭店在其房卡上印上本饭店在城市中的位置及地址、电话等饭店信息，客人外出时可作为向导卡使用。

（5）起声明作用。有的饭店在其房卡上印上诸如：“请将贵重物品存入饭店贵重物品保险箱，否则，饭店概不负责”、“访客的最后离店时间是晚上 23 点。如需在饭店过夜，请去总台登记”等类似饭店声明或客人须知之类的文字，就一些容易发生的纠纷，明确饭店与客人之间的权利和义务。

在一些饭店，房卡还被赋予其他的一些功能，如为区分客人类别，饭店常使用贵宾房卡以示区别；根据客人的信用标准，饭店还特别印制一种房卡——钥匙卡，这种卡只证明其持有者的住店客人身份，但不能作为饭店消费场所的签单证明，主要发给没交押金的散客和团体客人，其他费用由客人自理。持“VIP”房卡和其他种类房卡的客人则可凭房卡去饭店经营场所签单消费，其账单送至前厅收款处入账，退房时一次性结账。但在给客人签单时，各经营场所的收银员一定要核实客人身份及检查房卡是否有效。

将填写好的房卡和房间钥匙双手递给客人，并祝客人住店愉快。

6. 完成入住登记手续

在办理入住登记手续时，总台接待人员还应问清客人是否需要开通房间电话（除了长途电话外，很多饭店的市内电话也是收费的），是否需要签单消费。若需要，则办理相关手续，并提醒客人在消费前出示“房卡”，以免引起不必要的麻烦。

在客人办理完入住登记手续离开柜台后，接待员要将客人的入住信息通知客房部，以便服务员做好接待准备。

7．制作客人账单

在印制好的账单上打印上客人的姓名、抵达日期、结账日期、房号、房间类型及房费等，然后将账单（一式两联）连同一份住宿登记表和客人信用卡签购单一起交给前台收款员保存。

对于使用转账方法结账的客人，一般需制作两份账单：一份（A单）记录应由签约单位支付的款项（如房费和餐费等），是向签约单位收款的凭证；另一份（B单）记录客人需自付的款项。

四、客房分配艺术

客房分配应根据饭店的空房类型、数量及客人的预订要求和客人的具体情况进行。在客人到达前一天晚上，要检查预订客人的房间是否已准备好，避免出现遗漏或差错。为此，分房工作人员应事先做好相应的准备工作。

1．排房的顺序

客房分配应按一定的顺序进行，优先安排贵宾和团体客人等，通常可按下列顺序进行：

（1）团体客人。

（2）重要贵宾。

（3）已付订金等保证类预订客人。

（4）要求延期或预期离店的客人。

（5）普通预订客人，并有准确航班号或抵达时间。

（6）常客。

（7）无预订的散客。

（8）不可靠的预订客人。

2．排房艺术

在进行分房操作时，为了提高客人的满意度及提高饭店的住房率，分房时应讲究一定的技巧。

（1）尽量使团体客人（或会议客人）住在同一楼层或相近楼层。相对集中排房，一则便于同一团体客人之间的联系和管理；二则团体客人离店后，空余的大量客房可安排给下一个团队，便于管理，也有利于提高住房率。此外，由于怕受干扰，散客一般也不愿与团体客人住在一起。因此，要提前预留好团体客人的房间。

（2）对于残疾、年老、带小孩的客人，尽量安排在离服务台和电梯较近的房间。

（3）由于语言和生活习惯不同，把国内客人和国外客人分别安排在不同的楼层。

（4）对于常客和有特殊要求的客人予以照顾，满足其要求。

（5）不要把敌对国家的客人安排在同一楼层或较近的房间。

（6）要注意房号的忌讳。如西方客人忌“13”，中国香港、澳门地区的客人忌带“4”

的楼层或者房号。鉴于上述忌讳，一些饭店的“13”层被“12A”这样的符号代替，或者干脆就省略了。

第二节　总台接待中常见问题的处理

一、换房

调换房间有时是按客人的要求进行的，有时则是饭店单方面要求的。

客人要求调换房间，通常有以下几种情况：

① 正在使用的房间在价格、大小、种类、噪声、舒适程度以及所处的楼层、朝向等方面不合客人的意。

② 住宿过程中人数发生变化。

③ 客房设施、设备出现故障。

饭店单方面要求客人换房，往往是由于出现超额预订或房间设施、设备发生故障等原因造成的，属于饭店的过失。因此，在这种情况下，有关人员应对客人表示道歉，并耐心做好解释工作，求得客人的谅解与合作。必要时，可将客人调往规格较高的房间。

换房的服务程序如下：

① 了解换房原因。

② 查看客房状态资料，为客人排房。

③ 填写“房间/房租变更单”（见表 3-4）。

④ 为客人提供换房时行李服务。

⑤ 发放新的房卡与钥匙，由行李员收回原房卡与钥匙。

⑥ 接待员更改计算机资料，更改房态。

表 3-4　房间/房租变更单

ROOM/RATE CHANGE LIST

日期（DATE）________		时间（TIME）________	
客人姓名（NAME）________		离开日期（DEPT DATE）________	
房号（ROOM）	由（FROM）________	转到（TO）________	
房租（RATE）	由（FROM）________	转到（TO）________	
理由（REASON）________			
当班接待员（CLERK）________		行李员（BELLBOY）________	
客房部（HOUSEKEEPING）________		电话总机（OPERATOR）________	
前台收银处（F/O CASHIER）________		问讯处（MAIL AND INFORMATION）________	

二、离店日期变更

客人在住店过程中，因情况变化可能会要求提前离店或推迟离店。

客人提前离店，则应通知客房预订处修改预订记录，前台应将此信息通知客房部尽快清扫整理客房。客人推迟离店，也要与客房预订处联系，检查能否满足其要求。若可以，接待员应开出“推迟离店通知单”(见表 3-5)，通知结账处、客房部等；若用房紧张，无法满足客人逾期离店要求，则应主动、耐心地向客人解释并设法为其联系其他住处，征得客人的谅解。如果客人不肯离开，前厅人员应立即通知预订处，为即将到店的客人另寻房间。如实在无房，只能为即将来店的临时预订客人联系其他饭店。处理这类问题的原则是：宁可让即将到店的客人住到别的饭店，也不能赶走已住店客人。同时，从管理的角度来看，旺季时，前厅部应采取相应的有效措施，尽早发现客人推迟离店信息，以争取主动，如在开房率高峰时期，提前一天让接待员用电话与计划离店的客人联系，确认其具体的离店日期和时间，以获所需信息，尽早采取措施。

表 3-5 推迟离店通知单

姓名（NAME）________________

房间（ROOM）________________

可停留至（IT ALLOWED TO STAY UNTIL）_______AM________PM

日期（DATE）________________

前厅部经理签字（FRONT OFFICE MANAGER SIGNED）________________

三、客人不愿翔实登记

有部分客人为减少麻烦，出于保密或为了显示自己特殊身份和地位等目的，住店时不愿登记或登记时有些项目不愿填写。此时，接待员应妥善处理：

（1）耐心向客人解释填写住宿登记表的必要性。

（2）若客人出于怕麻烦或填写有困难，则可代其填写，只要求客人签名确认即可。

（3）若客人出于某种顾虑，担心住店期间被打扰，则可以告诉客人，饭店的计算机电话系统有“DND”(请勿打扰）功能，并通知有关接待人员，保证客人不被打扰。

（4）若客人为了显示其身份地位，饭店也应努力改进服务，满足客人的需求。比如，充分利用已建立起的客史档案系统，提前为客人填妥登记表中有关内容，进行预先登记，在客人抵店时，只需签名即可入住。对于常客、商务客人及重要贵宾，可先请客人在大堂里休息，为其送上一杯茶（或咖啡），然后前去为客人办理登记手续，甚至可让其在客房内办理手续，以显示对客人的重视和体贴。

接待员对于客人入住时提出保密登记资料的要求，甚至是“不接听电话”、“不接待来访客人”、“房号保密”特殊需要，应予以高度重视，应立即在计算机中做特殊标记，并通知总机、客房部、保安部等部门和单位，不应草率行事，引起客人的投诉。

1）确认客人的保密程度。例如，只接长途电话，只有某位客人可以来访，还是来访者一律可见、来电话一律可接听。

2）在值班日志上做好记录，记下客人姓名、房号及保密程度。

3）当有人来访问要求保密的客人时，一般以客人没有入住或暂时没有入住为理由予以拒绝。

4）通知电话总机做好客人的保密工作。例如，来电话查询要求保密的客人时，电话总机室的接线员应告诉来电话者该客人未住店。

四、在房间紧张的情况下，客人要求延住

（1）可以先向已住客人解释饭店的困难，征求其意见，看其是否愿意搬到其他饭店延住。

（2）如果客人不愿意，则应尽快通知预订处，为即将来店的客人另寻房间，或是联系其他饭店。

总之，照顾已住店客人的利益为第一要义，宁可为即将来店的客人介绍其他饭店，也不能赶走已住店的客人。

五、客人入住时，发现房间已被占用

这一现象被称为“重房”，是前厅部工作的重大失误。此时，应立即向客人道歉，承认属于工作的疏忽，同时安置客人到大堂、咖啡厅或就近的空房休息，并为客人送上一杯茶，以消除其烦躁的情绪，并尽快重新安排客房。等房间安排好后，应由接待员或行李员亲自带客人进房，并采取相应的补救措施。事后，应寻找发生问题的根源，如房间状态显示系统出错，则应与客房部联系，共同采取措施加以纠正。

第三节 结账业务管理

客人离店服务是前厅部对客服务的最后一个环节，其中就包括结账服务。通常，前厅部结账业务归属于饭店财务部管辖，其他方面的工作则由前厅部管理。

前厅部的收银服务具有很强的时间性和业务性，能够充分反映出一名前厅服务员的专业素质和一家饭店的服务与管理水平。客人离店服务质量的好坏决定着客人对饭店的最后印象，这就要求前厅收银员必须熟练掌握业务技能，明确操作规范的要求，了解相关知识，办理迅速，且准确性高。

一、总台结账准备程序

客账累计的一般方法是，按客人分账户记账，离店结账时一并付清。随时核收各经营部门转交的账单，逐项记录发生的各项费用。团队结算按协议付账，通常做到“日清月结、一团一结”。

1．发放通知书

向次日离店客人房间发放“离店结账通知书”（见表 3-6），由房务经理或收银员通过电话联系等方式进行通知。

表 3-6 离店结账通知书

<table>
<tr><th>日期（Date）</th><th>摘要（Description）</th><th>参照（Reference）</th><th>借方（Debit）</th><th>贷方（Credit）</th></tr>
<tr><td></td><td></td><td></td><td></td><td></td></tr>
<tr><td></td><td></td><td></td><td></td><td></td></tr>
<tr><td colspan="2">付款方式（Payment）：
核收（Audit）：
经手人（Cashier）：</td><td colspan="3">在任何情形下，本人都同意负责支付以上的账目（Regardless of charge instruction.I acknowledge that I am personally liable for payment of the above statement.）
客人签名（Guest’s Signature）：</td></tr>
</table>

2．打印次日离店客人名单

总台夜班接待员按时打印次日离店客人名单。未使用计算机的饭店可根据客房状况卡条记录进行统计。

3．核查账单

收银员核查预期离店客人账夹内的账单，问讯员检查有无客人信件、留言、需要转交的物品等。

二、收银结账方式

1．现金支付

现金结算是饭店最受欢迎的结算方式。现金结算可以加速资金周转，提高资金的运作效率；但现金收入量较大会给收银员增加一定的工作责任。

（1）礼貌迎客

1）礼貌地询问客人的姓名、房号，请客人出示钥匙牌或房卡。

2）计算客人住店期间的所有消费额，同时开列“现金结账单”。

3）请客人确认并签字。

（2）唱收现金。客人将现金交给收银员时，收银员应唱收现金数量。如果是外币现金，则应在账单上加盖“外币币种”字样的印章，并验钞。

（3）复核交还客单

1）依据账单复核钱款数额无误后，收下现金并唱付找零，开发票。

2）在客单上盖“付讫”字样的印章后，把客单的客人联与找零一起交还给客人。

（4）保存客单

1）保存好客单的其余联，以备审核、统计。

2）礼貌道别。

2．信用卡支付

目前饭店受理的信用卡主要有国内发行的中国银行长城卡、中国工商银行牡丹卡、中国农业银行金穗卡、中国建设银行龙卡等，香港汇丰银行的东美卡和万事达卡，南洋商业银行的发达卡；国外有美国运通公司的运通卡（American Express），日本东海银行的百万信用卡、三和银行的 JCB 卡等。

（1）迎客验卡

1）礼貌地询问客人的姓名、房号，请客人出示钥匙牌或房卡。

2）查看客人信用卡是否为饭店接受的种类，让客人在客单上签名并查看客人签名是否与信用卡背签相符。

3）检查信用卡反光标记、查验信用卡号码是否有改动痕迹。

4）根据最新收到的“黑名单”或“取消名单”，检查信用卡号码是否在被取消之列。

5）检查信用卡的有效日期及适用范围。

6）检查持卡人的消费总额是否超过该信用卡的最高限额（若超额，应向银行申请授权）。

7）客人的现场签名如果与信用卡背面的签字不符，可请客人再签一次；如果还不符，可向银行查询。

（2）签字刷卡

1）将客人的信用卡通过 POS 机进行刷卡一次，然后输入消费金额，再由客人确定后自行输入密码，最后等待机器处理结束后打印回单。

2）收银员将回单交给客人签字认可。

（3）还卡开单

1）在客单的客人联上盖上“付讫”字样章，将其与签账单的持卡人联、信用卡放入信封一起交还给客人。

2）把签账单其余各联和客单其余各联存放好，另两联或三联签账单交财务部处理。

3）把信用卡还给客人并向客人致谢道别。

3．转账结算

客人若要以转账方式结账，这一要求一般在其订房时就会向饭店提出，并经过饭店有关负责人批准后方可。

（1）检查支票的真伪。注意辨别那些银行已发出通知停止使用的旧版转账支票。拒绝接受字迹不清、过时失效、打印或书写不规范的支票；检查支票是否是挂失的或失窃的支票。

（2）检查支票是否过期，金额是否超过限额。

（3）检查支票上的印鉴是否清楚完整。

（4）在支票背面请客人留下联系电话、证件号码和地址，并请客人签名，如有怀疑请及时与出票单位联系核实，必要时请当班主管人员解决。

三、散客结账程序

现代饭店为方便客人结账，通常在当日安排前台人员向次日预离店客人送达“离店结账通知单”，或在房间闭路电视中安装查账系统，使客人提前了解在店消费状况。总台夜审将各账点产生的客账予以稽核，为次日离店客人顺利结账奠定基础，避免客账累计过程中出现差错，或及时给予纠正，从而提高服务效率，确保完成营收入账。

1．问候核实

1）问候客人，弄清客人是否结账退房。

2）确认客人的姓名、房号、来店日期，并与客人账户核对。

3）检查客人的退房日期，如果客人是提前退房，收银员应通知相关部门。

4）核实延时退房是否需要加收房租。

2．通知客房服务中心

（1）通知客房服务中心查房，检查客房小酒吧酒水耗用情况、客房设施设备及用品的使用情况。

（2）委婉地问明客人是否还有其他即时消费（半小时内），如电话费、餐饮费等。

3．完成结账

（1）将已核对过的客人分户账及客人的账单凭证交客人过目，并请客人签名确认。

（2）确认付款方式，客人完成结账，如客人入住时交了押金，要收回押金条。

（3）收回客人的房卡和钥匙，检查客人是否有贵重物品寄存，并提醒客人。

4. 行李服务及告别

（1）通知行李员提供行李服务，并询问能否为客人的下次旅行提前订房。

（2）感谢客人，告别客人，祝福客人。

5. 更新资料

（1）弄清客人是否预订日后的客房，或者预订本饭店连锁管理集团属下的其他饭店客房。

（2）更新前厅相关信息资料，如房态表和住客名单等，将客人结账离店的消息通知相关部门，如让总机关闭长途电话等。

6. 统计存档

做好账、款的统计工作和材料的存档工作，方便夜间审计。

四、团队结账程序

1. 准备复查

在团队结账前半小时做好相关的准备工作，复查一遍团队账目，确认是否均按相关要求入账、所有附件是否齐全等；领队或陪同人员前来结账时，应向其递交账单，检查并签名认可。

2. 告知查房

将结账团队的名称（团号）告知客房服务中心，通知其查房。

3. 打印账单

为有账目的团队客人打印账单，请客人付款。

若客人转账付款，则须做到转账和客人自付分开。通常接待单位或旅行社只支付房租及餐饮费用，其他杂项如电话费、洗衣费、酒水费则由客人自付。

4. 收回房卡和钥匙

团队结账时的注意事项：

（1）结账过程中，如出现账目上的争议，及时请结账主管人员或大堂经理协助解决。

（2）收银员应保证在任何情况下，不得将团队房价泄露给客人，如客人要求自付房费，应按当日门市价收取。

（3）团队延时离店，须经销售经理批准，否则按当日房价收取。

（4）凡不允许挂账的旅行社，其团队费用一律到店前现付。

（5）团队陪同无权私自将未经旅行社认可的账目转由旅行社支付。

五、快速结账服务

饭店一般规定退房结账的最后时间为中午 12 点，在此之前结账客人通常比较集中，为了避免客人排队等候，或缩短客人的结账时间，饭店可以提供快速结账服务。

1. 客人房内结账

客人房内结账的前提是，前厅计算机系统与客人房间的电视系统联网，客人通过电视机显示器查阅账单情况，并通知收款处结账。如果客人使用信用卡，收款员可以直接填写签购单，不需要客人到前台去。如客人使用现金，则在房间内核对金额后，结账时直接多退少补，简化了手续。一般情况下，房内结账只对信誉较好、采用信用卡结算的客人提供。

2. 通过填写“快速结账委托书”结账

对于有良好信誉的使用信用卡结账的客人，饭店为其提供此项快速结账服务：客人离店前一天填写好“快速结账委托书”，允许饭店在其离店后办理结账手续。收款员核对委托书的签名与客人签购单、登记表上的签名是否一致，在客人早晨离店时只向客人告知应付费用的大致金额即可，在客人离店后，在不忙的时间替客人办理结账手续，事后按照客人填写的地址将账单收据等寄给客人。

六、客人离店后相关工作

1. 打印时间

结账员在离店客人登记表上打印结账时间，并与客人交回的客房钥匙一并交接待处。

2. 交款填表

清点好款项，按币种分类，填写交款表，然后将现金交给饭店总出纳。

交款方式分为直接交款方式和信封交款方式。直接交款是指由收银员将现金直接上交给总出纳。信封交款是由于饭店总出纳晚上不当班，而采用把款项用信封装好投入指定的保险箱的方式。开启保险箱时需要由总出纳和财务主任保管的两把钥匙同时使用才能开启。

3. 整理账单

（1）把已经离店结账的账单按照“现金结算收入”、“现金结算支出”、“支票结算”、“信用卡结算”、“挂账结算”等类别进行汇总整理。

（2）把入住客人的保证金付款单据等分类整理。

（3）每类单据整理好后，计算出合计金额，把合计金额的纸条附在每一类单据的上面，以便核对。

4. 编制收银报告

为了确保每天客账的准确性，收银员在下班前必须编制收银报告，收银报告包括明细表和汇总表等。

（1）前厅收银员明细表（Cashier Statement Detail）。前厅收银员明细表包括房号、账号、时间（入账时间）、单号（入账单据的号码）、费用账项（应向客人收取的费用金额）、现金收进（住客付来的现金）、信用卡（客人用信用卡签付的金额）、转账（指转为外账或挂账结算的金额）、支票（收进的支票）、现金支出（指退给客人的现金）等项目。“前厅收银员明细表”见表3-7。

表3-7 前厅收银员明细表

收银员　　　　班次　　　　日期　　　　时间

房号	账号	时间	单号	费用账项	现金收进	信用卡	转账	支票	现金支出

（2）前厅收银汇总表（Cashier Statement）。前厅收银员当班收银汇总表分为两大栏：借方和贷方。借方栏列出该收银员经手人的各住客账户的费用额，即饭店应收住客的款项，

内容为各种消费单。贷方栏列出该收银员当班办理结账的数额，即饭店应收住客的减少数额，内容为结算方式，如现金、信用卡、转账、支票等。“前厅收银汇总表”见表3-8。

表3-8 前厅收银汇总表

收银员 班次 日期 时间

借方	金额	贷方	金额
合计		合计	

5．核对账单、现金及收银报告

（1）核对账单和收银报告。把整理好的账单和收银报告总表的有关项目进行核对，即将住客消费单汇总表上“借方栏”的有关项目逐一核对，将现金结算、信用卡结算、转账、支票等单据与汇总表的“贷方栏”项目逐一核对。如发现有误，则将不符的项目与收银员明细表中的有关项目进行核对，及时更正。

（2）核对现金与收银报告两个收银报告中的“现金（进入）”项目与“现金（支出）”项目比较，其差额就是“现金应交款”。如不符，应立刻查找原因。

6．送交夜审

现金核对准确后，按饭店规定上交饭店总出纳，同时将账单和收银报告按饭店规定移交和分发，准备夜审。

七、夜间审计

夜间审计是饭店每日必须进行的一项工作，通过夜间审计以保持各账目的最新的和准确的记录，进而开展营业情况的总结与统计工作。

夜审员（Night Auditor），主要由收银处夜间工作人员承担，其主要职责是进行营业情况的总结与统计工作，进行饭店的内部控制以及向管理层及时反馈饭店每日的经营状况。在小型饭店，夜审员往往身兼数职，除了夜间稽核的工作外，还同时承担前厅部的夜班值班经理、总台接待员和出纳员等工作，接受前厅部和财务部的双重领导。

由于各饭店规定的夜审员的岗位职责不尽相同，因此，夜间核账的工作程序也有所不同，但大多数饭店的夜间审计工作有如下要求。

1．做好准备

（1）夜审员必须在晚上23点之前到达前台办公室。

（2）检查收银台上有无各部门（主要指无计算机、未联机的部门）送来的尚未输入计算机的单据，如果有，就将其输入计算机，并按照房间号码进行归档。

（3）检查前厅收银员的收银报表和账单是否全部交来。

（4）检查前厅收银员交来的每一张账单，看房租和客人在饭店内的消费是否全部计入，转账和挂账是否符合制度等。

2．预审对账

（1）将各类账单的金额与收银员收银报告中的有关项目进行核对。

（2）打印整理出一份当天客房租用明细表，内容包括房号、账号、客人姓名、房租、入店日期、离店日期、结算方式等。

（3）核对客房租用明细表的内容与前台结账处各个房间账卡内的登记表、账单是否存在差错；如发现不符，应立即找出原因及时更正，并做好记录。

（4）确定并调整房态。

3．检查单表

（1）检查退账通知单上的内容，确定其是否符合退账条件。

（2）检查审核账务更正表。

（3）经过上述工作，确认无误后，便指示计算机将新的一天房租自动计入各住客的客人分户账（或人工计入）；编制一份房租过账表，并检查各个出租客房各人的房租及其服务费的数额是否正确。

4．试算打印

（1）对当天所有账目进行试算，确定是否平衡。为了确保计算机的数据资料准确无误，有必要在当天收益全部输入计算机后和当天收益最后结账前，对计算机里的原数据资料进行一次全面的查验，这种查验称为“试算”。这种试算分 3 步进行：①指令计算机编印当天客房收益的试算表，内容包括借方、贷方和余额 3 部分。②把当天前厅收银员及各营业点交来的账单、报表按试算表中的项目分别加以结算和汇总，然后分项检查试算表中的数额与账单、报表是否相符。③对试算表的余额与住客明细账的余额进行核对。住客明细账所有住客账户的当日余额合计数必须等于试算表上最后一行的新余额。如果不等，就说明出现了问题，应立即检查。

（2）与客房部、餐饮部、商务中心等部门对账，所有数字一致后，打印当日各部门营业收入日报表、饭店营业收入报表。

（3）做好签字、交接班工作。

八、结账业务中特殊情况的处理

1．客人表示不愿意交付押金

（1）首先前厅收银员有必要了解客人不愿意交付押金的具体原因，若此时客人表示现金不够，收银员可建议客人选择预付订金等其他方式。

（2）若客人不愿意接受有关预收押金的比例额度，前厅收银员应耐心地向客人解释饭店的有关规定，同时向客人说明，饭店收取一定押金的目的是为了确保客人在住店期间消费方便，告诉客人可以凭房卡在饭店的任何营业点进行消费，并向客人申明饭店对客人的押金“多退少补”。

（3）如果此时客人还不能接受，收银员应及时请管理人员在客人入住登记单上签署意见，并在备注栏内注明，以提示其他员工注意并做好押金的跟催工作。

2．客人押金数额不足时

一些饭店为方便客人使用房间内的长途电话（IDD、DDD）、饮用房内小酒吧的酒水（Mini-bar）、洗衣费签单等，常会要求客人多预交一天的房租作为押金，当然也是作为客人免费使用房间设备、设施的押金。押金的数额依据客人的住宿天数而定，主要是预收住宿期间的房租。

（1）应请示上级作出处理，如让客人入住，签发的房卡为钥匙卡（不能签单消费）。

（2）应通知总机关闭长途线路、通知客房楼层收吧或锁上小酒吧（一定要在客人进房前做好）。

（3）客人入住后，客房楼层服务员对该房间要多加留意。

3．当住店客人的欠款不断增加时

（1）如果客人在入住登记时缴纳的押金已经用完而继续消费时，收银员应及时通知客人补交，防止出现逃账现象。

（2）催款时应注意语言艺术和方式方法，可以用电话或书面形式通知客人。

（3）遇到欠款较多又拒绝付账者要及时报告主管处理，在发催款通知单前也应让主管审阅，以免得罪一些特殊客人。

4．当客人 A 的账单由客人 B 支付时

前厅客人账户一般以一个支付主体作为记账的户头来开设，每一个账户都编排了一个唯一的账户号码，它是饭店会计控制系统所采用的一种识别号码。饭店通常按照房号开设账户，为每间入住的客房建立一个账户。不过也有例外，比如，同住一室的朋友各付各的账，就要求为每一个客人各设一个账户；而分散在一间以上的客房中的家庭成员却允许只设立一个账户。由于饭店客账的这种特殊结构，在交叉支付时极易造成漏洞。

由他人代付房费时，最好有客人或代付单位的书面授权，并且就代付的具体范围跟客人明确，以免出现纠纷。由于大多数出资方，如会议举办方，只为客人代付房费，其他费用需要客人自己承担，而有些客人可能会以为所有消费都由他人代付，结果在结账时出现纠纷。

5．过了结账时间仍未结账

（1）前台应催促那些预期离店的客人。

（2）如果超过结账时间，一般为当天中午 12:00，应加收房费。一般中午 12:00 至下午 18:00 以前结账的应加收半天的房费，下午 18:00 以后结账的要加收一天的房费。

（3）为了减少客人的误会或在结账时产生不必要的纠纷，对于预期离店而又没有及时结账的客人，前台工作人员应该把上述规定委婉地告诉客人。

6．客人要求提前结账

（1）收银主管每一小时一次通过计算机查核提前结账客人的离店情况。

（2）收银员在结账时，暂时不把客人的资料从计算机中删去。确定客人真正离店且无其他消费项目后方可把客人的资料从计算机中删除。

（3）在住房登记卡上注明客人提前退房的时间，并在计算机系统中做标记。

（4）可将客人的住房登记卡按照所注明的退房时间放入离店夹内。

7．结账时索要折扣优惠

有些客人在结账时，往往以各种理由要求优惠，这时，要视具体情况而定：

（1）如果符合优惠条件，或者结账时收银员才发现该房间的某些费用是由于某种原因而输入错误，收银员要填写“退账通知书”（一式二联，分交财务和收银处），然后由前厅部经理签名认可，并注明原因，最后在计算机中做退账处理。

（2）有时候也有客人要求取消优惠的特殊情况，这也要尊重客人的意见，满足客人的要求。

（3）遇有持饭店 VIP 卡的客人在结账时才出示 VIP 卡并要求按 VIP 优惠折扣结账时，应向客人解释饭店规定：VIP 卡在入住登记时出示才有效，否则不能按优惠折扣结账；如客人坚持要求按优惠折扣结算，可报大堂副理或部门经理，由其决定是否作退账处理。

本章小结

客人在办理入住登记的过程中对饭店服务设施的第一印象，对于营造热情友好的氛围和建立持续、良好的商务关系非常重要。如果受到了热情的招待，客人将会积极地配合饭店的工作，并希望从饭店其他部门也得到同样热情的服务。否则，客人不仅不会对饭店的服务及设施产生兴趣，而且还将会在住宿期间挑剔饭店提供的服务和设施。

离店服务质量的好坏决定着客人对饭店的最后印象，结账退房恰好是前厅对客服务的最后一个环节。收银服务具有很强的时间性和业务性，能够充分反映出一名前厅服务员的专业素质和一家饭店的服务与管理水平。前厅结账业务主要由预期离店客人结账准备、收银服务、客人离店后相关工作、夜间审计、快速结账服务与即时消费问题处理、结账常见问题处理等子项目组成。前厅收银员必须熟练掌握业务技能，明确操作规范的要求，提供快捷、准确的结账服务，对饭店的账款及客人的财产安全负责。

思考与练习

一、填空题

1．接待处的主要职责是接待散客和团队的客人，完成他们的______________，并根据不同地区和国籍的客人的住宿要求，合理地安排房间。

2．DND 的意思是______________。

3．饭店的退房时间是______________。

二、不定项选择题

1．对于下列______的客人，饭店可以不予接待。（　　）

A．穿戴寒酸　B．患有感冒　C．无理要求过多　D．经常赖账

2．住宿登记表上的登记项目有______。（　　）

A．房号　B．姓名　C．房型　D．房价

3．如果超过结账时间 2 小时，应加收的费用是______。（　　）

A．半天的房费　B．一天的房费　C．零费用　D．按小时结算

三、简答题

1．住宿登记的目的是什么？

2．入住登记程序的主要环节有哪些？

3．总台怎样为客人分配客房？

4．如何为团体客人提供收银结账服务？

5．夜间审计的主要工作内容有哪些？

四、案例分析

1206 房的陈先生又收到了消费签单限额通知了。陈先生是与饭店有业务合约的客人，来店后无须交预付款，只在他消费额达到饭店规定的限额时书面通知他。

但总台发了书面通知后，陈先生没来清账，甚至连电话也没打一个，因为是老客户，且以前一直是配合的，所以前台也只是例行公事地发了一封催款信，礼貌地提醒了一下。可催款信放在陈先生的写字台上后，还是没回音，消费额还在上升。

总台便直接打电话与他联系，陈先生当然也很客气："我这么多业务在本市，还不放心吗？我还要在这里扎根住几年呢，明天一定来结。"可第二天依然如故，总台再次打电话，委婉说明饭店规章，然而这次陈先生却支支吾吾，闪烁其词。

这样一来，引起饭店的注意，经讨论后决定对他的业务单位作侧面了解，了解的结果使饭店大吃一惊。陈先生在本市已结束了业务，机票也已订妥，不日即飞离本市，这一切与他"这么多业务在本市"、"还要在这里扎根住几年"显然不符，这里面有诈。

饭店当即决定，内紧外松，客房部以总经理名义送上果篮，感谢陈先生对本饭店的支持，此次一别，欢迎再来。

陈先生是聪明人，知道自己的情况已被人详知。第二天，自己到总台结清了所有的账目，总台对陈先生也礼貌有加，诚恳地询问客人对饭店的服务有什么意见和建议，并热情地希望他以后再来，给陈先生足够的面子下台阶。

问题：怎样防止客人逃账？

第四章

前厅部日常服务

学习目标

1. 了解“金钥匙”服务的基本理念与职责。
2. 了解前厅各项服务的基本规程。
3. 掌握前厅系列服务内容和要求。
4. 掌握各项服务的服务程序及注意事项。
5. 掌握各种表格的填写。

第一节 “金钥匙”理念

一、“金钥匙”介绍

“金钥匙”的全称为“国际饭店金钥匙组织”（UICH），是世界上唯一的拥有 80 年历史的网络化、个性化、专业化、国际化品牌服务组织。“金钥匙”的英文为 Concierge，词义为门房、守门人、钥匙看管人，其原型是 19 世纪初期欧洲饭店的 Concierge（委托代办）。“金钥匙”的本质内涵就是饭店的委托代办服务机构，演变到今天，已经是对具有国际金钥匙组织会员资格的饭店礼宾部职员的特殊称谓。金钥匙服务，最早是法国率先提出的。1929 年 10 月 28 日，来自法国巴黎 Grand Hotel 饭店的 11 个委托代办组织建立了金钥匙协会。1952 年 4 月 25 日，来自 9 个欧洲国家的代表在法国东南部的戛纳举行了首届年会和创办了“欧洲金钥匙大饭店组织”，在此基础上成立了饭店业委托代办组织——国际饭店金钥匙组织。经过 70 多年的发展，国际饭店金钥匙组织已有 34 个国家和地区的 4 500 多名成员。

“金钥匙”的服务理念是：“先利人，后利己。满意加惊喜。在客人的惊喜中找到富有的人生。”让客人从进入饭店到离开饭店，自始至终都感受到一种无微不至的关怀和照料。

“我们不是无所不能，但一定会竭尽所能”，这就是“金钥匙”的服务精神。“金钥匙”是饭店综合服务的总代理，被誉为“万能博士”，意味着尽善尽美的服务，也象征着为客人解决一切难题。图 4-1 和图 4-2 分别为国际饭店金钥匙组织联合会会徽和中国饭店金钥匙组织会徽。

这两把金光闪闪的交叉的金钥匙代表着“金钥匙”的职能：一把金钥匙开启饭店综合服务的大门；另一把金钥匙开启该城市综合服务的大门。

图 4-1 国际饭店金钥匙组织联合会会徽

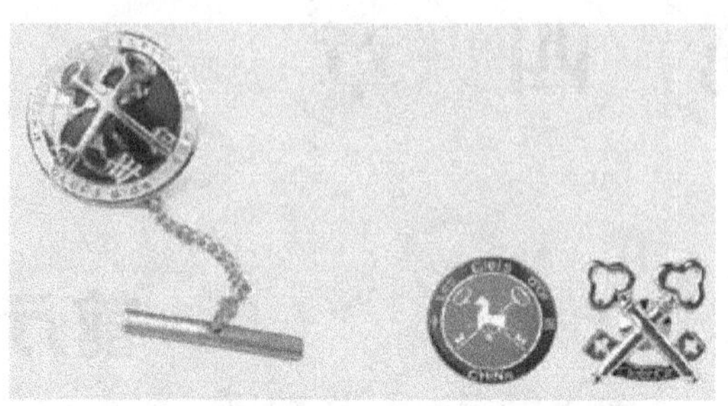

图 4-2 中国饭店金钥匙组织会徽

二、中国饭店金钥匙介绍

“金钥匙”在中国最早出现在广州的白天鹅饭店。1982 年，在白天鹅饭店建馆之初，在副董事长霍英东先生的倡导下，饭店在前台设置了委托代办。1990 年 4 月，白天鹅饭店首次派人赴新加坡，参加国际金钥匙协会亚洲区总部的成立大会，学习和了解这一具有全球性服务组织的服务思想、工作内容、在饭店中的作用等，以及成为其会员的加入条件、标准和申请办法。1992 年底，白天鹅饭店礼宾部的叶世豪助理加入了国际金钥匙组织，成为中国香港区的会员。他是中国的首位国际金钥匙组织会员。

1994 年 6 月，孙东被派往美国康奈尔大学进修。1994 年 10 月，应孙东的邀请，广州地区的 5 家五星级饭店的首席礼宾司和一些四星级饭店的礼宾经理，共赴黄埔议事，达成共同建立饭店间委托代办服务的协作意向，为建立地区协会奠定了基础。1995 年 11 月，在广州白天鹅饭店召开了第一届中国饭店金钥匙研讨会，标志着中国饭店金钥匙的诞生。

1997 年 1 月，中国饭店金钥匙组织成为国际金钥匙组织第 31 个成员方，正式提出了中国饭店金钥匙组织的工作口号：友谊、协作、服务。

1999 年 2 月，国家旅游局正式批准中国饭店金钥匙组织成立，划归饭店业协会管理，名称为中国旅游饭店业协会金钥匙专业委员会。2000 年 3 月，中国旅游饭店业协会金钥匙专业委员会、中国饭店金钥匙组织正式注册。

在国家旅游局、中国旅游饭店业协会及各级政府旅游服务业主管部门的大力支持下，国际金钥匙组织中国区从广州、北京、上海、南京 4 个发起城市开始，目前已经发展到了每一个省、直辖市、自治区共 179 个城市 1 000 多家高星级饭店及顶级物业，拥有 1 800 多名金钥匙会员。

三、“金钥匙”的岗位职责

金钥匙通常是饭店礼宾司（行李部）主管，其岗位职责主要有：

（1）全方位满足住店客人提出的特殊要求，并提供多种服务，客人有求必应。

（2）协助大堂副理处理饭店的各类投诉。

（3）保持个人的职业形象，以大方得体的仪表，亲切自然的言谈举止迎送抵、离饭店的每一位客人。

（4）检查大厅及其他公共活动区域。

（5）协同保安部对行为不轨的客人进行调查。

（6）对行李员的工作活动进行管理和控制，并做好有关记录。

（7）及时对抵、离店客人给予关心。

（8）将上级命令、所有重要事件或事情记在行李员、门童交接班本上，每天早晨呈交前厅经理，以便查询。

（9）控制饭店门前的车辆活动。

（10）对受前厅部经理委派进行培训的行李员进行指导和训练。

（11）在客人登记注册时，指导每个行李员帮助客人。

（12）与团队协调关系，使团队行李顺利运送。

（13）确保行李房和饭店前厅的卫生清洁工作。

（14）保证大门外、门内、大厅3个岗位有人值班。

（15）保证行李部的服务设备运转正常；随时检查行李车、秤、行李存放架、轮椅。

四、国际金钥匙组织中国区会员的入会考核标准

1．思想素质

（1）拥护中国共产党和社会主义制度，热爱祖国。

（2）遵守国家的法律、法规，遵守饭店的规章，有高度的组织纪律性。

（3）敬业乐业，热爱本职工作，有高度的工作责任心。

（4）有很强的客人意识、服务意识，乐于助人。

（5）忠诚于企业，忠诚于客人，真诚待人，不弄虚作假，有良好的职业操守。

（6）有协作精神和奉献精神，个人利益服从国家利益和集体利益。

（7）谦虚、宽容、积极、进取。

2．能力要求

（1）交际能力：乐于并善于与人沟通。

（2）语言表达能力：表达清晰、准确。

（3）协调能力：能正确处理好与相关部门的合作关系。

（4）应变能力：能把握原则，以灵活的方式解决问题。

（5）身体健康，精力充沛，能适应长时间站立工作和户外工作。

3．业务知识和技能

（1）熟练掌握本职工作的操作流程。

（2）会说普通话并至少掌握一门外语。

（3）掌握中英文打字、计算机文字处理等技能。

（4）熟练掌握所在饭店的详细信息资料，包括饭店历史、服务设施、服务时间、价格等。

（5）熟悉本地区三星级以上饭店的基本情况，包括地点、主要服务设施、特色和价格水平。

（6）熟悉本市主要旅游景点，包括地点、特色、开放时间和价格。

（7）掌握本市高、中、低档餐厅各 5 个（小城市 3 个），娱乐场所、酒吧 5 个（小城市 3 个），包括地点、特色、服务时间、价格水平、联系人。

（8）能帮助客人购买各种交通票据，了解售票处的服务时间、业务范围和联系人。

（9）能帮助客人安排市内旅游，掌握其线路、花费、时间、价格、联系人。

（10）能帮助客人修补物品，包括手表、眼镜、小电器、行李箱、鞋等，掌握这些维修处的地点、服务时间。

（11）能帮助客人邮寄信件、包裹、快件，懂得邮寄事项的要求和手续。

（12）熟悉本市的交通情况，掌握从本饭店到车站、机场、码头、旅游点、主要商业街的路线、路程和出租车价格（大约数）。

（13）能帮助外籍客人解决办理签证延期等问题，掌握办理签证单位的地点、工作时间、联系电话和手续。

（14）能帮助客人查找航班托运行李的去向，掌握相关部门的联系电话和领取行李的手续。

第二节 礼宾服务

礼宾部所提供的服务项目和管辖范围因饭店的规模、种类不同而存在差异。但在客人心目中，前厅礼宾服务是提供全方位“一条龙”服务的岗位，其英文名称为“BELL SERVICE”（大厅服务），在高档饭店中称为“Concierge”（礼宾服务）。其下设机场代表、门童、行李员等岗位，它是以客人心目中“饭店代表”的特殊身份进行的，其服务态度、服务质量、服务效率如何，将给饭店的声誉与效益带来直接影响。

一、机场代表服务与管理

许多高星级饭店设店外迎接员或机场（车站）代表，负责在机场、车站、码头迎接客人，提供有效的接送服务，及时向客人推销饭店产品，是饭店整体服务的向外延伸及扩展，也是饭店对外的宣传窗口。机场代表的服务程序是：

（1）定时从预订处取得次日需要接站的客人名单，在预订客人抵达前一天，核对客人的姓名、人数、客人所乘航班或车次等信息。

（2）确认客人抵达安排无误后，在客人抵达当天，根据预订的航班、车次或船次时间提前做好接站准备，写好接站告示牌，安排好车辆，整理好仪表仪容，提前半小时至 1 小时到站，手持写有饭店名称及客人姓名的告示，以引起客人的注意。

（3）到站后，注意客人所乘航班、车、船次到站时间的变动，若有延误或取消，则与管理人员联系，作出适当调整，及时、准确通知饭店总台。

（4）接到客人后主动问候，表示欢迎，介绍自己身份和任务，并帮助提取行李，引领客人上车。

（5）使用电话通知前厅礼宾值班台有关客人抵店信息，包括客人姓名、所乘车号、离开机场时间、用房有无变化等。

（6）根据客人的房号开立账单，将车费记入客人的账目或由司机收费。

（7）在送客人到饭店的途中，应适当地介绍沿途风景、本市概况等信息，以便使客人消除长途旅行的疲劳，了解本地与饭店情况。

（8）将客人接到饭店后，引领客人到总台办理入住手续，并询问客人是否需要提供离店服务。VIP 客人接站到店后，请客务关系经理或大堂副理为客人办理入住登记手续。

（9）随时掌握客房利用信息，准确掌握各种交通工具的抵达时间。对无预订的散客，要主动同客人联系，介绍饭店的产品和服务，推销客房。

（10）一旦出现误接或在接站地找不到客人，应立即与饭店取得联系，查找客人是否已自己乘车抵店，并及时与总台接待处确认，并弄清事实及原因，向主管汇报清楚，并在接站登记簿上和交班簿上写明。

（11）准确掌握需送站客人的姓名、所乘交通工具号、离店具体时间、行李件数及其他要求等。客人离店时，及时与礼宾处行李组及车队取得联系，提前 10 分钟在饭店门口恭候客人。

（12）按时将客人送到机场、车站或码头，协助客人托运行李和办理报关手续。

（13）主动热情地向客人道别，感谢客人光临本饭店，欢迎客人再次光临，并祝客人一路平安，使客人有亲切感、惜别感。

二、门童服务与管理

门童是代表饭店在大门口迎送客人的专门人员，是饭店的“门面”，也是饭店形象的具体体现。门童工作责任重大，他象征着饭店的礼仪，代表着饭店的形象，起着“仪仗队”的作用。门童的主要职责是：

1．迎宾

门童站在大门内侧或大门的左右两侧为客人提供拉门服务。如果饭店装置自动门或专门则不必拉门。

客人到达饭店距大门 2m 左右时，门童应为客人拉开大门，主动问候客人。若客人乘车，门童应待车停稳后，为客人拉开车门，主动向客人问候，对常客和贵宾应能礼貌、准确地称呼客人姓名。门童应协助行李员卸下行李，查看车内有无遗留物品，提醒客人清点件数，带好个人物品。记下客人所乘出租车的牌号，交与客人。

若迎接团体客人，在团体大客车抵店前，门童做好接车的准备工作，待车辆停稳后，门童应在车门一侧迎接客人下车。客人下车完毕后，门童应示意司机把车开走或停在附近合适的停车位。

2．指挥门前交通

门童要掌握饭店门前交通、车辆出入以及停车场的情况，及时疏导车辆，准确、迅速地指示车辆停靠地点，保持门口、车道通畅，维护门口良好秩序。

3．做好门前保安工作

门童应利用其特殊的工作岗位，协助保卫人员做好饭店门前的安全保卫工作。注意门前来往行人、可疑分子，照看好客人的行李物品，确保饭店安全。

4．回答客人问讯

因其工作岗位的特殊位置，经常会遇到客人有关店内、外情况的问讯，如饭店内有关设施和服务项目，有关会议、宴会、展览会及文艺活动举办的地点、时间等，以及市区的交通、游览点和主要商业区的情况，对此，门童均应以热情的态度，给客人以正确、肯定的答复。

5. 保持大门环境清洁

大门是饭店门面，虽然门童不负责清扫，但有责任保持门口及大厅的清洁，发现有杂物时，立即通知保洁员予以清除，发现纸屑、烟蒂时，马上捡起投进垃圾桶内。另外，还应随时检查大门的完好程度，发现问题，及时报修。

6. 填写服务指南卡

门童对不熟悉饭店周围环境的客人，应热情、耐心地问清客人所去目的地，然后告诉司机，并填写“服务指南卡”，记下车号、日期、时间及目的地，然后将卡片交给客人留存。

7. 送客

当客人离店时，门童应向其道别。主动为需要的客人安排车辆。

做一个优秀的门童并不容易，世界著名的日本新大谷饭店的负责人曾说过：培养出一个出色的门童往往需要花费十多年时间。这句话虽然可能有些夸张，但至少说明门童的重要性和应具备的很高的素质。

三、行李服务管理

饭店的行李服务是由前厅部的行李员提供的。行李员的工作岗位是位于饭店大堂一侧的礼宾部（行李服务处）。

行李员是饭店与客人之间联系的桥梁，通过他们的工作使客人感受到饭店的热情好客，因此对于管理得好的饭店而言，行李员是饭店的宝贵资产。

1. 行李员的岗位职责

行李员不仅负责为客人搬运、寄存行李，还要向客人介绍店内服务项目及当地旅游景点，帮助客人熟悉周围环境，跑差（送信、文件等）、传递留言、递送物品财物，替客人预约出租车，办理小件物品维修等服务。

2. 行李服务程序与标准

（1）散客行李服务

1）散客入住行李服务。

① 客人乘车抵店时，行李员主动上前迎接，向客人表示欢迎。客人下车后，迅速卸下行李，请客人清点行李件数，有无破损，并记住客人所乘坐的车牌号码。

② 引导客人至总台。清点并检查客人的行李以后，要视行李的多少，决定用手提还是使用行李车。搬运行李时，客人的贵重物品及易碎品不必主动提拿；装行李车时，要注意将大件、重件、硬件放在下面，小件、软件、轻件装在上面。

③ 等候客人。引领客人到接待处后，行李员站在客人身后2m处，等候客人办理住宿登记手续。注意照看好客人的行李。

④ 引领客人至客房。客人办完入住登记手续后，主动上前从接待员手中领取房间钥匙，帮助客人提行李，并引领客人到房间。途中，要热情主动地问候客人，与客人交谈，向客人介绍饭店的服务项目和设施，推荐饭店的商品。

引领客人时，要走在客人的左前方，距离二三步（人多时也可与客人并行），步伐的节奏要与客人保持一致，拐弯处或人多时，要回头招呼客人。

⑤ 乘电梯。引领客人到达电梯口时，按电梯按钮。当电梯门打开时，可先行进入电梯，靠边侧站立，用一只手按“开门”按钮，另一手按住电梯门，请客人进入电梯，然后按楼层键。出梯时，请客人先出，然后继续引领客人到房间。

⑥ 敲门进房。到达房间门口，要先按门铃或敲门，房内无反应再用钥匙开门。开门后，立即打开电源总开关，退至房门一侧，请客人先进房间。将行李放在行李架上或按客人吩咐放好，将钥匙交还给客人。要注意行李车不能推进房间。

⑦ 介绍房间设施及使用方法。放好行李后，视情况介绍房内的主要设施及使用方法。

⑧ 退出房间。房间介绍完毕，征求客人是否还有吩咐。在客人无其他要求时，即向客人道别，并祝客人在本店住得愉快，将房门轻轻拉上。

⑨ 离开房间后迅速走员工通道返回礼宾部，填写“散客入住行李登记表”（见表 4-1）。

表 4-1　散客入住行李登记表

日期（Date）：

房号 Room No.	车牌号码 Taxi No.	行李件数 Pieces	上楼时间 Up Time	离开时间 Depart. Time	行李员 Bell	接收签字 Guest	备注 Remark

2）散客离店行李服务。

① 行李员见到有客人携带行李离店时，应主动上前提供服务。

② 当客人用电话通知礼宾部要求派人运送行李时，应有礼貌地问清房号、姓名、行李件数及搬运时间等，并详细记录。然后按时到达客人所在的楼层。

③ 进入房间前，要先按门铃或敲门，通报：“行李员/Bellboy。”征得客人同意后才能进入房间，并与客人共同清点行李件数，检查行李有无破损，在每件行李上系上行李牌，然后与客人道别，迅速提着行李（或用行李车）离开房间。如果客人要求和行李一起离开，要提醒客人不要遗留物品在房间，离开时要轻轻关门。

④ 来到大厅后，要先到收银处确认客人是否已结账，如客人还未结账，应有礼貌地告知客人收银处的位置。客人结账时，要站在离客人身后 1.5m 处等候，待客人结账完毕，将行李送到大门口。

⑤ 送客人离开饭店时，再次请客人清点行李件数后再装上汽车，向客人道谢，祝客人旅途愉快。

⑥ 完成运送工作后，将行李车放回原处。填写“散客离店行李搬运记录”（见表 4-2）。

表 4-2　散客离店行李搬运记录

日期（Date）：

房号 Room No.	离店时间 Depart. Time	行李件数 Pieces	行李员 Bell	车牌号码 Taxi No.	备注 Remark

（2）团队客人行李服务

团队行李一般是由接待单位从车站、码头、机场等地装车运抵饭店的。团队离店时的行李也是由接待单位运送。而饭店的工作是按团名清点行李件数，检查行李有无破损，并做好交接手续，做好店内的行李运送工作。

1）团队行李入店服务。

① 团队行李到达时，负责交接的行李员应与送行李的人清点行李件数，检查行李的破损及上锁情况，填写“团队行李进出店登记表”（见表 4-3），按编号取出该团的订单。核对无误后，请送行李的人签名。如行李有破损、无上锁或异常情况（提手、轮子损坏，行李裂开、弄湿等），须在记录表及对方的行李交接单上注明，并请领队签字证明。

表 4-3 团队行李进出店登记表

团体名称						人数	
抵达日期			离店日期				
进店	卸车行李员		饭店行李员			领队签字	
离店	装车行李员		饭店行李员			领队签字	
行李进店时间		车号		行李收取时间	行李出店时间	车号	
房号	行李箱		行李包		其他		备注
	入店	出店	入店	出店	入店	出店	
总计							

入店 行李主管：＿＿＿＿＿＿　　　出店 行李主管：

日期/时间：＿＿＿＿＿＿　　　日期/时间：

② 清点无误后，将行李运进行李房，立即在每件行李上系上行李牌，根据接待处的团队用房分配表上的信息，准确查出住客的房号，并将其注明在行李牌上，以便分送客人房间。如果该团行李等候用房分配表，不能及时分送，应码放整齐，用行李网将该团所有行李罩在一起，妥善保管。要注意将入店行李与出店行李，或是几个同时到店的团队行李分开摆放。

③ 在装运行李之前，再次清点检查一次，检查无误后才能装上车，走行李通道送行李上楼层。装行李时应注意同一楼层的行李集中装运。同时送两个以上团队行李时，应由多个行李员分头负责运送或分时间单独运送。

④ 如发现行李出现差错或件数不够，应立即报告当班领班和主管，及时帮客人查清。如有行李牌丢失的行李，应由领班帮助确认。对于破损和无人认领的行李，应与领队或陪同及时取得联系以便妥善解决。

⑤ 行李送到楼层后，应将其放在门一侧，轻轻敲门三下，报称“行李员”。客人开门后，主动向客人问好，把行李送入房间内，等客人确认后，热情地向客人道别，迅速离开房间。如果客人不在房间，应将行李先放进房间行李架上。

⑥ 行李分送完毕，经员工通道迅速回到礼宾台。将送入每间客房的行李件数准确登记在“团队行李进出店登记单”，并与刚抵店时的总数核对，确保无误。最后根据团体进出店单上的时间存档。

2）团队行李离店服务。

① 按接待单位所定的运送行李时间（或在已确定的所乘交通工具出发之前两小时），带上该团队订单和已核对好待登记行李件数的记录表，取行李车，上楼层运行李。

② 上楼层后，按已核对的团队订单上的房号逐间收取行李，并做好记录，收取行李还要辨明行李上所挂的标志是否一致。

若按时间到楼层后，行李仍未放到房间门口，要通知该团领队，并协助领队通知客人把行李拿到房门口，以免耽误时间。对置于房间内的行李不予收运。

③ 行李装车后，立即乘行李专梯将行李拉到指定位置，整齐排好。与领队一起检查无误后请其在“团队行李进出店登记单”上签字，行李员同时签字。

④ 行李离店前，应有人专门看管，如行李需很长时间才离店，须用行李网将所有行李罩上。团队接待单位来运行李时，须认真核对要求运送的团名、人数等，核对无误后才将行李交给装车行李员，并请装车行李员在团队订单上签名。协助将行李装车，并由领队清点行李件数，在行李进出单上签字、注明车号。

⑤ 行李完成交接后，将团表交回礼宾部由领班将填写齐全的行李进出店登记单存档。

（3）客人存取行李服务

1）行李寄存服务。

① 客人要求寄存行李时，要礼貌地向客人征询所住房号、姓名等。原则上只为住店客人提供免费寄存服务，若团队行李需要寄存时，应了解团号、寄存日期等信息。

② 礼貌地询问客人所寄存物品的种类。如有贵重物品，应请其存放在饭店贵重物品保管柜内；如有易碎物品，应在该行李上挂上“小心轻放”的牌子。向客人说明易燃、易爆、易腐烂的物品或违禁物品不能寄存。

③ 检查行李是否破损、有无上锁，请客人确认并要求尽可能上锁，如无法上锁，应在客人面前用封条将行李封好。

④ 请客人填写行李寄存卡。行李寄存卡的形式通常是由两份相同的表格组成，提取联交给客人，作为提取行李的凭证，寄存联系在所寄存的行李上。同时填写“存放行李登记簿”。

⑤ 将行李放入行李房中，分格整齐摆放。同一客人的行李要集中摆放，并用绳子串在一起。行李房要上锁，钥匙由行李领班或礼宾主管亲自保管。

2）行李提取服务。

① 当客人来提取行李时，先请客人出示行李寄存凭证，并收回“行李寄存卡”的提取联，询问客人行李的颜色、大小、形状、件数、存放的时间等，以便查找。

② 进入行李房，凭寄存卡提取联号码迅速找到挂有寄存联的行李，再核对两者完全符合，则把挂在行李上的“行李寄存卡”寄存联取下，连同行李一起送往行李服务台。

③ 把行李交给客人，请客人当面点清行李件数，并请客人在“存放行李登记簿”上签名。然后把行李交给客人或把行李装上车，向客人道别。把行李寄存卡的寄存联、提取联订在一起，并盖上“已取”字样的印章，在行李牌背后写上经手人姓名或工号。已注销的行李寄存卡应专门放在一起。

④ 如住客寄存、他人领取，须请住客把代领人的姓名、单位或住址写清楚，并请住客通知代领人带“行李寄存卡”的寄存联及证件来提取行李。行李员须在“存放行李登记簿”的备注栏内做好记录。

当代领人来领取行李时，请其出示存放凭据，报出原寄存人的姓名、行李件数。行李员收下“行李寄存卡”的寄存联并与提取联核对编号，然后再查看“行李寄存记录本”记录，核对无误后，将行李交给代领人。请代领人写收条并签名（或复印其证件）。将收条和“行李寄存卡”的上下联订在一起存档，最后在记录本上做好记录。

⑤ 如果客人丢失行李寄存卡提取联，应要求客人说出自己的姓名、房号、行李件数、

行李特征和寄存时间。如果与行李寄存卡寄存联内容相符，先要求客人拿出能证明其身份和签名的证件并复印，最后要求客人在复印件上写下收条并签名，才能将行李交给客人。经手人写上日期并签名，最后把复印件与行李寄存卡寄存联订在一起，放入无卡取物登记簿存档。

第三节 总机服务

总机房是负责为客人及饭店经营活动提供电话服务的前台部门，是饭店及客人进行内外联系的枢纽。总机房在对客服务及饭店经营管理过程中发挥着非常重要和不可替代的作用。

一、总机房的业务范围

（1）迅速、准确地接转内外线电话。

（2）提供店内寻呼、电话留言、叫醒服务及查询服务。

（3）提供“免电话打扰”服务。

（4）向其他部门或岗位转达客人的要求。

（5）火警电话的处理。

（6）正确使用和维护各种通信设备。

（7）话费记录。

二、话务服务的基本要求

话务服务在饭店对客服务中扮演着重要角色，每一位话务员的声音都代表着“饭店的形象”，话务员是“只听其悦耳声，不见其微笑容”的幕后服务员。因此，话务员必须以热情的态度、礼貌的语言、甜美的嗓音、娴熟的技能，优质、高效地为客人提供服务，使客人能够通过电话感受到你的微笑、热情、礼貌和修养，甚至“感觉”到饭店的档次和管理水平。

对饭店话务服务的基本要求如下：

（1）话务员必须在总机铃响三声之内应答电话。应答电话时，要注意态度，必须礼貌、友善、愉快，使对方感到你是乐意为他服务的。

（2）接到电话时，首先用中/英文（中/英文视客人情况而定）熟练、准确地自报家门，并自然、亲切地使用问候语。

（3）话务员遇到无法解答的问题时，要将电话转交领班、主管处理。

（4）话务员应能够辨别主要管理人员的声音，接到他们的来电时，话务员须给予恰当的尊称。

（5）为客人提供电话转接服务时，接转之后，如对方无人接电话，铃响半分钟后（五声），必须向客人说明：“对不起，电话没有人接，请问您是否需要留言。”需要给房间客人留言的电话一律转到前厅问讯处。另外，所有给饭店管理人员的留言，一律由话务员清楚地记录下来通过寻呼方式或其他有效方式尽快将留言转达给饭店管理人员。

（6）如遇查询客人房间的电话，在总台电话均占线的情况下，话务员通过计算机为客人查询。但应注意为客人保密，不能泄露客人的房号，可接通后让客人直接与其通话。

（7）为了能迅速、高效地转接电话，话务员必须熟悉本饭店的组织机构、各部门的职责范围、服务项目及电话号码，掌握最新的、正确的住客资料。

（8）接到火警电话时，要了解清楚火情及具体地点，依次通知总经理、驻店经理及工程部、保安部、医务室、火灾区域等部门领导，并且必须说明火情和具体地点。

三、查询服务

（1）客人查询电话号码时，话务员应先请客人稍等，快速查明后通知客人。如果需要较长时间进行查询，应主动征询客人的意见，询问客人是否可以先留下电话号码，待查实后再告诉客人。

（2）查询住店客人房间的电话时，话务员应先礼貌、委婉地进行核准，此时应注意为客人保密。

（3）如果暂时找不到被访客人，话务员应立即与总台问讯处联系或进行查找，不能简单回绝。

四、叫醒服务

电话叫醒服务是饭店对客服务的一项重要内容，涉及客人的计划和日程安排，特别是叫早服务往往关系到客人出行的航班和车次，因此绝对不能出现差错，贻误叫醒时间。否则，会给饭店和客人带来不可弥补的损失。饭店向客人提供叫醒服务的方式有两种，即人工叫醒和自动叫醒，无论哪种方式，话务员都应认真、仔细。

（1）客人申请叫醒服务，必须要将客人的房号、叫醒时间记录在“住客叫醒登记表”上，并向客人重复一遍，得到客人的确认。

（2）如遇到电话没有提机，要通知客房服务员去敲门，直到叫醒客人为止。

（3）有时客人被电话叫醒后，又会睡着。服务员在叫醒客人时，如觉得客人的回答不太可靠，应过 5 分钟后再叫醒一次，以确认客人是否起床。

（4）对迟醒的客人要告诉他“先生/小姐，按叫醒时间您已经晚了××分”，并将客人晚起的时间登入档案，以防日后客人投诉时，作为解释的依据。

（5）使用自动叫醒系统的饭店，当客人通过电话申请叫醒后，到了预订时间，客人的电话机将自动响铃，拿起耳机即可听到提醒语音；如果响铃时间已达 1 分钟而无人接电话时，铃声即自动终止；过 5 分钟后再次响铃 1 分钟，如果第二次响铃仍无人接听，则要前去敲门叫醒客人。发生设备故障时，应立即通知总台问讯员和客人服务中心，并采用人工叫醒服务程序，直到设备修复。

（6）叫醒服务要讲究技巧，注重服务的方式和语气，应尽可能使客人感到体贴和温馨。清晨客人睡得正香，叫醒客人的电话铃应轻、短，只有这种温雅的方式不见效时，才可逐步提高铃声的音量并延长响铃时间。

为了提高叫醒服务质量，为饭店的叫醒服务增加人性化色彩，饭店可以要求所有客人的叫醒服务都要包含向客人问候、讲述当天的天气状况、祝客人一天平安等内容。

（7）话务员提供完叫醒服务后，要复查，并在叫醒服务记录上逐一打钩，最后签字。

第四节　问讯与留言服务

大型饭店一般在总服务台设立专门的问讯处（Mail&Information），中小型饭店为了节省人力，则由总台接待员负责解答问讯。问讯处的工作包括查询信息、留言服务、客房钥匙分发与管理、处理客人邮件等项服务。

一、问讯服务

问讯服务是客房产品销售的配套服务，是无偿向客人提供的服务。问讯员在掌握大量业务信息的基础上，尽可能解答客人提出的问题，尽力帮助客人，以达到完善服务的境界，给客人以宾至如归的感觉。

1．客人查询

这是问讯服务的主要内容之一。客人查询通常有以下内容：

（1）查询客人是否住在饭店。受理客人查询时，通过计算机所存的有关信息，查看客人是否住在本饭店，然后核准房号。应先以电话的形式与房间客人联系，将访客情况告诉客人，经客人同意才可以将房号告诉访客。如果客人不在房间，则可通过寻人服务等方法在店内其他场所帮助访客寻找被访的客人，或提供留言服务。

（2）查询客人的房号。对这种查询应予以特别注意。这种查询以采用电话查询的形式最为多见。饭店必须保护客人的隐私，保证客人不受无关人员或房客不愿接待人员的干扰。因此，未经客人允许，不能将房号告诉其他客人。

2．有关饭店内部的问讯

有关饭店内部的问讯通常涉及：

（1）饭店的规模、档次、所处地理位置。

（2）经营特色及风格。

（3）有关政策及规定。

（4）饭店及有关部门的负责人姓名及工作场所等。

（5）餐厅、酒吧、商场所在的位置及营业时间。

（6）宴会、会议、展览会举办场所及时间。

（7）饭店提供的其他服务项目、营业时间及收费标准，如健身服务、医疗服务、洗衣服务等。

对于客人所提的问题，不能作出模棱两可的回答。应立即与有关部门联系核实，为客人作出圆满、肯定的答复，必要时，对于重点客人、残疾客人，可以安排行李员为其指点引领，消除客人的疑惑和不安情绪，提供及时、到位的服务。

3．店外情况介绍

客人有关店外情况的问讯，通常包括下列内容：

（1）饭店所在城市的旅游点及其交通情况。

（2）主要娱乐场所、商业区、商业机构、政府部门、大专院校、宗教场所，以及有关企业的位置、电话、营业或上班时间和交通情况等。

（3）饭店与周边主要城市的距离及抵达方式。

（4）近期内有关大型文艺、体育活动的基本情况。

（5）火车、国际航班、国内航班的时刻表。

（6）关于天气、日期、时差方面的信息。

二、留言服务

客人留言在饭店对客服务中是一个常见现象。正确处理好留言服务，对于一个饭店来说是十分重要的：留言服务帮助客人传递信息，不耽误或不影响客人的活动安排。

饭店受理的留言服务通常有两种类型：一是访客留言服务；二是住客留言服务。

1．访客留言服务

访问的住店客人不在饭店时，问讯员应征求来访客人的意见，是否愿意留言。如果愿意，问讯员在接受该留言时，应请访客填写一式三联的“访客留言单”。

问讯员在接受访客留言后，将访客留言单的第一联放入钥匙、邮件架，客人回店取钥匙时，交给他。第二联送电话总机，由话务员打亮客房内电话机上的留言指示灯，客人回房后可以打电话询问留言内容。第三联交信件员或行李员送往客房，将留言单从房门底下塞入客房。这样，客人可通过三种途径尽早获知访客留言内容。无论是问讯员还是话务员，在了解到客人已明白了留言的内容后，应及时关闭留言灯。

晚上，问讯员应检查钥匙、信件架，如发现仍有留言单，应检查该房号的留言灯是否已经关闭。如留言灯已关闭，可将钥匙、邮件架内的留言单作废。如留言灯仍未关闭，则应通过电话与客人联系，将留言的内容通知客人。如客人不在饭店，应继续开启留言灯及保留留言单，等候客人返回。

另外，为了对客人负责，如果不能确认客人是否住在本饭店或虽然住在本饭店，但已结账离店，则不能接受对该客人的留言（客人有委托时除外）。

2．住客留言服务

“住客留言”是住店客人给来访客人的留言。客人离开客房或饭店时，希望给来访者（包括电话来访者）留言，这时问讯员请客人填写“住客留言单”。住客留言单一式二联，问讯组、总机房各保存一联。如客人来访，问讯员或话务员可将留言的内容转告来访者。

在来访客人到达饭店后，经问讯员核实，按住客要求将住店客人所填写的留言单（应提前装入信封）交给来访者或将留言内容予以转告。

住客留言单上都已写明了留言内容的有效时间，过了有效时间，如未接到留言者新的通知，可将留言单作废。

无论是访客留言，还是住客留言，留言单必须书写整齐，措辞正确，意思表达完整。此外，为了确保留言内容的准确性，尤其在受理电话留言时，要听清客人的留言内容，注意掌握留言要点，做好记录，并向对方复述一遍，以得到对方确认。

为规范起见，客人的留言最好放在饭店专用的留言信封，送给客人，以示尊重。对于四星级以上的高档饭店更应如此。

第五节 贵重物品保管

饭店不但要为客人提供舒适的客房、美味的佳肴、热情周到的服务，还必须对客人的财产安全负责。为此，绝大多数饭店通常免费提供贵重物品的寄存与保管服务。

一、贵重物品保管

饭店通常为客人提供客用安全保管箱，供客人免费寄存贵重物品。客用安全保管箱的启用，中途开箱、退箱，一定要严格按饭店规定的操作程序进行。

1. 保管箱启用

（1）主动问候，问清客人的寄存要求。

（2）请客人出示房卡或钥匙牌，确认是否是住店客人。

（3）请客人填写“保管箱使用登记单”，一式两联（第一联作存根，第二联给客人），注意提醒客人阅读登记卡的说明，请客人签名；并在计算机上查看房号与客人填写的是否一致。

（4）为客人选择适当规格的保管箱，在“保管箱使用登记单”上填上箱号，并将箱号输入计算机中，当客人办理退房手续时，收银员提醒客人归还钥匙。

（5）打开保管箱，向客人说明保管箱的使用方法，请客人存放物品，并回避一旁。

（6）客人将物品放好后，收银员当面锁上箱门，让客人确认已锁好，然后取下钥匙，一把交给客人，请客人妥善保管，另一把由收银员存放。提醒客人妥善保管钥匙和“保管箱使用登记单”，向客人道别。

（7）在“保管箱使用登记簿”上记录各项内容。将“保管箱使用登记单”存根联按照保管箱的编号存放在专用的柜子里，柜子存放在前厅贵重品间，收银员要保证所存资料的完整。

2. 中途开箱

（1）客人要求开启保管箱，核准钥匙和房卡以及客人的签名后，当面同时使用总钥匙和该箱钥匙开启。

（2）客人使用完毕，请客人在“保险箱使用登记单”存根联相关栏内签名，记录开启日期及时间。

（3）收银员核对、确认并签名。

二、客人退还保管箱的处理

（1）客人提出要终止使用保管箱时，请客人出示房卡、保管箱钥匙、报保管箱号、收回“保管箱使用登记单”客人联，请客人在反面填上交回保管箱钥匙的日期、时间，并签名。

（2）当客人取出贵重物品时，收银员彻底检查一次保管箱，看是否有遗漏，然后锁上保管箱，将交付客人使用的钥匙收回。收银员在“保管箱使用登记簿”上登记。

三、客人贵重物品保管的注意事项

客人贵重物品的保管是一项非常严肃的工作，要求收银员具有很强的责任心，并注意以下事项：

（1）前厅收银员每个班次都应认真检查保管箱的使用情况。钥匙是否与登记情况相符合等。定期检查各保管箱是否处于良好的工作状态。

（2）必须请客人亲自前来存取，不能委托他人。

（3）客人退箱或中途开箱时，必须认真、严格、准确地核对客人的签名。

（4）不得当着客人的面检查或好奇地欣赏客人存入或取出的物品。

（5）当班收银员必须安全地保管好自身的保管箱总钥匙，并做好交接记录。

（6）填写过的“保管箱使用登记单”，必须科学地排列，以方便取用。

（7）非住店客人及饭店内员工一律不得使用保管箱（除以部门名义使用外），特殊情况要经过一定的审批手续。

（8）如果客人丢失了保管箱钥匙，则应由大堂副理出面处理，大堂副理应确认其身份，并请办理规定手续；向客人说明赔偿费用情况；填写“杂项附加费单”，请客人签名，交前厅收银处入账；通知工程人员到场撬锁，撬锁时，客人、大堂副理、收银员等必须在场。收银员在保管箱使用登记本上登记。

（9）客人退箱后的登记单必须按规定安全地存储一定的时间（至少半年），以备查核。

第六节　商务中心服务

为了满足客人的需要，现代饭店（尤其是商务型饭店）一般都设有商务中心（Business Centre），为客人提供打字、复印、翻译、电子邮件及传真的收发、文件核对、抄写、会议记录及代办邮件、打印名片等有偿服务。

一、商务中心的工作内容

商务中心提供的服务内容主要包括打字、复印、翻译、收发传真、印刷、代办交通票据、互联网服务以及其他委托代办服务等。同时，商务中心还向客人出租有关的办公设备、办公区域以及提供会议服务等。另外，有些饭店还提供各种商业信息，根据客人的需要与业务相关单位联系、安排业务会晤工作。

二、商务中心职能的发展趋势

21世纪，饭店商务中心经营的重心和职能将有如下转换：

1．从提供商务服务转向提供商务设施出租

饭店虽为客人在客房内提供了电话、互联网接口等设备，但不可能在所有房间内提供

所有商务设备，为了方便客人在房内办公，可以根据客人需要，向客人出租传真机、笔记本电脑、扫描仪等商务设备。

2．从商务服务的主要场所转向商务技术支持和帮助的提供者

尽管越来越多的客人喜欢用自己的计算机在客房办公，但并非每一个客人都是计算机专家，而且，由于信息技术发展极快，人们很难赶上新技术发展的步伐，因此在饭店业便从金钥匙（Concierge）的委托服务衍生出专为商务客人提供计算机技术服务的“技术侍从”（Technology Butler）。一旦客人的笔记本电脑遇到麻烦或其他电子技术问题，这些计算机天才们可随叫随到，当即为客人排除“故障”，保证其能够顺利工作。在著名的四季饭店集团和丽晶集团，则造出一个新名词——Compcierge，由计算机和金钥匙两个单词各取一半，拼构而成，意即“电脑金钥匙”，能高水平地解决客人遇到的一切计算机方面的问题。

3．服务内容发生变化

从以打电话等电信服务为主，转向以大批量复制、印名片、激光打印、四色打印、文本的高级装订及计算机技术服务为主。

4．服务方式发生变化

从被动地在商务中心为客人提供服务，到主动为各类会议提供支持和帮助。为会议提供支持和帮助，是当今商务中心兴起的一个极为重要的、新的服务领域。商务中心不能只是被动地等客上门，更要主动、热情、全面地为在饭店里举办的各类会议提供技术服务和其他各种劳务，如文本的打印、校对和复印等，当好主办单位的“秘书”。

第七节　商务楼层服务

近年国内越来越多的三星级以上饭店相继改建并增设设备楼层，这既增加了饭店的经济收入，又提高了饭店的档次，改善了饭店的硬件设施，同时方便了商务客人，为客人提供更快捷、优质的服务。

一、商务楼层的特点

1．高房价

商务楼层的客房设施同普通楼层的客房设施原则上没有什么区别，但在商务设施上比普通客房齐全，如增加传真机、直拨电话、留言电话、计算机等，所以房价要比普通楼层的房价高出 10%～15%。商务楼层一般都选择饭店的最高几层，这些高楼层视野开阔，房间采光比较好，也比较容易将普通楼层与商务楼层分隔。

2．特殊、快捷、方便的服务

（1）直接在商务楼层办理入住手续。凡是住商务楼的客人，都由客人关系部直接在大厅迎送到商务楼层办理。这项服务缩短客人办理入住和离店手续的时间，并享受贵宾待遇。

（2）免费早餐及下午茶服务。凡住在商务楼层的客人可在商务楼层的小餐厅享受提供的免费早餐和下午茶服务。

（3）商务中心服务。凡住在商务楼层的客人，可在商务楼层设立的独立商务中心得到饭店为他们提供的打字、复印、翻译等多种商务服务。

（4）优雅安逸的会客休息空间。饭店都在商务楼层为客人设立休息厅，客人可以在那里会客、读报、看电视，为客人的社交提供极好的场所。

（5）其他服务。各饭店视自己饭店情况所提供的特殊服务而异，有些饭店提供免费熨烫服务。另外，凡住商务楼层的客人都享受贵宾待遇，如在客房摆放鲜花、送水果，在火柴盒上、信纸上、信封上印有客人的姓氏，或为客人准备小礼物并摆放在房间。

二、商务楼层员工的素质要求

为了向商务客人提供更加优质的服务，要求商务楼层员工，无论是管理人员还是服务人员，都必须具备很高的素质：

（1）气质高雅，有良好的外部形象和身材。

（2）工作耐心细致，诚实可靠，礼貌待人。

（3）知识面广，有扎实的文化功底和专业素质，接待人员最好有大专以上学历，管理人员应有本科以上学历。

（4）熟练掌握商务楼层各项服务程序和工作标准。

（5）英语口语表达流利，英文书写能力达到高级水平。

（6）具备多年的饭店前厅、餐饮部门的服务或管理工作经验，掌握接待、账务、餐饮、商务中心等的服务技巧。

（7）有较强的合作精神和协调能力，能够与各业务部门协调配合。

（8）善于与客人交往，掌握处理客人投诉的技巧艺术。

本章小结

前厅部除了做好预订和接待服务工作，销售客房商品外，还担负着其他直接为客人服务的大量工作。这些日常系列服务工作也是围绕着客房销售工作而展开的，而且是以“饭店形象代表”的身份进行的。因此，前厅服务的效率、质量如何显得尤为重要。本章具体讲述了“金钥匙”理念、礼宾服务、总机服务、问讯、留言服务和贵重物品保管、商务中心服务、商务楼层服务的日常工作流程和服务程序。通过本章的学习，可以掌握和熟悉前厅系列服务内容、要求和各项服务技能。同时，对前厅部的功能及其在现代饭店中的地位会有进一步的认识。

思考与练习

一、填空题

1. “______________，______________”。这就是“金钥匙”的服务哲学。

2. 问讯服务是客房产品销售的配套服务，一般包括____________、____________和____________等三方面内容。

3. 问讯员在接受访客留言后，将访客留言单的第一联放入____________，客人回店取钥匙时，交给他。第二联送____________，由话务员打亮客房内电话机上的留言指示灯，客人回房后可以打电话询问留言内容；第三联交信件员或行李员送往____________。

4. 商务楼层的特点有____________、____________。

二、不定项选择题

1. 当有客人查询住客房号时，问询员是否可以将客人的房号告诉询问者？ （ ）

A. 可以告诉。

B. 不能告诉。

C. 未经客人允许，不能告诉其他客人。

D. 如果询问者很着急，问询员又不能及时联系上住客取得许可的情况下，可以先告诉询问者。

2. 客人提出要终止使用保管箱时，请客人出示______，并收回“保管箱使用登记单”客人联，请客人在反面填上交回保管箱钥匙的日期、时间，并签名。 （ ）

A. 房卡 B. 身份证 C. 报保险箱号 D. 保险箱钥匙

3. ______是现代饭店商务中心为客人提供的服务。 （ ）

A. 翻译 B. 收发传真 C. 提供会议服务 D. 出租有关的办公设备

4. 入住商务楼层的客人可以在饭店的______办理入住手续。 （ ）

A. 总台 B. 商务楼层 C. 客房内 D. 饭店接客人的车上

三、简答题

1.“金钥匙”的标志是什么？其含义是什么？

2. 门童在迎接散客时，应注意哪些服务细节？

3. 客人丢失行李寄存卡，提取行李时应如何处理？

4. 在查询服务中，应如何保证客人的隐私权？

5. 谈饭店商务中心的发展趋势。

四、案例分析

某日，南京一家五星级饭店的“金钥匙”打电话给广州白天鹅饭店的“金钥匙”，称该店一名已赴广州的客人误拿了一位新加坡客人的行李，请求广州方面协助查寻。白天鹅饭店的“金钥匙”获悉后，立即赶赴机场截回了被误拿的行李，但当他们回复南京的饭店“金钥匙”时，却被告知这名新加坡客人已飞赴中国香港。于是，他们又与香港“金钥匙”联系，香港“金钥匙”接报后，马上在香港机场找到新加坡客人，告之他的行李找到了，而这位客人因急于赶回国则要求他们将其行李从广州直接寄运到新加坡。根据这种情况，他们以特快专递将客人行李发送新加坡，然后再次与新加坡的同行落实此事。几天后，新加坡“金钥匙”回电，这件几经周折的行李已完璧归赵。

问题：从此案例中分析“金钥匙”应具备哪些素质？

第五章

前厅销售管理

学习目标

1. 了解影响客房定价的因素。
2. 了解客房报价的方法和技巧。
3. 掌握总台销售艺术与技巧。
4. 学会控制房态，提高客房利用率和服务质量。
5. 掌握制定房价的依据和方法。
6. 掌握客房销售技巧。

第一节　前厅销售产品分析

前厅销售的主要任务是销售饭店客房和其他饭店设施的使用权及相关服务，其销售特点表现在饭店特定的工作范围内，通过员工礼貌、高效、周到的服务来促进或实现销售。前厅部每位员工都是销售员，都应利用自身的优势条件，熟悉和掌握工作范围的销售要求、程序和技巧，适时、成功地进行销售，以实现饭店收益最大化。

前厅部要做好销售工作，首先要认清饭店产品的几个基本概念。

一、饭店的整体产品

整体产品概念是现代市场营销的产物，反映了饭店营销的重点在于向客人提供具有完整功效的产品，给客人带来完整的消费满足。饭店整体产品包括核心产品、形式产品和附加产品三部分。

1．核心产品

核心产品是饭店产品中最重要的构成部分，是客人在购买饭店产品时所追求的核心利益，这种利益表现为客人希望由饭店所解决的各种基本问题。

2．形式产品

形式产品是饭店产品核心利益的外在表现形式，既表现为实体产品，又表现为无形的服务，饭店建筑、地理位置、周围环境、店内氛围、价格等均是形式产品的构成。借助于形式产品，客人能更直观地了解到产品的核心利益所在，因此形式产品在一定程度上直接影响客人的购买决策。

3．附加产品

附加产品是指饭店为客人提供的各种附加价值与利益产品。在附加值竞争时代，客人的消费选择在很大程度上取决于饭店所提供的附加价值与利益产品。因此，附加产品的设计与提供直接影响饭店产品的市场竞争力。饭店可从物质、价格、心理等方面适时向客人提供附加利益与价值。

前厅员工在销售饭店产品时，应注意饭店产品的整体性，抓住产品的核心，利用其形式及附加值吸引客人。

二、饭店差异产品

饭店差异产品是指饭店以某种方式改变那些基本相同的产品和服务，使之在质量、性能上明显优于同类饭店，这类产品就是差异产品。饭店在设计、销售差异产品时，主要是突出产品的差异，以赢得竞争优势。下面从饭店产品的整体性出发，分以下几个方面对产品的差异化进行分析。

1．服务差异化

作为服务行业，饭店创造差异的丰富源泉之一是无形服务。饭店在为客人提供标准化、规范化服务的基础上，应针对不同的客人提供针对性、特殊性、个性化、情感性的服务。关于个性化服务在下面还要进一步加以分析。

2．环境差异化

这是指饭店通过造就一种与众不同的物理环境来吸引客人的关注和偏好，直接体现差异。物理环境包括各种设计因素和社会因素。设计因素主要是用来改变服务产品的外形，使产品的功能更为明显和突出，如颜色、声音、气味、标志性符号等可使饭店形象更加突出和鲜明。社会因素是指饭店中的人，包括其他客人和工作人员。这些人的言谈举止、穿着打扮、礼节礼貌、精神气质等，都会影响客人对饭店产品的判断与期望。

3．品牌差异化

随着服务对象的日益成熟、感性消费时代的来临以及饭店市场的日趋规范，在经济全球化的大背景下，我国饭店业将进入品牌竞争的时代。品牌差异化是以客人的满意度、忠诚度和饭店的知名度、美誉度为核心的竞争，其关键点是如何把握消费时尚，抓住客人的心，打动客人，把自己的品牌根植于客人的心目中。因此，饭店企业必须增强饭店品牌意识，构建独特、新颖、鲜明的品牌形象。

4．价格差异化

价格是饭店营销中最活跃的因素之一，大有文章可做。饭店可根据产品的市场定位、饭店的实力、产品生命周期等因素，确定企业是选择高价位策略还是低价位策略，抑或采用中间策略。

5. 售后服务差异化

由于饭店产品具有生产和销售同步性的特点，因此一些饭店企业认为在饭店中不存在售后服务。事实上，售后服务是市场营销的一个基本概念，饭店应通过售后服务来突显差异。例如，一些饭店建立了严格的客史档案制度、重点客人回访制度，投诉客人跟踪调查制度，目的是提供很好的售后服务，突出差异。

三、个性化服务

目前，饭店的经营不能再以产品为中心，而应以客人为中心，以客人满意为中心。客人满意是要使每个客人都满意，而客人存在着个体差异，个体的期望值不但差异大而且变化多，由此提出了饭店管理的一个重要命题——个性化服务。

饭店个性化服务派生于饭店服务以人为本的理念。人有共性和个性，客人的期望值也有共性和个性。遵循这个规律，饭店在生产产品和提供服务时，应采用两种方式：适应共性期望值的规范化和适合个性期望值的定制式（也称超规程或个性化服务）。

个性化服务是指在服务规程的基础上，根据客人的需求特点，提供相应的超越规程的特别服务。规范化是现代化饭店科学管理的基础，反映了饭店的档次和等级，反映了饭店的企业素质。个性化服务反映了饭店的境界和服务水准。规范化和个性化相结合反映了新世纪饭店服务的理念。

讲到规范化和个性化，通常的认识是，饭店的空间和设备、设施按规范设置后就很难轻易变动，所以这部分主要是规范，很难个性化。而服务是现产现销，可随时变动，可根据客人的个性要求而定制，所以个性化似乎专指服务。实际上，设施、设备可根据客人需求的不同作出多种形式的设置，空间布置也可有多种形式。因此，我们所指的个性化服务也包括空间和设备设施。

饭店的个性化服务主要是从饭店产品使用价值的三要素方面去实施。

（1）从设施、设备来讲，可以有多种形式的设置，如多种形式的客房、多种形式的餐厅等。设施设置要充分体现人性化，给客人以自由、享受、温馨的感觉。设施设置也要具有灵活性，即可进行调整或重新布置。千篇一律的布局、固定不变的格式，这种流行了几十年的饭店设施、设备经营模式将被淘汰。

（2）实物产品的个性化服务主要在于许多细节上的变化。比如，菜的烹调方式、口味等。

（3）服务是最能体现个性化的方面。服务是非常灵活又是最能和客人的需求吻合的部分，所以在个性化服务中有重要作用。

要实现服务的个性化，一是要培训员工服务的技巧性、艺术性和应变能力。员工在规范服务的同时，应能对客人的不同需求随机处理，使客人满意。二是饭店设置大堂副理、客户服务中心、金钥匙服务、私人管家等专门的集中性的服务机构和岗位，为客人提供个性化服务。三是服务在前，即根据客人的需要，服务在客人开口之前。这是一种高水准的服务，要求员工能察言观色，揣摩客人的心理。同时在可能的情况下，饭店要根据客人的档案资料掌握客人的习惯爱好，有的放矢地提前做好客人的服务工作。

第二节　客房状态的控制

客房是饭店综合服务产品的核心部分。客房产品状态如何，即房态的控制及状态如何，会对客房销售、出租率等方面产生直接影响。

一、正确进行房态控制的目的

1．提高排房效率及预订决策力

前厅部的入住登记、客房预订、换房、续住等业务都离不开准确的房态。客人来入住，接待员向客人介绍房间、推销客房、报价都离不开正确的房态显示；为客人排房、定价也离不开正确的房态；客人如需换房、续住同样离不开正确的房态显示。

否则，接待员就失去了推销客房的依据，也就无法准确地为客人介绍客房、为客人排房和定价，这既降低了工作效率，又影响了服务质量。

2．控制员工徇私舞弊

在一些房态控制不力的饭店，往往在客房销售过程中会出现饭店员工徇私舞弊的现象，如前厅接待员卖房中饱私囊，客房楼层员工私自留宿等，既影响饭店的收入，又影响饭店的声誉。在这种情况下，饭店有必要加强对前台和客房楼层房态的核对，以及加强对空房的检查，尽量杜绝卖私房的现象。

3．提高客房销售服务质量

前厅销售的客房必须是已清洁客房。如果房态显示失误，让客人进了尚未清扫的走房，入住服务质量就会大打折扣，客人的心情就会受到影响。正确的房态显示可避免卖重房（Double Sale）。如果房态显示失误，客房被重卖，不仅新住客会不满意，而且原住客可能会投诉饭店。

4．正确反映饭店的客房收入

正确的房态显示，可反映饭店客房真实的出租率，明确饭店未售出客房所造成的损失，可以向饭店管理人员作出营业潜力方面的反馈。饭店客房具有不可储存的特点，若不及时出租，其损失无法挽回。

二、客房状态

客房状态是用于显示客房当时状况，便于控制房态，以达到最大的经济和社会效益。饭店客房常见状态通常有以下类型，见表 5-1。

表 5-1　客房常见状态

房　态	英　文	中　文	备　注
Occ	Occupied	住客房	住店客人正在使用的客房
OC	Occupied & Clean	已清洁住客房	

（续）

房　态	英　文	中　文	备　注
OD	Occupied & Dirty	未清洁住客房	
V	Vacant	空房	暂时未出租的房间
VC	Vacant & Clean	已清洁空房	已完成清扫整理工作，尚未检查的空房
VD	Vacant & Dirty	未清洁空房	尚未清洁的空房
VI	Vacant & Inspected	已检查空房	已清洁，并经过督导人员检查，随时可出租的房间
CO	Check Out	走客房	客人已结账离店，房间正在清扫之中
OOO	Out of Order	待修房	硬件出现故障，正在维修、改造或等待维修、改造的房间
OOS	Out of Service	停用房	因各种原因，已被暂时停用的房间
BL	Blocked Room	保留房	这是一种由内部掌握的客房。对于一些大型团体客人，饭店需要提前为他们预留所需的房间。还有些客人（尤其是常客），在订房时常常会指明要某个房间，或处于某个位置、具有某种景观的客房，对此，接待员或预订员应在计算机上表明此房已在某个时间为某位客人保留，以防止将客房出租给其他客人。为客人保留客房时，应熟悉预订资料，搞清需保留客房的原因及客人的种类，并填写保留房记录簿
SK	Skip	走单房	如果前厅掌握的房态与客房部查房得到的房态不一致，则可分为走单房和睡眠房两种差异房态。走单房是指前厅房态为占用房，而管家房态为空房
MUR	Make up Room Immediately	请速打扫房	门把手上挂有“请速打扫”牌的房间
DND	Do Not Disturb	请勿打扰房	门把手上挂有“请勿打扰”牌或“请勿打扰”灯亮着的房间
SL	Sleep	睡眠房	它是指前厅房态为空房，而管家房态为占用房
S/O	Sleep Out	外宿房	住店客人外宿未归
LB	Light Baggage	少量行李房	携带少量行李的住客房
NB	No Baggage	无行李房	
VIP	Very Important Person	贵宾房	饭店贵宾入住的房间
LSG	Long Stay In Guest	常住房	长时间租用的房间
DL	Double Locked	双锁房	饭店（或客人）出于安全等某种目的而将房门双锁

三、房态显示的方法

为了保证房态信息正确，饭店各相关部门必须具有高度的责任心，工作要认真、细致。同时，有必要借助于一定的房态显示设备才能了解房态信息。目前，房态显示的方法大致有以下两种：

1．接待处配备客房状态显示架，客房部使用房态报表

在以手工操作为主的小型饭店，前厅部使用客房状态显示架，它可持续地显示饭店所有客房的房态。客房状态显示架通常是用金属材料制成的卡片架，按饭店的客房数量确定格子的数量，格子按饭店的房间号码顺序排列，每间客房都在客房状态显示架上有相应的一格。格子里有该房间的情况介绍，包括房号、房间的种类、房价等基本内容。

接待员可以用不同颜色的卡片表示不同的房态，如绿色卡片表示空房、红色卡片表示住人房（实房）等，并将其插在相应格子里，显示不同的客房状况。客人入住时，接待员放上表示实房的卡片，并注明客人的姓名、性别、房价、到店日期和预离店日期；客人退房后，由前台收银员通知接待处，接待员换上走房的卡片，并通知楼层服务员清扫卫生；客房卫生清扫完毕，楼层主管查房后，向接待处报“VI”房，接待员即换上空房的卡片，客房又处于随时可以出租的状态；如果接待处收到有关客房维修的通知，则换上坏房的卡片。用这种方法的房态显示较为直观，但有时由于员工的疏忽，或者房态显示不及时，可能造成显示架上的房态不完全准确。因此，客房部楼层有必要出一份真实的房态报表。

客房部楼层每天早、中、晚，以表格形式向前台接待处呈递房态报告表，以便接待处进行房态核对、更正。

2．计算机系统显示房态

用计算机系统来显示房态是最为先进的一种方法，它越来越多地被饭店采用。饭店在前厅各部门（特别是接待处、收银处）、客户服务中心配有联网的计算机终端，各自通过操作计算机终端机来了解、掌握及传递有关房态的信息。接待员将客房出租后以及收银员给客人办理结账退房手续后，计算机系统会自动更改该房房态，而无须再口头或用表格通知相关部门更改房态；当客房卫生清扫、检查完毕，客房部主管可以利用客户服务中心的计算机终端机将房态直接输入计算机，再无须用表格形式向接待处呈递房态报表。计算机的使用，加快了饭店各部门内部沟通的速度，房态显示更为及时、更有条理，工作效率大大提高，而且最大限度地避免了工作差错，有利于前厅部乃至整个饭店的管理。

四、房态的转换

空房一经前台售出，房态就转变为住人房；客人可能会携带轻便行李入住，也可能不带行李入住，而且在住宿期间，客人可能会外宿和要求“请勿打扰”，客房在使用过程中可能会出现一些设备需要进行维修的情况，如维修项目的维修需时较长，则该房就变成了“待维修房”；客人退房后，该房间就变成了走客房，待客房经卫生班清扫和经主管检查合格后，该房的房态又变回了空房。房态的变化就如此循环，周而复始。

五、房态的核对

由于前台的工作量大，而且房态时常处于变化中，虽然很多饭店可通过计算机了解目前的房态，但是员工工作上仍可能出现差错，从而造成接待处的房态与客房楼层的房态的不符。因此，进行房态的核对是必要的，以免出现“漏房”、“虚房”或员工徇私舞弊现象，导致客房销售及客房服务的混乱。

一般饭店客房部应每天两至三次由专人填写《客房报告表》，交接待处进行房态的核对，以减少差错，提高房间分配的准确性，如发现房态不准确，应按饭店既定程序及时处理。有的饭店由接待处填写“客房状况差异表”（见表 5-2），然后分送给客房部、财务部等相关部门，具体由大堂副理牵头进行处理。

表 5-2 客房状况差异表

分送财务处： 前厅部：

客房部： 日期： 时间：

房 号	客房部状况	前厅部状况	备 注

表 5-2 是在接待员核对了客房部送来的检查报告后填写的。客房部的服务人员每天至少两次（早、晚各一次）检查客房的自然状况，并将检查结果经客房部汇总后，以楼层报告或房态表的形式送总台。接待员应将其与计算机上所显示的房态表进行核对，如发现不同之处，应逐一记录在“客房状态差异表”上。前台应将差异表的副本送客房部，客房部与前厅部主管在各自亲自检查差异表上的每一间客房状况后，再次互通信息，以及时采取措施纠正错误。

六、房态信息的沟通

为了控制房态，前厅部管理人员必须做好部门间及部门内部之间的信息沟通。

1．保证客房预订显示系统的正确性

（1）销售部与前厅部的接待处、预订处之间的信息沟通。销售部应将团体客人、长住客人等订房情况及时通知前厅部预订处。预订处、接待处也应将零星散客的订房情况和住房情况及时通知销售部。销售部与前厅部的管理人员应经常一起研究客房销售的预测、政策、价格等事宜；旺季来临时，还应就团体客人、零星散客的组成比例达成初步协议，以最大程度地提高客房使用的经济效益。

（2）接待处与预订处之间的信息沟通。前厅部的接待处与预订处之间的信息沟通对于正确显示和控制房态具有同样重要的意义。接待处应每天填写客房状况调整表，将实际到店客房数、临时取消客房数、虽预订但未抵店的客人用房数、换房数等信息通知预订处。预订处据此更新预订汇总表等预订资料。

2．保证客房现状显示系统的正确性

（1）接待处与客房部之间的信息沟通。总台接待处应将客人的入住、换房、离店等信息及时通知客房部；客房部则应将客房的实际状况通知总台，以便核对和控制房态。两个部门的管理人员还应就部门沟通中存在的问题，客人对客房的要求，客房维修、保养计划安排等事宜进行经常性的讨论、磋商。

（2）接待处与收银处之间的信息沟通。客人入住后，接待员应及时建立客人的账单，并交收银处。客人住店期间，如住房或房价有了变化，也应利用“客房、房价变更通知单”将信息通知收银处。而客人离店后，收银处则应立即将客人的离店信息通知接待处。

第三节 房价管理

房价是指客人住宿一夜所应支付的住宿费用，它是客房商品价值的货币表现。房价管理是饭店经营管理的一项重要工作。房价合理与否，直接影响到饭店的市场竞争能力和经济效益。在经营过程中，前厅部要充分利用各种经营信息进行统计分析，为饭店的经营决策提供依据。

一、客房定价的目标

1．追求利润最大化

追求利润最大化是制定客房价格最基本的目标。利润最大化分为短期利润最大化和长期利润最大化。饭店经营者必须在不同时期确定不同的价格水平。从严格意义上讲，应以长期利润最大化作为追求目标，应避免盲目调价，相互杀价。客房的需求量还受到除价格以外很多不确定因素的影响，因而对需求量和成本的测算往往还要根据市场影响而变化。实践证明，高房价并不能保证实现利润最大化，而低房价也未必意味着客房利润的减少，只有价位适当，才能实现客房商品利润的最大化。

2．提高市场占有率

饭店要提高市场占有率，除了要增加客房的销售量，还要提高其他设施、设备的利用率，降低经营成本。就价格因素而言，要达到提高市场占有率的目的，就要采取价格策略。饭店经营者要注意价格策略所带来的不利影响：

（1）低价位并不一定能够增加客源，提高市场占有率，因为客房商品需求量还要受如政治、经济、交通、季节等多方面因素影响。

（2）低价位可能有损饭店自身形象和声誉，影响服务质量。不应忽视低价位对管理人员和服务人员的误导，出现“低价位意味着低水平服务”的现象。

3．提高市场竞争力

价格是市场竞争的有力手段。具有市场竞争力的价格可以有不同形式：

（1）与竞争对手同价。在少数卖方市场的情况下，饭店客房商品与竞争对手的客房商品如有明显差别，而且消费者了解本地区产品价格水平，就可以采取跟随行业领头人定价的方法。

（2）高于竞争对手价格。饭店的硬件设施、设备水平，包括客房在内的产品以及服务质量等方面，如果超出竞争对手的水平，则可以确定新的、较高的价位。

（3）低于竞争对手价格。在一定条件下，采用低价进入市场，可以很快扩大市场份额，提高市场占有率，达到竞争的目的。

4．实现预期投资收益率

预期投资收益率是饭店经营方针的最重要指标之一，也是必须予以考虑的客房商品定价目标之一。

二、客房价格体系

饭店的房价依据其接待对象、时间等的不同，分为多种类型，并一起构成饭店客房的价格体系。

（1）标准价。标准价又称为“标牌价”、“门市价”、“散客价”，即在饭店价目表上明码公布的各类客房的现行价格。

（2）商务合同价。饭店与有关公司或机构签订房价合同，并按合同规定向对方客人以优惠价格出租客房，以求双方长期合作。

（3）团队价。团队价主要是针对旅行社的团队客人制定的折扣价格，其目的是与旅行社建立长期、良好的业务关系，确保饭店长期、稳定的客源，提高客房利用率。

（4）小包价。小包价是饭店为客人提供的一揽子报价，除了房费外，还可能包括餐费、交通费、游览费（或其中的某几个项目）等，以方便客人。

（5）折扣价。折扣价是指饭店向常客、长住客或其他有特殊身份的客人提供的优惠房价。

（6）家庭租用价。家庭租用价是指饭店为带小孩的父母提供的优惠价。

（7）免费。由于种种原因，饭店有时需要为某些特殊客人提供免费房。免费房的使用，通常只有总经理才有权批准。

（8）淡季价。淡季价是指在营业淡季，为了刺激需求，提高客房利用率，而为普通客人提供的折扣价。淡季价通常是在标准价的基础上，下浮一定的百分比。

（9）旺季价。旺季价是指在营业旺季，为了最大限度地提高饭店的经济效益，而将房价在标准价的基础上，上浮一定的百分比。

（10）白天租用价。在下列情况下，饭店可以按白天租用价向客人收取房费：

1）客人凌晨抵店入住。

2）客人离店超过了饭店规定时间多余的几小时。

3）入住与退房发生在同一天。

三、常用的定价方法

在影响饭店产品定价的诸因素中，最主要的是产品成本、需求与市场竞争。饭店在定价时，通常考虑其中至少一个以上因素。因此，饭店产品定价的基本方法不外乎以成本为中心的定价法、以需求为中心的定价法和以竞争为中心的定价法三种类型。

1．以成本为中心的定价法

以成本为中心的定价法是以饭店经营成本为基础制定客房产品价格的一种方法，产品成本加企业盈利就是产品的价格。从饭店财务管理的角度看，客房产品价格的确定应以成本为基础，如果价格不能保证成本的回收，则饭店的经营活动将无法长期维持。其具体方法有以下几种：

（1）经验定价法。经验定价法又称“千分之一法”，它是以饭店总建造成本为基础计算的。其具体方法是将每个房间所占用的建造成本除以1 000，得出客房的平均价格。其计算公式为

平均房价=饭店建造总成本/饭店客房数×1‰

“千分之一法”是人们在长期的饭店经营管理的实践中总结出来的一般规律。人们认为饭店的造价与房价之间有直接关系，因此通过3年左右的经营，饭店的建造总成本应通过客房的销售收入收回来。这种方法计算简单，管理人员可以迅速地作出价格决策。但是，这种方法也存在一些问题。

1）这个方法有一定的假设条件：饭店有一定百分比的举债筹资和产权筹资；计划期内债务数额不变；其他营业部门能提供一定数额的部门利润；在扣除资本费用前，饭店需达到一定百分比的利润等。如果这些方面所作的假设与实际情况不符，那么应用“千分之一法”就不能制订出合理的房价。

2）“千分之一法”只考虑了投资成本的因素，而没有考虑饭店的实际经营费用、供求关系和市场状况等因素。因此，“千分之一法”仅可作为制订房价的出发点，还要综合分析其他各种因素，这样的房价才具有合理性、科学性和竞争性。

（2）盈亏平衡定价法。盈亏平衡定价法是指饭店在既定的固定成本、变动成本和产品预期销量的条件下，实现销售收入与总成本相等的客房价格，也就是饭店不赔不赚时的客房价格。其计算公式为

客房价格=每间客房日费用额/（1−税率）

式中，每间客房日费用额包括客房固定费用日分摊额和客房日变动费用部分。客房固定费用日分摊额可依据不同类型客房的使用面积进行分摊，其计算公式为

每平方米使用面积固定费用=全年客房固定费用总额/（客房总使用面积×年日历天数×出租率）

客房变动费用总额可以按客房间数进行分摊，其计算公式为

每间客房日变动费用=全年客房变动费用总额/（客房数×年日历天数×出租率）

每间客房日费用额=客房使用面积×每平方米使用面积固定费用+每间客房日变动费用

（3）成本加成定价法。饭店经营的实质就是经营饭店的资金以获取利润。在正常的经营情况下，饭店的资金必须获取正常利润。这样，饭店经营者首先要运用成本加成定价法来制定出保证饭店客房商品取得合理利润的基本价格。

成本加成定价法也称“成本基数法”。其定价方法是按客房产品的成本加上若干百分比的加成额进行定价。其计算公式为

客房价格=每间客房总成本×（1+加成率）/（1−税率）

按照这种定价方法，饭店客房价格可分三步确定：

1）估算单位客房产品每天的变动成本。

2）估算单位客房产品每天的固定成本。

3）单位变动成本加上单位固定成本就可获得单位产品的全部成本，全部成本加上成本加成额，就可获得客房价格。

（4）目标收益定价。目标收益定价法是另一种以成本为中心的定价法，它的出发点是通过定价来达到一定的目标利润，以期在一定时期内全部收回投资。其基本步骤如下：

1）确定目标收益额（或投资报酬表）。

2）确定目标利润额，其计算公式为

目标利润额=总投资额×目标收益率

3）预测总成本，包括固定成本和变动成本。

4）确定预期销售量。

5）确定客房价格，其计算公式为

客房单价=（总成本+目标利润额）/[预期销售量/（1−利率）]

2．以需求为中心的定价法

以成本为中心的各种定价方法有一个共同缺点，即忽视了市场需求和竞争因素，完全站在企业角度去考虑问题。以需求为中心的定价法是以市场导向观念为指导，从客人的需要出发，认为商品的价格主要应根据客人对商品的需求程度和对商品价值的认同程度来决定。

（1）理解价值定价法。理解价值定价法就是根据客人理解的某种价值即买主的价值观念来制定价格。这就要求企业运用营销组合中的非价格因素影响客人，使其对饭店客房产品形成一种价值概念，并根据这种价值概念制定相应的价格。

采用理解价值定价法的饭店，其经营管理人员必须善于识别和创造本饭店所能给予客人的区别于竞争对手的独特利益，并把这种利益恰如其分又别出心裁地宣传给客人。在这里客人对饭店所能给予他们的这种独特利益的认识和判定，是他们选择饭店的关键。

采用理解价值定价法的饭店，经营管理人员必须善于了解客人的需求，了解客人对本饭店的评价。在作房价决策时，还应分析这一价格能否产生理想的利润。如果这个价格能适应市场需要，同时又能使饭店获得长期最大利润，那么价格就可以确定下来。

（2）需求差异定价法。需求差异定价法就是根据饭店不同细分市场的需求差异确定客房价格。饭店在使用需求差异定价法时，要充分考虑到客人的需求、客人的心理、产品差异、地区和时间差别等因素。例如，对客人群体进行细分，针对不同职业、阶层和收入的客人，制定不同的价格；对季节性强的产品和服务规定不同的季节差价。

3．以竞争为中心的定价法

以竞争为中心的定价法，就是以饭店面临的竞争环境作为制定房价的主要依据。处于激烈竞争中的饭店，往往会把对抗竞争或谋求一定的市场占有率作为定价的出发点。

（1）随行就市定价法。随行就市定价法是一种在竞争激烈、价格之间存在差别时期，饭店普遍采用的方法。它以竞争对手客房产品的平均价格水平作为定价依据，而对本饭店的成本和市场需求考虑较少。价格制定者认为，市价在一定程度上反映了行业的集体智慧，随行就市定价能使本饭店获得稳妥的收益率，减少定价的风险。

（2）率先定价法。率先定价法就是饭店根据市场竞争环境，率先制定出符合市场行情的客房价格，以吸引客人而争取主动的定价方法。有些饭店经营者认为应有率先定价的魄力，为当地其他饭店树立榜样。率先定价饭店所制定的价格若能符合市场的实际需要，即使是在竞争激烈的市场环境中，也可获得较大的收益。当然，这种方法使用起来要冒一定的风险，尽管如此，若使用恰当，会对饭店产品的销售起到一定的作用。

需要注意的是，客房价格制定后，在实际经营过程中，应保持相对的稳定性。但随着市场环境的变化，饭店还应及时进行调整，以保证客房利润目标的实现。同时，饭店还要认识到，房价的调整（调低或调高）可能会影响到客房销售工作，引起客人和竞争对手的各种反应。因此，饭店应密切注意市场动态，充分考虑各种可能，做好应对准备工作，使房价的调整能够真正达到预期目标。

第四节　客房销售艺术

一、客房销售的一般工作要求

对于前厅服务人员来说，要在接待过程中成功地销售客房及饭店其他产品，自身要掌握相应的知识和信息，熟悉销售工作的要求。

1．销售准备

（1）仪表仪态要端正，要表现高雅的风度和姿态。

（2）总台工作环境要有条理，使服务台区域干净整齐，不零乱。

（3）熟悉饭店各种类型客房的情况，以便向客人介绍。

（4）了解饭店所有餐厅、酒吧、娱乐场所等各营业场所及公共区域的营业时间与位置。

2．服务态度

（1）要善于用眼神和客人交流，要表现出热情和真挚。

（2）面部常带微笑，对客人表示“欢迎，见到您很高兴。”

（3）用礼貌用语问候每位客人。

（4）举止行为要恰当、自然、诚恳。

（5）回答问题要简单、明了、恰当，不要夸张地宣传住宿条件。

（6）不要贬低客人，要耐心向客人解释问题。

一个讲礼貌、训练有素的前厅服务人员是饭店经营最宝贵的财富之一，他的服务决定客人对饭店的第一印象，将决定客人是否再次光顾，甚至会自动为饭店宣传，扩大饭店的影响。

二、客房销售的具体要求

1．熟悉、掌握本饭店的基本情况及特点

大部分客人并不十分了解饭店的设施和服务内容，为了信心十足地向客人介绍和提供建议，接待员必须熟悉和掌握本饭店的基本情况及特点，包括：饭店所处的地理位置及交通情况；饭店建筑、装饰、布置的风格及特点；饭店的等级与类型；饭店的服务设施与服务项目的内容及特色；饭店产品的价格与相关的销售、推广政策和规定等。了解和掌握上述信息，是做好客房销售工作的先决条件。同时，也要对饭店的主要产品之一——客房进行完整的了解，如各类房间的面积、色调、朝向、功能、楼层、价格及计价方式、特点、设施设备等，接待员只有对以上内容了如指掌，才能向客人作详细介绍，提高销售的成功率。

2．了解和掌握竞争对手的情况

在饭店业竞争日趋激烈的情况下，准确、全面、完整地获得竞争对手的信息，是饭店占据优势的有力手段，也是制定营销策略的客观依据。接待员在详细了解本饭店的产品情况基础上，还要熟悉竞争对手的有关情况，掌握本饭店与竞争对手在饭店产品的质量、内容、特点、功能以及价格等方面的异同，扬长避短，充分发掘自己饭店的特点和优势，加以着重宣传，吸引客人的注意力。

3．熟悉本地区的旅游项目与服务设施

接待人员通过宣传本地区的城市功能特点，以及在此地举行的相关活动内容使客人对当地产生兴趣，增加在本地逗留的时间和机会，加深饭店在客人心中的印象，增加客人的回头率，进而提高饭店的营业收入。

4．注意分析客人的心理需求

不同的客人会有不同的需求，接待员应根据客人的年龄、职业、国籍、身份等方面情况，初步判断客人的支付能力、消费需求等，从而有针对性地开展销售工作。销售客房的过程看似简单，但其中却包含着很强的艺术性、技巧性。它来源于对客人言谈举止的细心观察和判断；取决于接待人员对客人消费心理和需求的正确把握。只有通过细致观察和耐心了解，才有可能把握客人特点，才能有助于同客人沟通和交流，有利于成功地推销客房及饭店其他产品。

5．表现出良好的职业素质

前厅是客人接触饭店的第一个环节，客人对饭店服务的体验是从前厅部员工的仪容仪表和言谈举止开始的。因此，接待员必须以真诚的态度、礼貌的语言、得体的举止、高效的服务，接待好每一位客人。接待员为人热情、开朗，热爱自身工作岗位，对客人积极、主动，都是进行成功推销的前提及必要保障之一。

三、客房销售技巧

从销售全员性的角度出发，前台接待人员的工作不仅是接受客人预订，为客人安排房间，还要善于推销客房及其他产品，最大限度地提高客房出租率，增加综合销售收入。因此，接待员不仅要熟悉客房销售的要求和服务程序，更要掌握正确的销售方式、方法，也就是要讲究销售的技巧。在熟悉饭店的各种产品的基础上，要善于分析客人的消费心理，区分不同类型客人的特点与需求，兼顾饭店和客人双方的利益，恰到好处地宣传、推销饭店的客房及其他产品。

1．把握客人的特点

每家饭店都在千方百计地寻求自己的客源，以实现经营目标。前厅服务人员应着重了解本饭店所寻求的客源有什么特点，饭店能为他们提供什么产品，也就是要把握客人的特点进行销售。要把握客人的特点，必须了解客人的年龄、职业、国籍、身份等，然后针对客人的特点，灵活运用销售政策与技巧。

2．突出客房商品的价值

在销售客房商品的过程中，接待员要强调客房商品的使用价值，而不仅仅是价格，因为客人购买的就是客房的价值。但是客房价值的大小是通过价格体现出来的，只有价格与价值相对平衡时，客人才会认为物有所值。客房的价值必须经过服务人员宣传，客人才能理解，从而使客人乐于接受。

只有证实了客人的特殊需要，才有可能在强调客房的价值时，做到有针对性。前厅服务人员只有通过深入的调查研究，才能发掘出各类型客人的特点。在通常情况下，等级越高、质量越好的房间，其价格也就越高。如果把价格与价值比作天平的左右两端，卖方与买方各掌一端，当价格一头砝码重（价格高）的时候，服务人员应充分运用语言艺术，使另一头砝码的分量（价值）加重，使两端保持基本平衡，促成双方成交，这就是“加码技巧”的运用。

总之，强调客房的价值，回答客人希望了解的关键问题，即：付了这个价钱，能享受到什么服务；这间房是否值这个价钱。在介绍客房过程中，任何不切实际的夸张或错误地介绍都应坚决避免，因为客人会很快地发现所有不实之处，从而产生上当受骗的感觉。

3. 针对性地向客人提供价格选择的范围，给客人进行比较的机会

许多饭店的接待员在向客人介绍客房时，会为客人提供一个可选择的价格范围。如果客人没有具体说明需要哪种类型的客房，前厅服务人员可根据客人的特点，有针对性地推荐几种价格不同的房间，如两至三种，以供客人选择。如果只推荐一种客房，就会使客人失去比较的机会。推出的价格范围应考虑到客人的特点，一般来说，由较高价到较低价比较适宜。

除客人已指定客房的情况外，由高价向低价报，往往能使多数客人选择前几种较高价格的客房，至少，在客人有可能选择最低价格的情况下也会选择中间价格，因为人们往往避免走极端。由高价向低价报，还可以使服务人员在觉察到客人认为价格太高的情况下，有推出较低价格的余地。在口头推销中，向客人推荐的价格以两种为宜，最多不能超过三种，因为价格种类太多，客人不易记住。

在洽谈房价的过程中，前厅服务人员的责任是引导客人、帮助客人进行选择，而不应硬性推销，以致得不偿失。客人可能会因不喜欢某类客房或价格过高而找托词，前厅服务人员不要坚持为自己的观点辩护，更不能贬低客人的意见，对客人的选择要表示赞同与支持，要使客人感到自己的选择是正确的。

4. 坚持正面的介绍以引导客人

前厅服务人员在向客人介绍客房时，应坚持采用正面的说法，要着重介绍各类客房的特点、优势，以及给客人带来的方便和好处，不要作不利的比较。在销售客房的过程中，要把客人的利益放在第一位，以不影响客人的利益为前提，宁可销售价格较低的客房，使客人满意。如果客人感到他们是在被迫的情况下才接受高价客房的，那么虽然这次得到了较多的收入，但却失去了今后可能得到的更多的收入，只有满意的客人才会成为回头客人。

5. 采用适当的报价方式

为了做好总台销售工作，接待员必须了解自己饭店所销售的产品和服务的特点及其销售对象。其中，掌握对客报价方法和推销技巧是做好销售工作的重要前提，所以，不断地研究总结和运用这些方法和技巧，已成为销售工作取胜的一个重要环节。对客报价是饭店为扩大自身产品的销售，运用口头描述技艺，引起客人的购买欲望，借以扩大销售的一种推销方法。其中包含着推销技巧、语言艺术、职业品德等内容，在实际推销工作中，非常讲究报价的针对性，只有适时采取不同的报价方法，才能达到销售的最佳效果。

掌握报价方法，是做好推销工作的一项基本功，以下是饭店常见的几种报价方法：

（1）高低趋向报价。这是针对讲究身份、地位的客人设计的，以期最大限度地提高客房的利润率。这种报价法首先向客人报出饭店的最高房价，让客人了解饭店所提供房间高房价及与其相配的环境和设施，在客人对此不感兴趣时再转向销售较低价格的客房。接待员要善于运用语言技巧说动客人，高价伴随的是高级服务，促使客人作出购买决策，当然，报价应相对合理，不宜过高。

（2）低高趋向报价。这种报价法可以吸引那些对房间价格作过比较的客人，能够为饭店带来广阔的客源市场，有利于发挥饭店的竞争优势。

（3）交叉排列报价法。这种报价法是将饭店所有现行价格按一定排列顺序提供给客人，即先报最低价格，再报最高价格，最后报中间价格，让客人有选择适中价格的机会。这样，饭店既坚持了明码标价，又维护了商业道德，既方便客人在整个房价体系中自由选择，又增加了饭店高价客房的出租率，获得更多收益的机会。

（4）选择性报价。采用此类报价法要求总台接待人员善于辨别客人的支付能力，能客观地按照客人的兴趣和需要，选择提供适当的房价范围，一般报价不能超过三种，以体现报价的准确性，避免选择报价时犹豫不决。

（5）利益引诱报价。这是一种对已预订一般房间的客人，采取给予一定附加利益的方法，使他们放弃原预订客房，转向购买高一档次价格的客房。

（6）“夹心式”报价。这种方法也称为“三明治”式报价法。此类报价法是将价格置于所提供的服务项目中，以减弱直观价格的分量，增加客人购买的可能性。例如，“一间宽敞、舒适的客房，价格只有600元，但房价中包括了早餐费、服务费、饮料费……”，这种报价方式适合于中、高档客房，也可以针对消费水平高、有一定地位和声望的客人。

（7）“鱼尾式”报价。这种报价法先介绍饭店客房产品所提供的服务设施和项目及客房特点，后报出价格，突出物美、质优，以减轻价格对客人的影响，适合中档客房。

（8）“冲击式”报价。这种报价法首先报价格，再指出客房所提供的服务及设施设备，比较适合价格较低的客房。

（9）价格分解。饭店为了获得更多的营业收入，要求接待员先推销高价客房，但有时客人一听到报价，就可能被吓退，拒绝购买。此时，就要将价格分解来隐藏其“昂贵性”。例如：某类型的客房价格是580元，报价时可将80元免费双人早餐和100元免费餐券从房价中分解出来，告诉客人实际房价是400元；假如房费包括免费洗衣或免费健身等其他免费项目，同样应该进行价格分解。这样，客人心目中高价的概念此时就会被大大弱化。

6．特殊情况下的销售技巧

（1）对“优柔寡断”客人的销售技巧。有些客人，尤其是初次住店的客人，也可能在听完接待员对客房的介绍后，仍然不能作出决定。在这种情况下，接待员应对他们倍加关注与耐心，认真分析客人的需求心理，设法消除客人的各种疑虑，任何忽视、冷淡与不耐烦的表现都将导致客房销售工作的失败。在与犹豫不决的客人洽谈时，前厅服务人员应注意观察客人的表情，设法理解客人的意图。可以用提问的方式了解客人的特点及喜好，然后有针对性地向客人介绍各类客房的优点。也可以运用语言和行动促使客人下决心。例如，递上住宿登记表说“这样吧，您先登记一下……”，或者“要不您先住下，如果您不满意，明天再给您调换房间”等。如果客人仍然保持沉默或者犹豫不决，可以建议客人在服务人员的陪同下，实地参观几种类型的客房，使客人增强对房间的感性认识。如果使用的方法恰当，这部分客人有可能成为饭店的常客。

（2）对“价格敏感”客人的销售技巧。总台员工在对“价格敏感”客人报价时一定要注意积极描述住宿条件，并提供给客人一个选择价格的范围，要运用灵活的语言描述高价房的设施优点。描述不同类型的客房时，要对客人解释说明客房特征和设施特点。

总台员工要熟悉本饭店的特殊价格政策，认真了解价格敏感型客人的背景和要求，采取不同的销售手段，给予相应的折扣，争取客人住店。

（3）工作繁忙时的销售。由于团队客人和外地客人的到店时间比较集中，往往会出现客人排长队的现象，客人会表现出不耐烦。这时就需要总台员工做到以下几点。

1）做好接待高峰前的接待准备工作，了解会议及团队到店时间，做好准备工作。以减少客人办理入住手续的等候时间，同时也应注意房况，确保无误。

2）入住高峰时，要确保手头有足够的登记所需的文具用品，保证工作有序完成。

3）入住高峰，可选派专人指引，帮助客人办理入住登记，以缩短客人的等候时间。

4）按“先到先服务”原则，认真接待好每一位客人，做到忙而不乱。

第五节　前台客账管理

客账管理是一项十分细致而又复杂的工作，时间性和业务性都很强。其工作的好坏，直接关系到能否保证饭店的经济效益，准确反映饭店经营业务活动的状况，也反映了饭店的服务水平和经营管理效率。因此，要做到账户准确、转账迅速、记账准确、结账准确快捷。

一、建账

在客人办理完入住登记手续后，总台接待员应根据住宿登记表和预订单有关内容，按不同客人类型制作相应的账单，并连同登记表（账务联）立即送交收银处。总台收银处接到接待员开具的客人账单后，按照不同类型账单予以核收并建账。

1. 散客

（1）签收客人账单。

（2）检查账单的各项内容，如客人姓名、房号、房型、房价、抵离店日期、付款方式等是否填写齐全、正确。如有异议，应立即与接待员核实。

（3）核准付款方式。如果使用信用卡支付账款，应检查账单中所附的信用卡签购单是否压印齐全，并查验信用卡的有效期等。

（4）对照信用卡公司或银行机构所发“黑名单”（注销名单）予以核实。

（5）检查有关附件如“住宿登记表”、“房租折扣审批单”、预付款收据等是否齐全。

（6）将客人账单连同相关附件放入标有相应房号的分户账夹内，存入住店客人账单架中。

2．团队

（1）签收团队总账单。

（2）检查总账单中的团队名称、团号、人数、用房总数、房价、付款方式、付款范围等项目是否填写齐全、正确。

（3）查看是否有换房、加房或减房、加床等变更通知单。

（4）建立团队客人自付款项的分账单，注意避免重复记账或漏记账。

（5）将团队总账单按编号顺序放入相应的团队账夹内，存入住店团队账单架中。

二、记账

（1）散客或团队客人在店期间所发生的费用，要分门别类地将该客人按房号设立的分户账准确记录各项费用，如客人应自付款项中的长途电话费、洗衣费、传真费、餐饮费、健身娱乐费等。

（2）客人支付的预订金、预付款、转记其他客人分户账及应收账款，应分门别类地准确记入该客人的分户账。

（3）核收店内各营业点传递来的各种账单（凭证），并逐项核准项目、单位名称、金额、日期、客人姓名、房号、客人签名及经手人签名等。

（4）将核准的账单（凭证）内容分别记入分户账或总账单内。注意把结账时要交给客人的单据与分户账单收存在账夹内，其他单据按部门划分存收，交稽核组复核。

三、结账

1．散客结账

（1）客人提出结账要求后，收银员核准房号、姓名、抵离店日期等，找出账单，收回客房钥匙。

（2）通知客户服务中心查房。

（3）核准无误后，收银员打印账单，请客人过目核实并签字。

（4）结清账款数额，唱收唱付及找零，并在账单或收据上加盖“已收讫”印章，打印结账离店日期和时间。

（5）在离店客人登记表上打印结账时间，并与客人交回的客房钥匙一并交回接待处。

（6）对客人表示感谢，欢迎客人下次再来。

2．团队结账

（1）根据预期离店团队名称、房号等，通知客户服务中心检查房间和酒水使用情况。

（2）核准团队公付账范围，做到转账、自付分开。

（3）打印团队总账单，请团队陪同确认并签名。

（4）为该团队客人分户自付账打印账单及收款。

（5）如出现账目付款争议或疑问，及时请主管或大堂副理协助解决。

（6）在任何情况下，不得谈及团队房价等商业秘密。

（7）团队要求延时离店，立即报告销售经理批准，否则按当日房价计费。

四、特殊情况处理

1．客人出现欠款情况

如果客人在入住登记时缴纳的押金已经用完而继续消费时，收银员应及时通知客人补交，防止出现逃账现象，给饭店造成经济损失。催款时应注意语言艺术和方式方法，可以用电话通知，也可以用书面形式通知客人。

2．他人代付房费

他人代付房费时，最好有客人的书面授权，以免出现纠纷。

3．结账时要求优惠

客人在结账时，往往以各种理由要求优惠，这时，要视具体情况而定。如果符合优惠条件，收银员要填写“退账通知书”（一式二联，分交财务和收银处），然后由前厅部经理签名认可，并注明原因，最后在计算机中作退账处理。另外，也有极为特殊的例子，就是要求取消优惠。

本 章 小 结

前厅销售的主要任务是销售饭店客房和饭店其他设施的使用权及相关服务，前厅部的每位员工都是销售员，都应利用自身的优势条件，熟悉和掌握工作范围的销售要求、程序和技巧，适时、成功地进行销售，以实现饭店收益最大化。

客房是饭店综合服务产品的核心成分。房价合理与否，直接影响到饭店的市场竞争能力和经济效益。在经营过程中，前厅部要充分利用各种经营信息，进行统计分析，为饭店的经营决策提供依据。客账管理又是一项十分细致而又复杂的工作，时间性和业务性都很强。其工作直接关系到能否保证饭店的经济效益，准确反映饭店经营业务活动的状况，也反映了饭店的服务水平和经营管理效率。因此，要做到账户准确、转账迅速、记账准确、结账准确快捷。

思考与练习

一、填空题

1．饭店整体产品包括__________、__________和__________三部分。

2．客房定价的目标有__________、__________、__________、__________。

3．饭店产品定价的基本方法有__________的定价、__________的定价和__________的定价三种类型。

4．现代饭店竞争越来越激烈，所以饭店应该在其产品的差异化上下工夫，以提高自己的竞争优势。饭店产品差异化可以从__________、__________、__________、__________、__________等方面做起。

二、不定项选择题

1．为了确保客房现状显示系统的准确性，前厅部管理人员应该做好______内部的信息沟通。（　　）

A．销售部　　B．客房部　　C．收银处　　D．接待处

2．以下的客房定价方法中属于以成本为中心定价法的有______。（　　）

A．经验定价法　　B．盈亏平衡定价法

C．成本加成定价法　　D．目标收益定价

3．对那些对房间价格作过比较的客人采用______方式较好。（　　）

A．高低趋向报价　　B．低高趋向报价

C．交叉排列报价法　　D．选择性报价

4．英文缩写“OC”代表______房态。（　　）

A．住客房　　B．已清洁住客房

C．未清洁住客房　　D．空房

三、简答题

1．正确进行房态控制的目的是什么？

2．常用的客房定价方法有哪些？

3．总台员工应该掌握哪些销售艺术与技巧？

4．常用的报价方式有哪几种？

5．请详细描述总台接待员对散客如何建账和结账？

四、案例分析

正值旅游旺季，两位外籍专家出现在某大饭店的总台前。

总台服务员小王是个新手，她查阅了一下订房登记簿，马上简单地对客人说：“你们预订的客房是1102房间，只住一天就要离店。”

客人听后面色陡然一变，很不高兴地说：“接待单位在为我们预订房时曾经问过我们要住几天，我们明明打算住3天，怎么现在却成了仅住1天。”

小王仍旧呆板地用毫无变通的语气回答说：“我们并没有错，你们有意见可以直接向接待单位提。”

客人听罢更加恼火了，大声讲：“我们要解决住宿问题！我们根本没有兴趣也没有必要去追究预订客房差错的责任问题。”

正当小王和客人形成僵局之际，前厅值班经理闻声前来，首先向客人表明他是代表饭店总经理来听取意见的。他先让客人慢慢地把意见说完，然后以抱歉的口吻说：“你们提的意见是正确的，眼下追究接待单位的责任并不是主要的。这几天正当旅游旺季，双人标准间很紧张，我设法安排一间套房，请你们明后天继续在我们饭店做客，虽然套房的房价要高一些，但设备条件还是不错的，我们可以给九折优惠。”

客人觉得这位值班经理的态度诚恳的，也是符合情理的，于是就同意照办了。

问题：

1．总台服务员的做法有哪些地方不妥？

2．前厅经理的做法为什么能得到客人的同意？

第六章

客人关系管理

学习目标

1. 了解大堂副理的工作职责及工作程序。
2. 了解饭店建立良好客人关系的重要性。
3. 了解客人对饭店产品的需求心理。
4. 掌握服务客人的技巧。
5. 正确认识客人的投诉。
6. 掌握处理客人投诉的原则和程序。
7. 熟悉客史档案的内容及管理方法。

第一节　大堂副理

大堂副理也称大堂值班经理，代表总经理处理日常客人投诉，平衡协调饭店各部门的对客关系。饭店设置大堂副理主要的目的是以其为核心来进行饭店管理和服务，而管理和服务是一个饭店赖以生存的两大要素。大堂副理的主要工作就是做好本部门的日常经营管理；协调各部门之间的关系，使得饭店横向、纵向协调畅通；处理客人投诉；代表总经理迎送贵宾、参与对外交流；为客人做好服务工作。在客人的眼中，大堂副理代表着饭店的形象，其核心作用决定了大堂副理工作的特殊性，也决定了对大堂副理人员素质要求的高标准。大堂副理是沟通饭店和客人之间的桥梁，是客人的益友，是饭店建立良好客人关系的重要环节。

在我国，三星级以上饭店一般都设有大堂副理。大堂副理可以是主管级，也可以是部门副经理级，以体现这一职位的重要性和权威性。对大堂副理的管理模式通常有两种：一是隶属于前厅部；二是由总经理办公室直接管理，大堂副理向总经理办公室主任或直接向总经理汇报。以上两种模式各有其合理性和利弊。从工作性质（属于对客服务项目）和工作岗位的位置（位于前厅大堂）来讲，应属于前厅部；而从职责范围来讲，涉及饭店各个部门，为了便于协调管理和有效地开展工作，则应由总经理办公室直接管理。还有的饭店将大堂副理划归质监部，向质监部经理（或总监）负责，直接处理出现在各部门的服务质量问题和客人投诉问题，以增强其权威性。具体而言，各饭店应根据自身的实际情况来决定。

一、大堂副理的素质要求

（1）有良好的个人形象，风度优雅，个性开朗，乐于且善于与人打交道，有高超的人际沟通技巧。

（2）外语流利，能用一门以上外语（其中一门为英语）与客人沟通。

（3）有较强的饭店意识、整体管理意识、公关意识、整体销售意识和培训意识。

（4）了解饭店各部门的运作程序。

（5）掌握饭店所在地区的文化历史、游乐场所地点、购物及餐饮场所。

（6）了解主要客源国的风土人情。

（7）有较强的判断、分析、处理问题的能力；思维敏捷，意思表达准确，处理问题正确。

（8）有较强的自我控制能力，处变不惊。

（9）有一定的法律知识；社会经验丰富，有较强的语言表达能力和写作能力。

（10）有敏锐的观察力，对问题的发展有预见性。

二、大堂副理的工作职责

（1）直接对总经理及前厅部经理负责，贯彻执行前厅部经理的指令，参加部门例会和饭店周会，认真执行会议的指示。

（2）协助总经理或代表总经理接待好贵宾和商务楼层客人。

（3）代表总经理受理客人对饭店各部门的一切投诉问题，并将处理过程、结果以及客人的意见认真记入工作日志，及时向上级及相关部门反馈相关信息。

（4）回答客人的一切询问，并向客人提供一切必要的协助和服务。

（5）维护大堂及附近公共区域的秩序，确保客人的人身和财产安全以及饭店财产和员工的安全。

（6）负责检查大堂区域及前厅各岗位的清洁卫生、各项设施设备的完好情况，维护饭店的高雅格调；负责大厅钢琴弹奏的管理工作；留意大厅内所有布告，保持其正常放置及布告内容的时效性。

（7）负责协调处理客人的疾病和其他突发事件。

（8）与饭店各服务部门保持密切协作和联系，同广大客人建立良好的友谊。

（9）每日向前厅部经理报告客人的投诉情况、员工违纪情况等，并提出相关建议，抄报总经理。

（10）协助前厅部经理指导并检查本部门员工的工作，做好前厅部的日常管理工作；完成总经理及前厅部经理临时指派的各项工作。

三、大堂副理的工作程序

1．大堂副理的日常工作程序

（1）上班签到后，首先阅读交班簿，了解当天发生的事情，同时阅读当天的 VIP 报表、房态表，了解当天 VIP 情况、团体到达情况。

（2）了解当天值班总经理及各部值班经理的名单。

（3）检查并完成上一班未完成的工作。

（4）检查大堂内各部人员的工作情况，巡查大堂各处，发现问题及时处理。

（5）为 VIP 客人做好准备和接待工作。

（6）随时准备向客人提供必要的协助和服务，回答客人的询问，积极处理客人的投诉和职责范围内的事情。

（7）查阅催收情况记录簿，了解催收情况，以便做好催收工作。

（8）对当班发生的事情进行详细的交班记录，要求包括时间、地点、房号、当事人姓名、身份、联系电话、地址、事情经过、处理结果等。

（9）值夜班时，还要重点加强夜班巡视，排查安全隐患，发现问题及时解决，做好处理记录或及时向有关管理人员汇报；收集各部门夜间巡查报表，进行汇总，下班前呈交总经理办公室。

2．VIP 客人的接待程序

（1）抵店前的准备工作

1）了解 VIP 客人姓名、职务、习惯及到店时间。

2）在 VIP 客人到达之前检查 VIP 入住登记单情况。

3）检查 VIP 房的分配情况和房间状况，确保 VIP 房处于最佳状况。

4）在 VIP 客人到达前一小时，检查鲜花、水果和欢迎信的派送情况，督促接待人员提前半小时到位，提醒总经理提前 10 分钟到位，确保一切接待工作准确无误。

（2）抵店时的接待工作

1）VIP 客人进入大堂时，要用准确的客人职务或客人姓名来称呼和迎接客人。

2）引领 VIP 客人进入预分的房间，查看客人的有效证件，确保入住单打印的内容准确无误，并礼貌地请客人在入住单上签字。

3）向 VIP 客人介绍客房及饭店内设施、设备。

4）征求 VIP 客人的意见，随时提供特殊的服务。

（3）离店后的后续工作

1）接待完 VIP 客人后，要及时把入住单交给前厅，准确无误地输入各种信息。

2）做好 VIP 客人的接待记录，必要时及时向总经理报告 VIP 客人到店情况和接待情况。

3）协助预订部建立、更改 VIP 客人的档案，准确记录客人的姓名、职务、入店时间、离店时间、首次或多次住店、特殊要求等情况，作为以后订房和服务的参考资料。

3．处理客人的投诉

（1）接受客人的投诉

1）确认是否为住店客人，记录客人的姓名、房号、投诉部门和事项。

2）听取客人的投诉时，要头脑冷静、面带微笑、仔细倾听，对客人遇到的不快表示理解，并表示歉意。

3）对客人的投诉，饭店无论是否有过错，都不要申辩，尤其是对火气正大或脾气暴躁的客人，先不要做解释，要先向客人道歉，对其表示安慰，让客人感到你是真心实意为他着想。

（2）处理客人的投诉

1）对一些简单、易解决的投诉问题，要尽快解决，并征求客人的解决意见。

2）对一些不易解决或对其他部门的投诉问题，首先要向客人道歉，并感谢客人的投诉，同时向有关经理汇报。

3）查清事实并作处理，同时将处理结果通知客人本人，并征求客人对解决投诉的处理意见，以表示饭店对客人投诉的重视。

4）处理好客人的投诉后，要再次向客人致歉，并感谢客人的投诉，使饭店在其心目中留下美好的印象，以消除客人的不快。

（3）记录投诉

1）详细记录投诉客人的姓名、房号或地址、电话、投诉时间、投诉事由和处理结果。

2）将重大的投诉或重要客人的投诉整理成文，经前厅部经理阅后呈总经理批示。

4．为住店客人过生日

（1）做好准备工作

1）在客人生日审报单上签字。客人生日的查询，由前厅夜班负责，如有过生日的客人，填写客人生日申报单，然后交由大堂副理签字。

2）将经签字的“客人生日审报单”一份交回前厅留存，另一份由前厅交餐饮部准备生日蛋糕。

3）同时通知柜台员工，以备随时祝贺客人生日快乐。

4）从办公室秘书处领取生日贺卡，请总经理签字后，准备送入客人房间。

（2）祝贺客人生日快乐

1）与客人取得联系，在适当的时候持生日贺卡上楼，由送餐人员送上蛋糕，同时祝贺客人生日快乐。

2）借此机会与客人做短暂交谈，征求客人的意见。

3）将上述工作详细记录在记录本上。

5．处理紧急事件

在遇到下列几种特殊情况时，大堂副理应参照以下程序进行工作：

（1）房客生病或受伤

1）房客若在居住期间生病或受伤，先以电话询问病情，然后再依病情和客人的要求，决定请医生来或是去医院治疗，严禁随便拿药给客人服用。

2）若客人确实病情严重，或有特殊要求，可联系医院请求医生出诊。

3）在与医院联系后，要协助客人订好出租车，并告知司机医院的确切位置。在找不到出租车的情况下，可联系饭店车队。

4）客人需要住院治疗时，将客人的病情及房号等作记录，如有可能通知其在当地的亲友。

5）保留房间。客人在住院期间若欲保留其房间，则通知客房部；若不需要保留房间，则征得客人同意后，帮助整理行李并寄存于行李房，衣服可存于客房服务中心。

6）对于有传染病的房客，要劝其离店，并对房间及房内物品做彻底消毒，同时对楼道及有关区域进行消毒处理。

7）要求药物。客人通常会要一些药物，此时应委婉告知客人，碍于规定饭店无法提供，小擦伤等可用大堂副理药箱中的创可贴、纱布等。

（2）房客自杀或死亡

1）若发现此状况，而未能确定是否已死亡时，立即报保安部，并请医务室或特约医院叫救护车送往医院急救，将事件报告总经理并作记录。

2）立即封锁现场及消息，并通知客房部、公关部等有关单位，由保安部经理判断是否做报警处理。

3）死亡。凡有房客死亡时，立即报保安部、总经理，再依下列情况处理：

① 自然死亡和病死。首先封锁消息，封闭该房门后电请医院派救护车运走，由保安部报告有关部门，再通知友人或家属直接到医院料理丧事。

② 谋杀。保持现场完整，报保安部，等候公安机关人员调查，再视情况处理。

③ 自杀。先封锁消息和现场，电请医院派救护车运回急救。等运走后再由保安部通知有关部门。若急救无效，依“自然死亡”项处理。

（3）火灾

1）大堂副理接到火警通知后，先报消防中心，然后电话通知总机（总机按“接火警通知方案”程序通知有关人员），并记录通知时间，然后携带总钥匙和手电筒迅速赶到现场。

2）若火灾发生在厨房，应通知工程部立即关闭所有煤气阀门，关掉所有电源，关闭受影响的一切通风装置。

3）检查火警现场，并与保安部、工程部等有关部门的人员取得联系，在最高领导决策后，决定是否报“119”派消防车支援。

4）根据现场情况，做好各部门协调工作，在最高领导决定后，组织客人撤离现场。

5）当需要将客人安排到其他饭店时，大堂副理立即与其他饭店取得联系。

（4）偷盗

1）发生任何偷盗现象均需首先报饭店保安部。

2）接到通知后，同保安人员赶到现场，若发生在房间，则同时通知客房部主管前往。

3）请保安部通知监控室注意店内有关区域是否有可疑人物。

4）查询客人被盗物品及是否曾有客来访的有关资料，并作记录，视客人要求，由客人决定是否向公安机关报案。

5）若客人有物品遗失，无论饭店有无责任赔偿，均应酌情给予关照。

6）通常情况下，饭店不开据遗失证明，若客人信用卡遗失，可由大堂副理代为联络银行止付。

7）一般要由客人自己报案，大堂副理派人联系，最好由保安部和大堂副理同时出面与客人交涉，外籍客人需报市公安局外管处；国内客人报案，可到当地派出所，也可报公安局。

8）若住店客人在店外被盗，征得客人同意后，大堂副理可协助客人向事发地区公安机关报案。

（5）员工发生意外。员工发生意外，通常由员工所在部门的经理会同人事部经理处理，节假日由大堂副理代为处理，并作记录，次日转交以上两部门处理。

四、大堂副理工作“十忌”

1．忌总是刻板呆坐在大堂工作台

大堂副理大多数时间应在大堂迎来送往，招呼来来去去的客人，随机地回答客人的一些问询，不错过能与客人交往的任何机会，一方面方便了客人，使饭店的服务更具人情味，增加了大堂副理的亲和力，另一方面可以收集到更多客人对饭店的意见和建议，以利于大堂副理发现饭店服务与管理中存在的问题与不足，及时发现隐患苗头，抢在客人投诉之前进行事前控制。

2．忌在客人面前称饭店其他部门的员工为“他们”

在客人心目中，饭店是一个整体，不论是哪个部门出现问题，他都会认为就是饭店的责任，而大堂副理是代表饭店开展工作的，故切忌在客人面前称其他部门的员工为“他们”。

3．忌在处理投诉时不注意时间、场合、地点

有的大堂副理在处理客人投诉时往往只重视了及时性原则，而忽略了处理问题的灵活性和艺术性。例如，客人在午休、进餐、发怒时，或在大堂、宴会厅等公共场所，在这些时间和场合去处理投诉效果就不佳，还可能引起客人反感，“气”上加“气”，火上浇油。

4．忌缺乏自信，在客人面前表现出过分的谦卑

确实地说，大堂副理是代表饭店总经理在处理客人的投诉和进行相关的接待，其一言一行代表着饭店的形象，应表现出充分的自信，彬彬有礼，热情好客，不卑不亢，谦恭而非卑微。过分的谦卑是缺乏自信的表现，往往会被客人看不起，对饭店失去信心。

5．忌唯恐客人投诉

投诉是坏事，也是好事，投诉的客人就像一位医生，在无偿地为饭店提供诊断，以使饭店管理者能够对症下药，改进服务和设施，提高服务质量和管理水平。因此，大堂副理不应该回避投诉，而应正确对待。

6．忌讲话无分寸，不留余地

为了避免在处理客人投诉时使自己陷入被动，一定要给自己留有余地，不能把话说死，但要明确告诉客人多长时间内解决问题。

7．忌不熟悉饭店业务和相关知识

大堂副理如果不熟悉饭店业务和相关知识，如客房服务程序、送餐服务、收银程序及相关规定、饭店折扣情况、信用卡知识、洗涤知识、基本法律法规、民航票务知识等，势必会影响到处理投诉的准确性和及时性，同时也将失去客人对大堂副理的信赖。

8．忌存有与客人暗中比高低、争输赢的心态

一般来讲，客人投诉，说明大堂副理在服务和管理上有问题，而且一般情况下客人是不愿来当面投诉的，因此即使是客人的言行有些出入，大堂副理也应把“对”让给客人。因为即使大堂副理“赢”了客人，却得罪了客人，使客人对大堂副理和饭店不满意，实际上大堂副理还是输了。

9．忌在处理投诉时只对客人就事论事，不能意会客人的真实意图

客人的投诉归纳起来不外乎三种心态，即求发泄、求尊重、求补偿。大堂副理要能准确地把握客人投诉的真实心态和用意，要给客人发泄的机会，不要与客人进行无谓的争辩和解释。及时、正确地领会投诉的心态和意图是处理投诉的关键和捷径。

10．忌忽视对投诉结果的进一步关注

接待客人投诉的人，往往并不是实际解决问题的人，因此客人的投诉是否最终得到解决仍然是个问号。事实上，很多客人的投诉并未得到根本解决，或是这个问题解决了，又出了另一个问题，故对投诉的处理过程进行跟踪，对处理结果予以关注尤其重要，它会使客人感到饭店对其投诉非常重视，从而使饭店给客人留下良好的印象。

五、客人关系主任

客人关系主任是一些大型豪华饭店设立的专门用来建立和维护良好的客人关系的岗位。客人关系主任直接向大堂副理或值班经理负责。他要与客人建立良好的关系，协助大堂副理欢迎贵宾以及安排团体临时性的特别要求。

客人关系主任的主要职责有：

（1）协助大堂副理执行和完成大堂副理的所有工作。

（2）协助大堂副理欢迎贵宾以及安排团队会议临时性的特别要求。

（3）欢迎并带领 VIP 客人入住客房。

（4）负责带领有关客人参观饭店。

（5）处理客人投诉。

（6）征求客人意见，作好记录，可作为饭店日报或周报的内容之一。

（7）留意、巡查饭店公共场所的秩序。

（8）与饭店其他部门进行合作沟通，发展饭店与客人的良好关系。

（9）在大堂副理缺席情况下，行使大堂副理的职权。

（10）完成大堂副理指派的其他任务。

第二节　良好客人关系的建立

为了寻求和发挥饭店的竞争优势，越来越多的饭店，内抓管理，外树形象，增强环保意识，降低成本，提高服务品质，重整饭店架构和转变传统管理理念，树立起“满意的员工→提供满意的服务→让客人满意→让饭店业主满意”的开放式思想，真正做到“员工第一，客人至上”。为此，饭店不仅强调与客人良好关系的建立，提高客人的满意度和忠诚度，同时也注重员工的素质培训和有效激励，提高员工的满意度和忠诚度，形成饭店发展的良性循环。身为饭店“神经中枢”的前厅部更应负责协调好与客人之间的关系。

前厅部员工要与客人建立良好的客人关系，就要对客人有正确的认识，正确理解饭店员工与客人的关系，掌握客人的心理和与客人的沟通技巧。

一、正确认识客人

1. 客人是“人”

客人是“人”有以下三层意思：

（1）尊重客人，而不是当“物”来摆布。如点客人人数时，不要伸出食指对着客人指指点点地去数，这样会让客人觉得你把他们当作物品来摆布。

（2）要充分理解、尊重和满足客人的需求，尤其要尊重和满足客人作为“现代人”的各种人之常情。

（3）对待客人的不对之处，要多加宽容、谅解。客人也是有缺点的，因此对客人不能苛求，而要抱有一种宽容、谅解的态度。

2. 客人是服务的对象

在饭店的客我交往中，双方扮演着不同的社会角色。服务人员是服务的提供者，客人则是服务的接受者，是服务的对象。前厅部员工在工作中始终都不能忘记这一点，特别是无论如何不能去“气”客人，因为客人来饭店是花钱买享受的，不是花钱买气受的。

前厅部员工在工作中，尤其要注意以下几点：

（1）客人不是评头论足的对象。任何时候，都不要对客人评头论足，这是极不礼貌的行为。尤其不要当着这位客人的面议论哪位客人，这会让客人对饭店的服务产生怀疑。

（2）客人不是比高低、争输赢的对象。不要为鸡毛蒜皮的小事与客人比高低、争输赢，因为即使你“赢”了，你却得罪了客人，使客人对你和饭店不满意，实际上你还是输了。

（3）客人不是说理的对象。在与客人的交往中，服务员是为客人提供服务的。所以，除非“说理”已经成为服务的一个必要组成部分，或者能为饭店赢得较大的利润（或避免很大的损失），作为服务人员是不应该去对客人“说理”的。尤其是当客人不满意时，不要为自己或饭店辩解，而是应立即向客人道歉，并尽快帮客人解决问题。

（4）客人不是“改造”和“教训”的对象。来饭店的客人中，什么样的人都有，思想境界低、虚荣心强、举止不文雅的人大有人在。但服务人员的职责是为客人提供服务，而不是教训或改造客人。如果需要教育客人，也只能以“为客人提供服务”的特殊方式进行。

二、服务客人的技巧

1. 重视对客人的心理服务

饭店为客人提供的是双重服务，即功能服务和心理服务。功能服务满足消费者的实际需要，而心理服务就是除了满足消费者的实际需要以外，还要能使消费者得到一种“经历”。从某种意义上说，客人就是花钱买“经历”的消费者。客人在饭店的经历，其中一个重要的组成部分，就是他们在这里所经历的人际交往，特别是他们与饭店服务人员之间的交往。这种交往，常常对客人能否产生轻松愉快的心情、能否带走美好的回忆起着决定性作用。所以，作为前厅部的服务员，只要能让客人经历轻松愉快的人际交往，就是为客人提供了优质的心理服务，就是生产了优质的“经历产品”。

2. 对客人不仅要彬彬有礼，还要做到谦恭、殷勤

斯文和彬彬有礼，只能防止和避免客人“不满意”，而只有谦恭、殷勤才能真正赢得客

人的“满意”。殷勤就是对待客人要热情周到、笑脸相迎、问寒问暖，而谦恭不仅意味着不能去和客人比高低、争输赢。如果说饭店是一个舞台，服务员就应自觉地让客人唱主角，自己唱配角。

3．对待客人，要善解人意

要给客人以亲切感，除了要做感情上的富有者以外，还必须善解人意，即能够通过察言观色，正确判断客人的处境和心情，并能根据客人的处境和心情对客人作出适当的语言和行为反应。

4．“反”话“正”说

将反话正说，就是要讲究语言艺术，特别是掌握说“不”的艺术，要尽可能用肯定的语气，去表示否定的意思。比如，“您不能在这里吸烟”可以用“您可以到那边去吸烟”来代替。在必须说“不”时，也要多向客人解释，避免用生硬冰冷的“不”字一口回绝客人。

5．否定自己，而不要否定客人

在与客人的沟通中出现障碍时，要善于首先否定自己，而不要去否定客人。比如，应该说“如果我有什么地方没有说清楚，我可以再说一遍”，而不应该说“如果您有什么地方没有听清楚，我可以再说一遍”。

6．投其所好，避其所忌

客人有什么愿意表现出来的长处，要帮他表现出来；反之，如果客人有什么不愿意让别人知道的短处，则要帮他遮盖或隐藏起来。比如，当客人在饭店出洋相时，要尽量帮客人遮盖或淡化，决不能嘲笑客人。

第三节 客人投诉处理

饭店是一个复杂的整体运作系统，而且客人对服务的需求又是多种多样的，无论饭店经营得多么好，都不可能让所有客人都满意，客人的投诉也就不可能完全避免。饭店投诉管理的目的和宗旨在于如何减少客人的投诉，及如何使因客人的投诉而造成的危害降到最低程度，最终使客人对投诉的处理感到满意。

饭店服务人员应当明白，掌握接待投诉客人的要领和处理客人投诉的方法和技巧，正确处理投诉，不仅会使自己的工作变得轻松愉快，而且对于提高饭店服务质量和管理水平，赢得回头客，具有重要意义。

一、投诉产生的原因

就前厅部及客房部而言，投诉的产生主要有以下几方面的原因：

1．硬件设施、设备出现故障

饭店的设施、设备是为客人提供服务的基础，设施、设备出故障，服务态度再好，也无法弥补，如空调失灵、电梯夹伤客人、卫生间水龙头损坏等。

2. 对无形服务不满

服务人员在服务态度、服务礼节礼貌、服务技能、服务效率、服务纪律等方面达不到饭店服务标准或客人的要求与期望，如服务人员在对客服务过程中不主动、不热情、结账时间过长、出现差错等。

3. 饭店管理不善

客人在饭店因人身安全、财产安全或心理安全受到侵犯而投诉，如因饭店管理不善而使住客在房间受到骚扰、客人的隐私不被尊重、财物丢失等。

4. 客人对饭店的有关政策规定不了解或误解

有时饭店并没有什么过错，只是由于客人对饭店的有关政策规定及制度产生不满而引起投诉，如对饭店内房价、预订、入店手续办理、会客、通信等方面的相应规定表示不认同或感到不方便。在这种情况下，就要对客人耐心解释，并热情地帮助客人解决问题。

二、正确看待客人的投诉

投诉是客人对饭店提供的服务设施、设备、项目及行动的结果表示不满而提出的批评、抱怨或控告。客人投诉的基本原因，是饭店的某些设施和服务未能达到应有的标准，不能给客人以“物有所值”的满足感，即客人感觉到的服务与其所期望的服务有差异。投诉产生后，引起客人投诉的原因并不重要，关键是服务人员自己怎样看待客人的投诉，采取怎样的态度来面对、解决客人投诉。

1. 客人投诉时的表达方式

（1）理智型。这类客人在投诉时情绪显得比较压抑，他们力图以理智的态度、平和的语气和准确清晰的表达向受理投诉者陈述事件的经过及自己的看法和要求，善于讲道理。

（2）火爆型。这类客人很难抑制自己的情绪，往往在产生不满的那一刻就高声呼喊，言谈不加修饰，一吐为快，不留余地。动作有力迅捷，对闪烁其词、拖拉应付的工作作风深恶痛绝，希望能干脆利落地彻底解决问题。

（3）失望痛心型。情绪起伏较大，时而愤怒，时而遗憾，时而厉声质询，时而摇头叹息，对饭店或事件深深失望，对自己遭受的损失痛心不已是这类客人的显著特征。这类客人投诉的内容多是自以为无法忍耐的，或是希望通过投诉能达到某种程度的补偿。

2. 正确看待客人的投诉

对于饭店来说，争取客人不容易，留住客人更难。如果对客人投诉的态度及处理方式不当，客人因不满而离去，真正受损失的还是饭店。统计结果显示，在服务业中，27 个不满意的客人中就有 26 个不会提出抱怨，他们如果受到不公正的待遇，会把不满留在心里，而拒绝下次光临。同时，不满意的客人平均会向 8～10 人倾诉他们的遭遇，而每 5 个不满意的客人中，就有 1 个对 20 个人诉说。这就意味着饭店将永远失去这些客人，同时也会失去一些潜在客人，影响了饭店的经营和对外形象。另据美国休斯敦大学饭店管理学院院长 Alan. T. Stutts 教授的调研，96%的不满意的客人不会提出投诉。这说明，客人一般是在迫不得已或忍无可忍的情况下才来投诉的。因此，对于客人的投诉，饭店管理者要格外重视。

虽然投诉并不令人愉快，但饭店应将其看作发现自身服务及管理的漏洞、改进和提高饭店服务质量的重要途径。同时，通过投诉的处理，加强了饭店同客人之间的沟通，进一步了解了市场需求，提高了竞争力，有利于争取更多的客源。调查表明，要是客人觉得企业成功地处理了他的抱怨，那他会告诉5个人。在某饭店中，如果一个客人的投诉获得圆满解决，他就有92%的可能性会再次光临；如果问题没有解决，客人再来订房的可能性不到50%。

因此，饭店对客人的投诉应持积极、欢迎的态度，无论客人出于何种原因、何种动机进行投诉，饭店方面都要理解客人心理，给予充分重视，及时作出补救。只有这样才可能消除客人的不满，重新赢得好感及信任，改善客人对饭店的不良印象。“闻过则喜”应成为饭店对待客人投诉的基本态度。

三、处理投诉的原则

无论引起客人投诉的原因是什么，饭店在处理客人投诉的过程中要注意和把握以下几个原则：

1．真心诚意帮助客人解决问题

处理客人投诉，“真诚”二字非常重要。应理解客人的心情，同情客人的处境，努力识别和满足他们的真心需求，满怀诚意地帮助客人解决问题。只有这样，才能赢得客人的信任和好感，才有助于问题的解决。如果缺乏诚意，即使在技术上作了处理，也不能赢得客人的好感。

2．绝不与客人争辩

处理客人投诉时，要有心理准备，即使客人有过激的语言及行为，也一定要在冷静的状态下同客人沟通。当客人怒气冲冲前来投诉时，首先应适当选择处理投诉的地点，避免在公共场合接受投诉，其次应让客人把话说完，然后对客人的遭遇表示同情，还应感谢客人对饭店的关心。一定要注意冷静和礼貌，绝对不要与客人争辩，也不要试图说服客人，因为任何解释都隐含着“客人错了”的意思。态度鲜明地承认客人的投诉是正确的，能使客人的心理得到满足，尽快地把客人的情绪稳定下来，显示了饭店对客人的尊重和对投诉的重视，有助于问题的解决。

3．不损害饭店的利益和形象

处理投诉时，应真诚地为客人解决问题，保护客人的利益，但同时也要注意保护饭店的正当利益，维护饭店的整体形象。不能单单注重客人的陈述，讨好客人，轻易表态，给饭店造成一定的损失，更不能顺着或诱导客人抱怨饭店某一部门，贬低客人，推卸责任，使客人对饭店整体形象产生怀疑。对涉及经济问题的投诉，要以事实为依据，具体问题具体分析，使客人不蒙受不应蒙受的经济损失，饭店也不无故承担赔偿责任。

四、处理投诉的基本程序

各个饭店处理客人投诉的程序有所不同，但归纳起来主要包括以下几个方面：

1．做好接待客人投诉的心理准备

（1）树立“客人总是对的”的理念。一般来说，客人来投诉，说明饭店的服务和管理有问题，而且不到万不得已或忍无可忍的情况，客人是不愿前来当面投诉的，因此首先要替客人着想，树立“客人总是对的”的理念，站在客人的角度换位思考。更何况，在服务业有一个原则，即使客人错了，也要把“对”让给客人。只有这样，才能减少与客人的对抗情绪。这是处理好客人投诉的第一步。

（2）要掌握投诉客人的三种心态。投诉客人通常有三种心态：一是求发泄，客人在饭店遇到令人气愤的事，怨气在心，不吐不快，前来投诉。二是求尊重，无论是硬件设施，还是软件服务出现问题，在某种意义上都是对客人不尊重的表现，客人前来投诉就是为了挽回面子，求得尊重。有时即使饭店没有过错，客人由于心情不好，或为了显示自己的身份或与众不同或在同事朋友面前表现一下，也会投诉。三是求补偿，有些客人无论饭店有无过错，或问题是大是小，都可能前来投诉，其真正的目的不在于事实本身，不在于求发泄或求尊重、求补偿，尽管他可能一再强调“并不是钱的问题”。因此在接待投诉客人时，要正确理解客人、尊重客人，给客人发泄的机会，不要与客人进行无谓的争辩。如果客人投诉的真正目的在于求补偿，则你要看自己有无权力这样做，如果没有这样的授权，就要请上一级管理人员出面接待投诉客人。

2．设法使客人消气

投诉的最终解决只有在心平气和的状态下才能进行，因此接待投诉客人时，首先要保持冷静、理智，同时要设法消除客人的怒气。比如，可请客人坐下慢慢谈，为客人送上一杯茶。此外以下几点要特别注意，否则，不但不能消除客人的怨气，还可能使客人气上加气，出现火上浇油的效果。

（1）先让客人把话说完，切勿胡乱解释或随便打断客人的讲述。

（2）客人讲话时（或大声吵嚷时），要表现出足够的耐心，决不能随客人情绪的波动而波动。即使是遇到一些故意挑剔、无理取闹者，也不应与之大声争辩或仗理欺人，而要耐心听取其意见，以柔克刚，使事态不致扩大或影响他人。

（3）讲话时要注意语音、语调、语气及音量的大小。

（4）接待投诉的客人时，要慎用微笑，否则会让客人产生“出了问题，你还幸灾乐祸”的错觉。

3．认真倾听客人的投诉，并注意作好记录

对客人的投诉要认真听取，勿随意打断客人的讲述或胡乱作解释。边聆听边记录客人的投诉内容，这不但可以使客人讲话的速度放慢，缓和客人的情绪，还可以使客人确信，饭店对其反映的问题是重视的，同时记录的资料也是饭店处理客人投诉的原始依据。

4．对客人的不幸遭遇表示同情、理解和抱歉

在听完客人的投诉后，要对客人的遭遇表示抱歉，即使客人反映的不完全是事实，或饭店并没有过错，但至少客人感觉不舒服、不愉快，同时对客人的不幸遭遇表示同情和理解。这样会使客人感觉受到尊重，自己来投诉并不是无理取闹，同时也会使客人感到你和他站在一起，而不是站在对立面跟他讲话，可以减少对抗情绪。

5．对客人反映的问题立即着手处理

客人投诉最终是为了解决问题，因此对于客人的投诉应立即着手处理，必要时要请上级管理人员亲自出面解决。

在接待和处理客人投诉时，要注意以下几点：

（1）切不可在客人面前推卸责任。在接待和处理客人投诉时，一些员工自觉或不自觉地推卸责任，这样给客人的印象更糟，使客人更加气愤，结果旧的投诉未解决，又引发了客人新的、更激烈的投诉，出现投诉的“连环套”。服务人员应该记住，客人投诉时，他所关心的是尽快解决问题，他只知道这是饭店的问题，并不关心是谁的或哪个部门的问题，接待投诉客人，首要的是先解决客人反映的问题，而不是追究责任，更不能当着客人的面推卸责任。

（2）给客人多种选择方案。在解决客人投诉中所反映的问题时，往往有多种方案，为了表示对客人的尊重，应征求客人的意见，请客人选择，这也是处理客人投诉的艺术之一。

（3）尽量给客人肯定的答复。关于在处理客人投诉时要不要给自己留有余地的问题，一些饭店管理人员认为，为了避免在处理客人投诉时自己陷入被动，一定要给自己留有余地，不能把话说死。比如，不应说“十分钟可解决”，而应说“我尽快帮您办”或“我尽最大努力帮您办好”。这样的话会让日本及欧美客人很恼火，他们最反感的就是不把话说死，什么事情都没有明确的时间概念。因此，处理客人投诉时，要尽可能明确告诉客人多长时间内解决问题，尽量少用“尽快”、“一会儿”、“等等再说”等时间概念模糊的字眼。如果确实有困难，也要向客人解释清楚，求得客人的谅解。

6. 对投诉的处理结果予以关注

接待投诉客人的人，并不一定是实际解决问题的人，因此客人的投诉是否最终得到了解决，还是个问号。事实上，很多客人的投诉并未得到解决，因此必须对投诉的处理过程进行跟进，对处理结果予以关注。

7. 与客人进行再次沟通，询问客人对投诉的处理结果是否满意，同时感谢客人

有时候，客人反映的问题虽然解决了，但并没有解决好，或是这个问题解决了，却又引发了另一个问题。因此，必须再次与客人沟通，询问客人对投诉的处理结果是否满意。这种额外的询问并不多余，它会使客人感到饭店对他的投诉非常重视，从而使客人对饭店留下良好的印象。与此同时，应再次感谢客人，感谢客人把问题反映给饭店，使饭店能够发现问题，并有机会改正错误。

8. 整理归类存档

处理完客人的投诉后，要将整个过程写成报告，包括客人投诉的内容、客人的姓名、房号及投诉时间、处理结果等，记录存档。

第四节　客史档案的建立与管理

在实践中，我们往往会发现，由于饭店迎来送往的客人数以万计，而他们的要求和特点又五花八门，令接待员感到千头万绪，能按程序和规范要求做好接待工作就已经不错了，至于还要充分照顾到客人的个性化需求，则是心有余而力不足了。解决这个问题的最好办法就是建立客史档案，将日常工作中收集到的有关客人的消费信息全部以资料的形式，以制度化的规范文本记载下来。这样一来就克服了个人记忆力的有限性，而完全准确地保留了客情资料。对于那些力图做好市场营销，使服务工作更有成效的人来说，客史档案是一个珍贵的工具。同时，建立客史档案，拥有全面、详尽的客情资料还有助于提高饭店经营决策的科学性。

客史档案又称客人档案，是饭店在接待客人的工作中形成的、具有查考价值的并按一定要求归档的一种专业性档案，主要记录客人在住店期间的资料情况，以便对客人进行地理分析和人口统计信息的市场分析。

一、建立客史档案的意义

抓住回头客是饭店经营的黄金法则，拥有大量忠诚的客人是饭店追求的目标。而建立客史档案是饭店了解客人、掌握客人的需求特点，从而为客人提供针对性服务的重要一环。

1．有助于为客人提供个性化服务，满足客人个性化需求

饭店就是一个浓缩了的小社会。在这个小社会里，所有光顾消费的客人既有共同的特性和需求，又各有不同的特点，他们对于饭店提供的服务既有相同的要求——要求服务热情、周到、规范，又各有不同的个性化要求，这是由他们不同的个性特点决定的。要想超越服务的现有水平，提供富有针对性的服务，就必须深入了解每位客人的需求特点。了解客人的需求特点，是提供个性化服务的基础。而利用客史档案提供的客人需求信息，就可以解决这个问题，提高客人的满意度。

2．可以体现对客人的关怀

对客人进行关怀的目的主要是提高客人对饭店的忠诚度。通过客史档案可以随时查阅到客人的生日、结婚纪念日、通信地址等，在适当的时候可以给客人送上一束鲜花、一个生日蛋糕、一份礼物，客人的喜悦之情可以想象。客人在惊喜之余，必将对饭店产生感激之情，进而增强对饭店的忠诚度。

3．有助于饭店研究客源市场动态，提高经营决策的科学性

客史档案的建立有助于饭店了解自己的目标市场，以及目标市场上客人的需求，从而作出正确的决策来满足客人的需求，提高饭店经营决策的科学性。

二、客史档案的内容

客史档案应包括以下几方面的内容：

1．常规档案

常规档案包括客人的姓名、性别、年龄、出生日期、婚姻状况、通信地址、电话号码、公司名称、头衔等，收集这些资料有助于了解目标市场的基本情况，了解谁是我们的客人。

2．预订档案

预订档案包括客人的订房方式、介绍人、订房的季节、月份、日期以及订房的类型等，掌握这些资料有助于饭店选择销售渠道，做好有针对性的促销工作。

3．消费档案

消费档案包括包价类别、客人租用的房间、支付的房价、餐费，以及在商品、娱乐等其他项目上的消费；客人的信用、账号；喜欢何种房间和饭店的哪些设施，从而了解客人

的消费水平、支付能力以及消费倾向、信用情况等。

4. 习俗、爱好档案

这是客史档案中最重要的内容，包括客人旅行的目的、爱好、生活习惯，宗教信仰和禁忌，住店期间要求的额外服务等。了解这些资料有助于为客人提供有针对性的服务。

5. 反馈意见档案

反馈意见档案包括客人在住店期间的意见、建议，表扬和赞誉，投诉及处理结果等。

三、客史档案的功能

1. 有利于增强饭店的创新能力

饭店行业是服务型行业，所提供的产品必须适应自身客源市场不断变化的消费需求，通过客史档案的管理和应用，饭店能够及时掌握客人消费需求的变化，适时地调整服务项目，不断推陈出新，确保持续不断地向市场提供具有针对性、有吸引力的新产品，满足客人求新、求奇、求特色的消费需要。饭店产品体系的创新是饭店生命力所在，而客史档案的科学建立和运用是提升饭店创新能力的基础。

2. 有利于提升饭店的服务品质

当今社会，客人需求的个性化特征日趋明显，要求饭店与时俱进，为客人创造更加温馨、富有人情味的消费环境和空间。客史档案是饭店客户关系管理系统和客户忠诚系统的组合平台，一方面，客户关系管理系统的作用就在于通过对客户信息的深入分析，能够全面了解客户的爱好和个性化需要，开发出“量身定制”的产品，大大提高客人的满意度；另一方面，客户忠诚系统的作用则体现在通过个性化服务和一系列饭店与客户间“一对一”的情感沟通，客户对饭店会产生信任感，会认为在这里消费比其他地方更可靠，更安全，更有尊严感，客人满意将升华为客人忠诚，饭店服务的品质会得到客户的进一步认同。

3. 有利于提高饭店的经营效益

客史档案的科学运用将有助于饭店培养一大批忠诚客人，一方面，可以降低饭店开拓新市场的压力和投入；另一方面，由于忠诚客人对饭店产品、服务环境熟悉，具有信任感，因此他们的综合消费支出也就相应比新客人更高，而且客人的忠诚度越高，保持忠诚的时间越长，饭店的效益也就越好。

4. 有利于提高饭店的工作效率

客史档案为饭店的经营决策和服务提供了翔实的基础材料，使得饭店的经营活动能够有的放矢，避免许多不必要的时间、精力、资金的浪费。由于对客人消费情况的熟悉，员工的服务准备更为轻松。良好客户关系的建立，也有助于饭店工作氛围的改善，员工的工作热情和主动精神将得到有效的发挥，饭店整体的工作效率也将极大地提高。

5. 有利于塑造饭店的显性品牌

口碑效应是饭店品牌塑造的关键因素。忠诚的客户一个显著的特点是会向社会、同事、亲戚朋友推荐饭店，义务宣传饭店的产品和优点，为饭店树立了良好的口碑，带来新的客源。根据客史档案划分、培育忠诚客户，可以为饭店创造更为重要的边际效应。

四、客史档案的建立与管理

客史档案的有关资料主要来自于客人的订房单、住宿登记表、账单、投诉及处理结果记录、客人意见书及平时观察和收集的其他相关资料。在以前，这类工作大都是通过手工操作来完成的，速度慢、工作量大、管理困难、调用不方便，随着计算机的普及与应用，这个难题已经得到了极大的改善。无论是从竞争需要还是从现实的硬件条件来看，建立客史档案都是十分必要而又力所能及的。

饭店的客史档案管理工作一般由前厅部承担，而客史信息的收集工作要依赖于全饭店的各个服务部门。所以做好这项工作必须依靠前厅部员工的努力，同时还有赖于饭店其他部门的大力支持和密切配合。客史档案的管理工作主要有以下几方面内容：

1．分类管理

为了方便客史档案的管理和使用，应对客史档案进行分类整理，如：按国别和地区划分，可分为国外客人、国内客人等；按信誉程度划分可分为信誉良好客人、信誉较好客人、黑名单客人等。经过归类整理的客史档案是客史档案有效运行的基础和保证。

2．有效运行

建立客史档案的目的，就是为了使其在有效运行中发挥作用，不断提高经营管理水平和服务质量。如客人订房时，若非首次订房，预订员可直接调用以往客史，打印客史档案卡，与订房资料一道存放，并按时传递给总台接待员；若是首次订房，应将常规资料和特殊要求录入计算机，并按时传递给总台接待员。未经预订的常客抵店，总台接待员在客人填写入住登记表时，调出该客人的客史档案，以提供个性化服务；未经预订的客人第一次抵店，总台接待员应将有关信息录入计算机。对涉及客房、餐饮、康乐、保卫、电话总机等部门服务要求的，要及时将信息传递到位。同时也要注意收集和整理来自其他各服务部门的有关客史信息。客人离店后，要将客人的客史档案再次输入新的内容，使客史档案内容不断得到补充和完善。

3．定期清理

为了充分发挥客史档案的作用，每年饭店应系统地对客史档案进行一至两次的检查和整理。检查资料的准确性，整理和删除过期档案。对于久未住店的客人，在清理档案前，最好给客人寄一份“召回书”，以唤起客人对曾住过的饭店的美好回忆，做最后一次促销努力。

五、客史档案的使用

客史档案的使用必须重视以下环节：

1．树立全店的档案意识

客史档案信息来源于日常的对客服务细节中，绝不是少数管理者在办公室内就能得到的资源，它需要饭店全体员工的高度重视，在对客服务的同时有意识地去收集，因此饭店在日常管理、培训中应向员工不断灌输“以客户为中心”的经营理念，宣传客史档案的重要性，培养员工的档案意识，形成人人关注，人人参与收集客户信息的良好氛围。

2. 建立科学的客户信息制度

客户信息的收集、分析应成为饭店日常工作的重要内容，应在服务程序中将客户信息的收集、分析工作予以制度化、规范化。例如，可规定每月高层管理者最少应接触 5 位客人，中层管理者最少应接触 15 位客人。了解客人的需求，普通员工每天应提供 2 条以上客史信息等。在日常服务中应给员工提示观察客人消费情况的要点，如客房部员工在整理客房时应留意客人枕头使用的个数、茶杯中茶叶的类别、电视停留的频道、空调调节的温度数、客房配备物品的利用情况等。餐饮部员工可注意客人菜品选择的种类、味别，酒水的品牌，遗留菜品的数量，就餐过程中对酱油、醋、咸菜等的要求等，从这些细节中能够捕捉到客人的许多消费信息。同时应以班组为单位建立客户信息分析会议制度，每个员工参与，根据自身观察到的情况，对客人的消费习惯、爱好作出评价，形成有用的客史档案。

3. 形成计算机化管理

随着饭店经营的发展，客史档案的数量将越来越多，如连续 20 年被评为世界服务质量第一名的曼谷一家饭店，散客档案便达到 20 多万份。客史档案中的许多内容靠人工管理是非常困难的，而且会随着客人生活情况的改变发生变化，因此客史档案的管理必须纳入饭店计算机管理系统中。计算机管理系统在客史档案管理板块应具备：①及时显示功能，在饭店每个服务终端，输入客户基础数据，系统能够立即自动显示客人的相关信息资料，为对客接待提供依据；②检索功能，计算机检索是档案信息现代化的标志之一，客史档案要便于随时补充、更改和查询；③信息共享功能，客史档案要发挥作用，必须实现饭店各部门之间的快速传递，通过饭店计算机管理系统达到客史档案的资源共享功能是客史档案管理的基本要求。

4. 利用客史档案开展经营服务的常规化

饭店营销部门、公关部门应根据客史档案所提供的资料，加强与 VIP 客人、回头客、长期协作单位之间的沟通和联系，使之成为一项常规工作，如通过经常性的回访、入住后征询意见、客人生日时赠送鲜花、节日期间邮寄一张贺卡、饭店主题活动、新产品推出时邮寄宣传资料等方式都能拉进饭店与客人之间的关系，让客人感到亲切和尊重，客人的忠诚度也会得到极大的提高，这样客人即使偶尔对饭店的服务有意见，也不会轻易弃你而去。

总之，饭店客史档案的管理和应用是一项系统性工程，需要饭店高度重视，积极探索，形成科学完整的体系，以从客人日积月累的消费记录中进行各方面的分析，为管理者提供有利的决策依据，使之成为饭店经营决策的财富。

本章小结

饭店的对客服务具有整体性和系统性。前厅部作为饭店的“神经中枢”，在解决处理各种冲突矛盾、建立良好的客人关系方面起着十分重要的作用。本章讲述了大堂副理的工作职责和工作程序，以及作为大堂副理需要具备的素质；前厅部员工要想跟客人建立良好的关系，要正确认识客人，满足客人对饭店产品的需求心理，即求尊重、要求快捷服务、文明享受等，同时还要掌握对客服务的技巧。无论饭店经营得多么好，都不可能让所有客人都满意，客人的投诉也就是不可能完全避免的。要恰当处理客人的投诉，首先就要对客人投诉有正确的认识，要持积极、欢迎的态度，有则改之，无则加勉。除此之外，还要掌握处理客人投诉的原则和主要程序。抓住回头客是饭店经营的黄金法则，拥有大量忠诚的客人是饭店追求的目标，而建立客史档案是饭店了解客人、掌握客人的需求特点，从而为客人提供针对性服务的重要一环。客史档案为饭店提供了珍贵的资料，它不仅能使饭店的服务更加富有针对性和个性化，还能帮助饭店进行市场调查分析，巩固和扩大饭店客源市场。要了解客史档案建立的意义，掌握客史档案的内容，以及如何建立和用计算机管理客史档案，使客史档案发挥应有的作用。

思考与练习

一、填空题

1．大堂副理也称______________，代表总经理处理日常客人的投诉，平衡协调饭店各部门对客关系。

2．处理客人投诉的过程中要把握的原则有______________、绝不与客人争辩、不损害饭店的利益和形象。

3．客史档案包括常规档案、______________、______________、习俗爱好档案、反馈意见档案。

4．客史档案的管理工作主要有分类管理、______________、______________。

二、不定项选择题

1．正确处理投诉的重要性之一是______。　（　　）

A．会增加饭店的经济收入　　B．会增加客源

C．会减少麻烦　　D．会改善客人对饭店的印象

2．饭店对客人的投诉一般由______负责。　（　　）

A．值班经理　　B．前厅服务员　　C．大堂副理　　D．客房服务员

3．客人在投诉时情绪显得比较压抑，他们力图以理智的态度、平和的语气和准确清晰的表达向受理投诉者陈述事件的经过及自己的看法和要求，善于摆道理。这类客人属于______的投诉客人。　（　　）

A．理智型　　B．火爆型　　C．失望痛心型　　D．歇斯底里型

三、简答题

1．大堂副理的工作十忌是什么？

2．如何正确看待客人的投诉？

3．处理投诉的基本程序是什么？

4．前厅部建立客史档案的意义是什么？

四、案例分析

一天早晨9点时，上海某饭店大堂黄副理接到住在806房间客人的投诉电话：“你们饭店是怎么搞的，我要求叫醒服务，可到了时间，你们却不叫醒我，误了我乘飞机……”，

不等黄副理回答，对方就“啪嗒”一声挂了电话，听得出客人非常气愤。

黄副理意识到这投诉电话隐含着某种较为严重的势态，于是查询当日806房的叫醒记录，记录上确有早晨6点半叫醒服务要求，根据叫醒仪器记录和总机接线员回忆，6点半时确为806房的客人提供过叫醒服务，当时客人曾应答过，黄副理了解清楚情况后断定，责任不在饭店，但黄副理仍主动与806房的客人联系。

“孔先生，您好！我是大堂副理，首先对您误了乘飞机而造成的麻烦表示理解。”黄副理接着把了解的情况向客人作了解释。但客人仍怒气冲冲地说：“你们饭店总是有责任的，为什么不反复叫几次呢？你们应当赔偿我的损失！”客人的口气很强硬。

“孔先生，请先息怒，现在我们暂时不追究是谁的责任，当务之急是想办法把您送到要去的地方。请告诉我，您去哪，最迟必须什么时候到达？”

黄副理的真诚，使客人冷静下来，告诉他明天早晨要参加西安的一个商贸洽谈会，所以今天一定赶到西安。黄副理得知情况后，马上请饭店代售机票处更改下午去西安的机票，而代售处下午西安的机票已售完。黄副理又打电话托他在机场工作的朋友，请务必想办法更改一张下午去西安的机票，后来又派专车去机场取回机票。

孔先生接到更改的机票后，才坦诚自己今晨确实是接过叫醒电话，但应答后又睡着了，责任在自己，对黄副理表示歉意。

问题：分析黄副理这样的处理方法正确与否，分析其原因。以后饭店在这方面应该采取怎样的防范措施，以减少此类投诉？

第七章 前厅部信息沟通

学习目标

1. 了解沟通的内涵、目的及作用。
2. 了解前厅部各种报表的制作。
3. 熟悉前厅部内、外部沟通与协调的机制。
4. 掌握前厅部沟通与协调的方法。

第一节　前厅报表的制作

在实践中，前厅部负责联络和协调各部门的对客服务。比如，前厅部要及时地将客源、客情、客人需求及所掌握的一些重要信息，如当日抵、离店的VIP客人、营业日报、客情预测等，必须及时传递给总经理室及其他有关部门。同时，前厅部加强信息沟通还可以及时帮助饭店避免不必要的损失，如客人在预订日期未抵达饭店，饭店可以通过信用卡公司获得房费补偿。

一、表格设计

1．表格设计的原则

前厅部的表格一般由前厅部经理负责设计。设计时应遵循以下原则：

（1）表格必须符合饭店运转系统的要求。

（2）表格的设计要体现饭店管理特色。

（3）表格的设计要符合饭店管理制度和管理理念。

（4）做好各类表格的衔接配套工作。

2．设计应考虑的因素

（1）明确目的。将制作、发放、保存表格所花费的时间与精力，与使用表格的效果和机会进行对比，明确设计此表格的目的。

（2）明确内容。确定表格的项目，表格的内容应该简明扼要，排列易于阅读填写，形式美观。

（3）确定发放对象。确定该表格需要发放的部门和人员。

（4）选择印刷方式。考虑印刷表格的纸张质量与成本，印刷数量与费用，色彩、字体的选择，编号方式，装订方法等。

3．表格审查与修订

对于已经设计好并投入使用的表格，前厅部的管理人员每年至少应进行一次审查，广泛征求一线使用者的意见，开展修订工作。

二、前厅常用表格

前厅部通常制作的报表主要有客房销售报告、客房收入报告、当日取消订房表、未到客人报表、提前退房表、延期退房表、入住房数出入表、房价折扣及免费表、次日客房退房表、今日住店 VIP 客人报告和次日 VIP 客人离店报告等。

1．客房销售报告（Room Sales Recapitulation）

总台最需要制作的重要表格就是“客房销售报告”。“客房销售报告”是综合反映饭店客房收入情况、客房预订情况以及客房利用率的报表，它不但能反映当天的统计数据，而且有以往同期的统计数据，方便管理者进行历史对比。其主要指标有昨日占用客房数、今日抵店人数、今日离店人数、今日占用客房数、坏房数、饭店自用房数、可出租客房总数、各类型客人用房、空房总数、客房利用率、房间双开率、各类型客房收入、预订房间总数、取消及更改预订数、未预订抵店人数等。

2．客房收入报告（Rooms Revenue Report）

“客房收入报告”是详细反映饭店每间客房收入情况的报告。它既可以作为“客房销售报告”的补充，也是制作“客房销售报告”的依据之一。

“客房收入报告”的资料来源主要是总台制作的“每日报告”，同时参考饭店的“房价折扣及免费表”，以此确定客人的时间住房费。

3．当日取消订房表（Cancellation List）

当日取消订房表（见表 7-1）一式三份，分送前台经理、前台接待处和预订处，预订员要据此修订预订控制记录。同时，当日取消订房表也是饭店掌握超额预订比例的依据之一。

表 7-1　当日取消订房表（Cancellation List）

日期（Date）：

Name 姓名	Dep. Date 离开日期	Accm. 房间类型	Rate 房价	Reason of Cancellation 取消原因
Total 总计	RMS 客房数		PAX 人数	

4．未到客人报表（No-show List）

“未到客人”是指没有正式取消预订，但在预订入住日未能抵达的客人。未到客人报表（见表 7-2）同样是饭店掌握超额预订比例的依据之一，一式三份，分送前台经理、前台接待处和预订处，预订员要据此修订预订控制记录。

表 7-2　未到客人报表（No-show List）

日期（Date）

Name 姓名	Dep. Date 离开日期	Accm. 房间类型	Rate 房价	Remarks 备注
Total 总计	RMS 客房数		PAX 人数	

5．提前退房表（Unexpected Departure）

制作提前退房表（见表 7-3），目的是及时修订预订控制记录，也可以作为确定超额预订的重要参数。

表 7-3　提前退房表（Unexpected Departure）

日期（Date）

Room No. 房号	Name 姓名	Period 原定退房日期	PAX 人数	Remarks 原因
总数：Total________RMS________PAX________				

6．延期退房表（Extension List）

制作延期退房表（同提前退房表），目的是及时修订预订控制记录。该表反映住客推迟离店日期的情况，其内容包括房号、姓名、离店日期、原因等。

7．入住房数出入表（Differences）

由于人数发生变化等原因，预订客人办理登记手续时，可能会提出增加或减少客房数的要求，夜间值班员要将白天所发生的这些情况制成表格，予以反映。

8．房价折扣及免费表（Discount & Complimentary List）

该表主要包括房号、姓名、离店日期、房间类型、房费、折扣、实收、备注等项目。制作时，要注意在备注一栏注明优惠或者免费的原因。

9．次日客房退房表（Expected Departure List）

该表主要包括房号、姓名、住店日期、人数、备注等项目，其目的是更好地控制房态，做好退房结账工作，防止出现逃账等情况。

10．今日住店 VIP 客人报告（Today’s VIP Stay-over Report）

制作此表的目的在于让有关部门及管理者对 VIP 客人住店、离店情况做到心中有数，以便做好相应的迎接、送客等接待工作。其主要内容包括房号、姓名、职位、抵店日期、离店日期、人数、备注等项目。

11．次日VIP客人离店报告（Expected VIP Departure Report）

“次日VIP客人离店报告”通常与“今日住店VIP客人报告”一起制作，其目的在于让有关部门及管理者对VIP客人离店情况做到心中有数，以便能够提前做好相应的送客等接待工作。其主要内容包括房号、姓名、职位、住店日期、离店日期、人数、备注等项目。

第二节 前厅部与其他部门的信息沟通

饭店的优质服务是整体性的，具有连贯性，需靠每一部门、每一环节、每一岗位人员的协同努力才能令客人满意。而作为饭店“神经中枢”的前厅部，其内、外沟通尤为重要。

一、前厅部沟通的原则

1．明确目的

为了有效地进行沟通和协调，事先要明确沟通协调的目的，即为什么要进行沟通协调，需要沟通协调的内容到底是什么。然后将需沟通协调的内容仔细、慎重地计划一下，清晰、明了地进行。

2．注重对象和时机

明确同谁进行沟通协调，这时需要考虑进行沟通协调对象的权限、能力、背景、经历以及对方人际关系情况等。此外，应考虑什么时间进行沟通协调，才能做到准确及时，保证正常的服务工作效率。

3．选择正确的渠道

在需要进行沟通协调时，考虑要采用何种渠道来传递，才能使对方对你所进行的沟通协调引起重视。

4．注重信息的接受及反馈

尽管进行了沟通协调，但并不能肯定对方是否已正确理解及接受，因此需要进一步核查沟通协调的内容及对方的反映情况，以此完善沟通协调过程，保证沟通协调效果。

二、前厅部内部沟通

前厅内部沟通是指前厅内部各环节之间的相互沟通，主要包括客房预订、入住接待、问讯、前台收银、礼宾行李服务、商务中心以及电话总机等部门之间的沟通。

1．接待处与客房预订处

前厅接待处应每天将实际抵店、实际离店、提前离店、延期离店等用房数，以及临时取消客房数、预订但未抵店客房数和换房数及时输入计算机系统内，或采用表格形式递送给客房预订处，以便预订员修改预订信息，确保预订信息的准确性。而客房预订处也应每天将已延期抵店、实际取消以及次日抵店用房数等及时输入计算机内或采用表格形式递交接待处，以便前厅接待处最大限度地销售客房。

2．接待处与前台收银处

前厅接待员应及时为入住客人建立账单，以便收银员开立账户及累计客账；同时，应就换房所产生的房价变动以及客房营业情况互通信息。前台收银处还应将客人已结账信息及时通知接待处，以便迅速调整房态，并通知客房中心清扫整理客房，以利于再次销售。

三、前厅部与饭店其他部门间的沟通协调

1．与总经理室沟通

前厅部除及时向总经理请示、汇报前厅运行与管理过程中的重大事件外，平时还应与总经理室沟通下列信息：

（1）有关接待工作

1）房价的制订与修改。

2）免费、折扣、定金、贵宾接待规格、客房销售等政策的呈报与批准。

3）每日递交“在店贵宾/团队表”、“预期离店客人名单”、“客房营业日报表”、“营业情况对照表”。

（2）预订工作

1）定期呈报“客情预报表”。

2）每日递交“客情预测表”、“次日抵店客人名单”。

3）递交“客人接待规格申报表”，报告已预订客房的贵宾情况；客人抵店前，递交“客人接待通知单”。

4）每月递交“房价及预订情况分析表”、“客源分析表”、“客源地理分析表”。

（3）问讯工作

转交有关邮件、留言。

（4）电话总机工作

1）了解经理的值班安排及去向。

2）提供呼叫找人服务。

2．与营销部沟通

前厅部与营销部应协同销售饭店产品。通常，前厅部主要负责零星散客以及当日的客房销售工作，而营销部则主要负责饭店长期的、整体的销售工作，尤其是团体和会议的客房销售工作。

（1）接待工作

1）制订来年客房销售预测的磋商。

2）超额预订情况发生时的磋商。

3）团队客人抵店前，将团队客人的用房安排情况，书面通知营销部。

4）团队抵店后，营销部的团队联络员将客人用房变更情况书面通知开房组。

5）每日送交“在店贵宾/团队名单”、“预期离店客人名单”、“客房营业日报表”、

"营业情况对照表"。

（2）预订工作

1）旺季来临，为避免超额预订情况发生，及时与营销部沟通，研究决定团队客人与散客的接待比例。

2）营销部将已获总经理室批准的各种订房合同的副本交预订组。

3）营销部将团队客人的订房资料、团队接待通知单通知预订组。

4）核对年度、每日客情预报。

5）每日递交"客情预测表"、"贵宾接待通知单"、"次日抵店客人名单"、"房价及预订情况分析表"、"客源地理分布表"。

（3）问讯工作

1）将了解到的团队客人需提供叫醒服务的时间通知电话总机。

2）团队客人客房钥匙的发放与回收。

3）了解团队活动日程安排，以便回答客人的问讯。

（4）大厅服务

1）团队客人抵离店时，核对行李件数。

2）了解离店团队的取出行李时间及离店时间。

（5）电话总机

1）了解团队客人需要提供的叫醒服务的时间。

2）团队活动的日程安排。

3．与客房部沟通

前厅部与客房部都是围绕客房而展开工作。前者负责客房销售，后者负责客房管理，两者相辅相成。

（1）接待工作

1）为了协调好客房销售与客房管理之间的关系，"楼层报告"、"客房状况差异表"就成了最重要的信息沟通内容。

2）团队客人抵店前，送交"团队用房分配表"。

3）用"特殊服务通知单"将客人提出的房内特殊服务要求通知客房部。

4）把客人入住及退房的情况通知客房部。

5）用"房间/房价变更通知单"把客人用房的变动情况通知客房部。

6）每日送"预期离店客人名单"、"在店贵宾/团队表"、"待修房报告"。

（2）预订工作

1）每日送交客情预测表。

2）书面通知预订客人所需的房内特殊服务要求。

3）VIP 客人抵店前，递交"贵宾接待通知单"。

4）VIP 客人抵店当天，将准备好的欢迎信、欢迎卡送交客房部，以便客房部做好贵宾房的布置。

（3）问讯工作

1）客房部应将走客房内所发现的遗留物品通知问讯处。

2）团队客人抵店，如问讯处采取把钥匙插在门锁上的方法，应事先与客房部沟通。客人离店后，如客店服务员发现走客房内有客房钥匙，应及时与问讯处联系。

（4）大厅服务

1）上楼层递送报纸，或将需递送报纸及“报纸递送单”交客房部。

2）递送团队客人行李或客人其他物品时，如客人不在客房，请客房服务员打开房门，以便把行李或客人用品放入客房。

（5）电话总机

如发现客人对叫醒通知无反应，应请客房部派员工前去探视。

4．与餐饮部沟通

（1）接待工作

1）书面通知房内的布置要求，如在房内放置水果、点心等。

2）发放团队客人的用餐券。

3）每日送交“在店 VIP 客人/团队会议人员表”、“在店客人名单”、“预期离店客人名单”。

（2）预订工作

1）每月送交“客情预报表”。

2）每日送交“客情预测表”、“VIP 客人接待通知单”。

3）书面通知订房客人的用餐要求及房内布置要求。

（3）问讯工作

1）每日从餐饮部的宴会预订组取得“宴会/会议活动安排表”。

2）向客人散发餐饮活动的宣传资料。

3）随时掌握餐饮部营业点的服务内容、服务时间及收费标准的变动情况。

（4）大厅服务

更新每日宴会/会议，饮食推广活动的布告牌。

（5）电话总机

随时掌握餐饮部各营业点的服务内容、服务时间及收费标准的变动情况。

5．与财务部沟通

为确保饭店的经济利益，前厅部应加强与财务部（包括前厅收银）之间的信息沟通，以防止出现漏账、跑账等现象。

（1）接待工作

1）就给予散客的信用额度进行沟通。控制客人住店期间的信用额度。

2）根据饭店政策收取预收款。

3）将打印好的已抵店的散客的账单及登记表送交收款组。

4）送交压印好的信用卡签购单。

5）送交打印好的已抵店的团队客人的总账单与分账单。

6）送交“房间/房价变更通知单”。

7）每日送交“预期离店客人名单”、“在店客人名单”、“在店 VIP 客人/团队表”、“客房营业日报表”、“营业情况对照表”。

8）针对过了离店时间退房的客人的超时客房费收取问题进行沟通。

9）客房营业收入的夜审核对工作。

（2）预订工作

1）针对订金（预付款）的收取问题进行沟通。

2）针对订房客人信用限额问题进行沟通。

3）每日递交“客情预测表”、“VIP 客人接待通知单”。

（3）问讯工作

1）送交“电传收费单”及“电传营业收入日报表”。

2）将邮票售卖记录交财务部审查。

3）离店客人钥匙的回收。

（4）大厅服务

1）大厅行李员把即将离店的客人房内小酒吧账单通知收款组。

2）已结账客人的离店单。

3）如已结账的客人再次发生费用，收款组与大厅服务组应及时沟通，以便大厅服务人员采取恰当的方法提醒客人。

4）递送“服务费收入日报表”。

5）根据客情预测，每月递交报纸订购预算申请。

（5）电话总机

1）递交“长途电话收费单”与“长途电话营业日报表”。

2）针对已结账的客人挂拨长途时的沟通。

6．与其他部门的沟通协调

（1）接待工作

1）提供客人抵店、住店、离店的情况。

2）按规定为值班负责人员安排用房。

3）送交“维修通知单”（工程部）。

4）送交“待修房报告”（工程部）。

5）送交“在店 VIP 客人/团队表”。

（2）预订工作

1）送交“客情预测表”。

2）送交“VIP 客人接待通知单”。

（3）问讯处

1）邮件的收发。

2）客房钥匙遗失后的处理（安全部、工程部）。

（4）电话总机

1）转接电话。

2）留言服务。

3）了解饭店各部门负责人的值班安排及去向。

4）呼叫找人服务。

5）出现紧急情况时的沟通联络。

四、纠正不良沟通的方法

1．有效的在职培训

抓紧对管理人员及服务人员进行有效的在职培训，使之充分了解“团结协作”的重要性，掌握进行有效沟通的方式、方法；还应使员工在不断精通本职工作的同时，加紧对饭店整体经营管理知识和部门工作内容的了解。

2．注意信息沟通执行反馈

在日常工作中，注意检查部门与内部之间信息沟通的执行反馈情况，不断总结、完善各个环节。对于沟通良好的部门和个人及时予以表扬，反之则予以批评。一方面抓好纵向沟通，保证信息的双向畅流；另一方面做好横向沟通，加强部门间的协作与支持。

从饭店的具体工作来看，饭店的许多服务工作都需要不同部门的员工相互配合，共同协作完成。因而，饭店有必要加强部门间的信息平行沟通，协调好部门间的协作和支持。一线部门应及时将信息传递到相关的辅助部门，并要求辅助部门作出相应的信息反应；接待部门需要了解销售部门在对外营销时对客人作出的承诺程度，以便在提供服务时尽量达到或超过饭店对客人所作的承诺。

3．注重沟通过程管理

沟通效果需要有效的制度保障。沟通不仅是一种工作手段与方法体系，同时也应该体现一种制度体系。也就是说，一旦存在着沟通需求，就必须有相应的规范和制度来加以保障。饭店工作人员在沟通过程中，对每个沟通环节都应了如指掌，经过一段时间的运作，便会提高沟通效果。

同时，也要增加沟通执行中相关的效果考核和约束，提高沟通的过程管理。沟通执行时只注重结果，而不注重达成结果的过程，会在一定程度上造成员工人际关系的摩擦，使员工产生挫折感，从而对饭店整体运作造成根本性的伤害。

本章小结

前厅部作为饭店的信息中心，是联络客人与饭店各个部门之间的纽带和桥梁。信息沟通的好坏直接关系到饭店管理与服务工作的效果，必须始终保持与饭店其他部门的密切联系，加强与部门内部及其他部门的沟通与协调，保证饭店的各部门、各环节的高效运转。

前厅部要及时地将客源、客情、客人需求及所掌握的一些重要信息传递给总经理室及其他有关部门，如当日抵/离店的 VIP 客人、营业日报、客情预测等，因此就必须了解前厅部常见报表的不同形式与作用。

为了有效地进行沟通和协调，要明确沟通协调的目的，注重对象和时机，选择正确的渠道，注重信息的接受及反馈。前厅部在沟通中会采取会议、函件、活动、培训等多种形式。内部各环节之间的相互沟通，主要包括客房预订、入住接待、问讯、前台收银（有些饭店已实行四合一）、礼宾行李服务、商务中心以及电话总机等部门之间的沟通。外部各环节之间的相互沟通，主要包括总经理室、营销部、客房部、餐饮部、财务部等部门之间的沟通。

思考与练习

一、填空题

1．“客房销售报告”是综合反映＿＿＿＿＿＿＿＿、＿＿＿＿＿＿＿＿以及＿＿＿＿＿＿＿＿的报表，它不但有反映当天的统计数据，而且有以往同期的统计数据，方便管理者进行历史对比。

2．为确保饭店的经济利益，前厅部应加强与＿＿＿＿＿＿＿＿（包括前厅收银）之间的信息沟通，以防止出现漏账、跑账等现象。

3．前厅部用＿＿＿＿＿＿＿＿将客人提出的房内特殊服务要求通知客房部。

二、不定项选择题

1．下列表格中＿＿＿＿可以作为饭店掌握超额预订的依据。（　　）

A．未到客人报表　B．提前退房表　C．延期退房表　D．当日取消订房表

2．前厅内部各环节之间的相互沟通，主要包括＿＿＿＿等部门之间的沟通。（　　）

A．礼宾行李服务　B．客房预订

C．入住接待　D．商务中心以及电话总机

3．前厅部与营销部的沟通中，需要用到以下＿＿＿＿表格。（　　）

A．客情预测表　B．客房状况差异表

C．客房营业日报表　D．在店 VIP 客人/团队名单

三、简答题

1．简述前厅报表的设计原则。

2．前厅部与客房部的沟通是怎样进行的？

3．试描述前厅部内部沟通网络。

四、案例分析

某大学孙教授打长途电话给某市饭店，告知他同意邀请，明天飞抵该市，前来为饭店讲课，并请届时到机场接他。该饭店秘书齐小姐接了电话，满口答应。但当孙教授走出机场时，左右环顾，无人接站，静等了十几分钟，仍无人前来。孙教授只好叫出租车去饭店。孙教授前往总台登记，问起总台是否知道他来店，前厅经理说知道，已安排好了。孙教授奇怪地问，怎么没来接站。前厅经理“哦”了一声，连忙道歉说“忘了”。

事情是这样的，齐秘书打电话给前厅经理请他安排孙教授食宿，并转告车队派车去接。当时总台客人很多，前厅经理匆匆安排了孙教授的住房后，订车的事忘记转告了。

问题：请分析问题出在何处？

第八章 客房部概述

学习目标

1. 了解客房部在饭店经营中的地位、作用。
2. 熟悉客房部的主要工作任务。
3. 了解客房类型与客房设备。
4. 掌握客房功能设计的一般原则。

第一节　客房部的地位与作用

客房是饭店的基本设施，也是饭店商品不可缺少的组成部分。客房部（Housekeeping Department）又称房务部或管家部，是饭店的一个重要部门，它负责管理饭店有关客房的事物，其主要任务是为客人提供清洁、舒适、安全、实用的住宿条件并给客人提供符合其要求的各类服务项目，负责客房设施设备的维修保养，并承担饭店客房和公共区域的清洁及保养工作，以及各部门布件、员工制服的洗涤、熨烫和修补工作。客房服务质量的好坏直接影响客人对饭店产品的满意度，同时也对饭店的声誉和经济效益产生重大影响。

一、客房部的地位与作用

1．客房部是为客人服务的主要部门

客房是饭店的主体，是饭店存在的基础。客房是客人在饭店唯一能封闭而独立使用的场所。客房部所提供的住宿服务是饭店服务的一个重要组成部分。客房的功能是供客人休息、睡眠、工作、梳洗、会客等需要单独进行活动的场所。如果客人把饭店当作家外之家，那么这一点在客房表现得最为充分。因为客人在饭店的大部分时间都是在客房度过的，所以客房服务质量的高低在很大程度上反映了整个饭店的服务质量。客人对饭店的投诉和表扬也大多集中在这一部门。

2．客房部是饭店经济收入的重要来源

饭店通过为客人提供住宿、饮食、邮电、娱乐、交通、洗衣、购物等服务项目而取得

经济收入。其中，客房租金收入通常占饭店营业总收入的50%以上。从世界范围来看，我国饭店业发展还比较落后，经营项目单一，缺少综合服务，再加上我国经济发展水平不高，人们的生产水平和消费能力有限，饭店难以依靠当地居民提高餐饮收入。在这种情况下，客房收入在营业总收入中所占比例更高，大都超过60%，有的甚至超过80%。这反映了客房部在整个饭店经营中的重要地位。

3．饭店的等级主要由客房服务水平决定

人们衡量饭店的等级水平，主要的依据是饭店的设备和服务。设备无论从外观、数量或是使用来说，都主要体现在客房，因为客人在客房呆的时间较长，较易于感受，因而客房服务水平常常作为衡量饭店等级水平的标准。客房服务水平包括两个方面：一是客房设备，包括房间、家具、墙壁和地面的装饰、客房布置及客房电器设备和卫生间设备等；二是服务水平，即服务员的工作态度、服务技巧和方法等。

4．客房是带动饭店经济活动的枢纽

饭店作为一种现代化食宿、购物的场所，只有在客房入住率较高的情况下，饭店的一切设施才能发挥作用，饭店的一切组织机构才能运转，才能带动整个饭店的经营管理水平。客人住进客房，要到前台办手续、交房租，要到饮食部用餐、宴请，要到商务中心进行商务活动，还要健身、购物、娱乐，因而客房服务带动了饭店的各种综合服务设施。

5．客房部服务与管理的成败直接影响着饭店的正常运营

客房部是影响饭店管理运营的主要部门之一。客房部员工占饭店员工总数的比例很大，其培训管理水平对饭店员工队伍的整体素质和服务水平的提升有重要意义。

6．客房服务质量是衡量饭店服务质量的重要标志

客房是客人在饭店中逗留时间最长的地方，客人对客房更有“家”的感觉。因此，客房的卫生是否清洁，服务人员的服务态度是否热情、周到，服务项目是否周全、丰富等，都对客人有着直接影响，是客人衡量“价”与“值”是否相符的主要依据，所以客房服务质量是衡量整个饭店服务质量、维护饭店声誉的重要标志。

二、客房部的主要任务

1．为饭店营造清洁、舒适、美观的环境

清洁的环境在饭店的经营管理中具有特殊的意义，它是饭店商品使用价值和服务质量优劣的重要标志。客房是客人休息的地方，也是客人在饭店停留时间最长的场所，因此必须经常保持干净、整洁的状态。这就要求客房服务员每天检查、清洁和整理客房，为客人创造良好的住宿环境。同时饭店还要为客人创造一个安静舒适的环境，才能使客人很好地休息，保证饭店的服务质量。

2．提供热情周到有礼貌的服务

除了保持客房和饭店公共区域的清洁卫生以外，客房部还要为客人提供洗衣、缝纫、房餐，接待来访客人，为客人端茶送水等热情周到的服务。在提供这些服务时，服务员必须要有礼貌，要迅速，要真心诚意。

3．做好各部门之间的协调配合，保证客房服务的需要

客房服务的质量，不仅与客房部自身的管理有关，而且还受其他有关部门的影响，如总台、采供部、设备维修部等。为了满足客人的服务需要，同时为了提高客房的出租率，在服务过程中，必须加强客房部与前厅、餐饮、工程、财务、保安等各部门之间的协调配合，只有这样才能保证客房管理各项工作的协调发展。

4．为客人提供安全保障

安全需要是客人最基本的需求之一，也是客人投宿饭店的前提条件。饭店的不安全事故大都发生在客房。因此，饭店要保障饭店及客人生命和财产的安全，客房员工必须具有强烈的安全意识，不论何时都要保证楼层的安全，防止不法分子进入客房，要为客人提供一个安宁的环境，使客人在住店期间有安全感。如果发现客房或走廊有可疑的人或事，或异样的声音，应立即向上级报告，及时消除安全隐患。

5．负责布草和员工制服的保管与洗涤，并提供洗送客人的衣物服务

饭店内所有布件的选购、洗涤、收发、保管、缝补、熨烫等工作都由客房部负责完成，客房部一定要保证饭店布草、员工制服干净、卫生、整齐。此外，为了增加饭店的收入，在大部分大、中型饭店，客房部都会提供洗送客人衣物的服务。

第二节　客房部组织机构的设置及主要岗位职责

客房部是饭店的重要组成部分，在很大程度上体现了饭店的整体形象。客房部的组织机构是否合理、严密，是客房部做好管理、保持正常服务水平的重要保证。它明确了饭店员工的工作岗位，职责及业务范围。由于各饭店的规模档次不同，经营管理方式各异，各饭店客房部组织机构的具体情况有一定的差异。

一、客房部组织机构的设置

1．客房部组织机构设置的原则

（1）统一领导，分级管理。客房部的组织机构是为保证客房出租和相关服务的完成而设置的，因而应该遵循统一领导、分级管理的原则。要从系统观念出发，将客房的机构设置、部门划分、人员配备统一纳入整个饭店的组织管理中，由饭店总经理或主管的副总经理领导。另外，客房部还要合理确定管理层次和管理幅度，将部门划分、项目管理、班组划分相结合，明确各部门、各项目、各班组的工作内容和岗位职责，形成分级管理的责任体系。

（2）从实际出发，精简原则。客房部组织机构的设置应该从饭店的规模、档次、设施设备、管理思想及服务项目等实际出发，进行合理设置，防止机构臃肿和人浮于事的现象，特别注意要“因事设人”，而不能“因人设事”或“因人设岗”；此外还要注意，“机构精简”并不意味着机构的过分简单化，以致出现职能空缺的现象。

（3）专业分工和协调配合相结合。饭店客房的结构设置要重视专业分工，明确各岗位人员的职责和任务、上下级隶属关系及信息传达的渠道和途径。同时，又要充分重视客房部内部各机构之间及其与饭店销售、餐饮、工程、财务等部门之间的协调与配合，才能保证客房服务与管理的顺利展开。

2．客房部组织机构的设置

随着饭店的规模大小不同、性质不同、特点不同及管理者的管理意图不同，客房部组织机构也会有所不同。这表现在以下方面：

（1）大型饭店管理层次多，而小型饭店管理层次少。大型饭店可能有客房部经理—主管—领班—服务员 4 个层次，而小型饭店可能只有经理—领班—服务员 3 个层次。不过在 21 世纪，饭店管理的发展趋势是组织机构的扁平化，包括客房部在内的饭店各部门将尽可能地减少管理层次，以提高沟通和管理效率，降低管理费用。

（2）大型饭店的组织机构内容多，而小型饭店的组织机构内容少。大型饭店的客房部可能设有洗衣房、花房等，而小型饭店则没有。

（3）考虑到饭店前厅部与客房部的联系极为密切，大多数饭店将其前厅部和客房部合二为一，称为“客务部”或“房务部”。也有的饭店考虑到前厅部的销售功能，将前厅部划归饭店的公关销售部，而将客房部设置为独立的部门。

大、中型饭店客房部的组织机构图如图 8-1 所示，小型饭店客房部的组织机构图如图 8-2 所示。

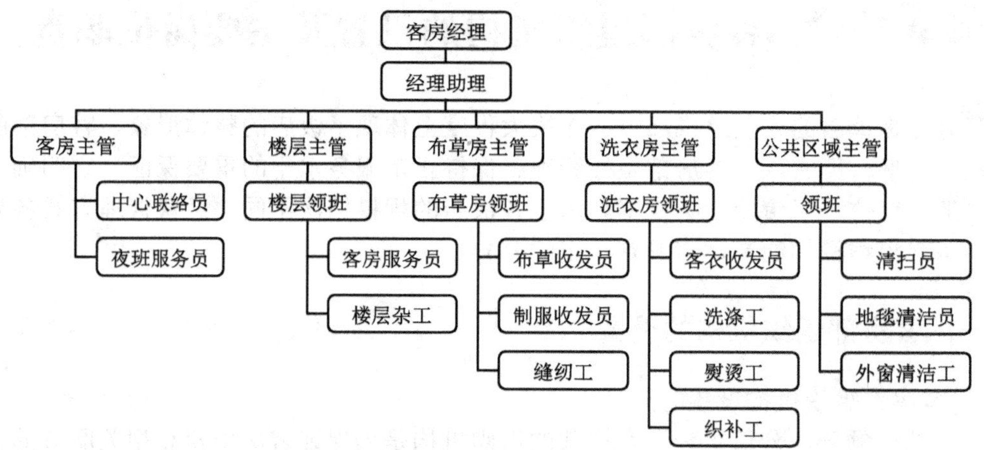

图 8-1　大、中型饭店客房部的组织机构图

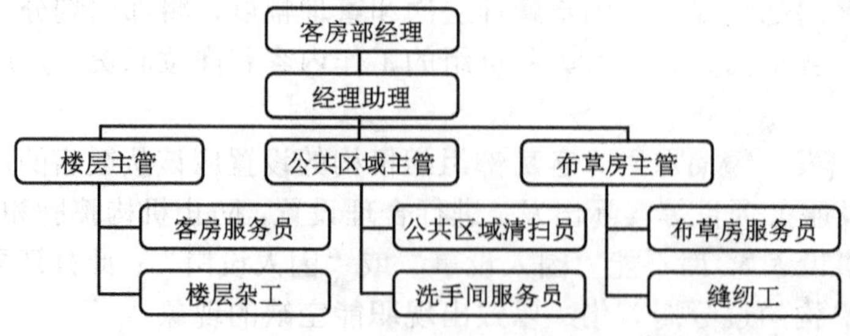

图 8-2　小型饭店客房部的组织机构图

二、客房部各业务机构的职能

1．经理办公室

客房部经理办公室主要负责处理客房部的日常事务，负责文件和档案管理，以及与其他部门的沟通协调等事宜。在大多数饭店里，客房部的经理办公室与客房中心安排在一起，这样既可以节省空间，又方便管理，经理办公室的一些日常事务可以由客房中心的人员来承担，而无需再设专职内勤或秘书岗位。

2．客人服务中心

中外合资的饭店或由外方管理的饭店通常都设有客人服务中心。它既是客房部的信息中心，又是对客服务中心，负责统一调度对客服务工作，掌握和控制客房状况，同时还负责失物招领、发放客房用品、管理楼层钥匙以及与其他部门联络与协调等。

3．客房楼面

客房楼面由各种类型的客房组成，是客人休息的场所。每一楼层都设有供服务员使用的工作间。楼面人员负责全部客房及楼层走廊的清洁卫生，以及客房内用品的替换、设备的简易维修和保养等，并为住客和来访客人提供必要的服务。

4．公共区域

公共区域负责饭店各部门办公室、餐厅、公共洗手间、衣帽间、大堂、电梯厅、各通道、楼梯、花园和门窗等公共区域的清洁卫生工作。

5．制服与布草房

制服与布草房负责饭店所有工作人员的制服以及餐厅和客房所有布草收发、分类和保管。对有损坏的制服和布草及时修补，并储备足够的制服和布草以供周转使用。

6．洗衣房

洗衣房负责收洗客人的衣物，洗涤员工制服和对客服务的所有布草与布件。

洗衣房的归属，在不同的饭店有不同的管理模式。大部分饭店都归客房部管理，但有的大型饭店，洗衣房则独立成为一个部门，而且对外服务。而小型饭店则可不设洗衣房，其洗涤业务可委托社会上的洗涤公司。

现在各饭店在设置上根据不同的管理方式都大相径庭，每一个部门与岗位的设立都起着不同的作用，而这些岗位都在潜移默化地为饭店做着不同的贡献。

三、客房部各主要岗位的职责

1．客房部经理岗位职责

（1）贯彻执行饭店副总经理的经营管理指令，向副总经理负责并报告工作。

（2）根据饭店确定的经营方针和目标，负责编制客房部预算，制订各项业务计划，并有效组织实施与监控，实现预期目标。

（3）以市场为导向，研究并掌握市场的变化和发展情况，适时调整经营策略，努力创收，坚持以部门为成本中心的方针，严格控制成本，降低消耗，以最低的成本获取最大的经济效益。

（4）主持部门工作例会，听取汇报，督促工作进度，解决工作中的问题。

（5）负责客房部的安全管理工作，遵照“谁主管，谁负责”的安全责任制，督促本部门各管区落实各项安全管理制度，切实做好安全防范工作，确保一方平安。

（6）负责客房部的日常质量管理，检查督促各管区严格按照工作规范和质量要求进行工作，实行规范作业，每日巡视本部门各管区一次以上，抽查各类客房10间以上。

（7）负责本部门员工的服务宗旨教育和岗位业务培训，督促各管区有计划地抓好培训工作和开展“学先进，找差距”活动，提高全员的业务素质。

（8）沟通本部门与饭店其他部门的联系，做好协调工作。

（9）建立良好的客户关系，广泛听取和搜集客人的意见，处理投诉，不断改进工作。

（10）审阅各管区每天的业务报表，密切注意客情，掌握重要接待任务情况，及时检查和督促各管区认真做好接待服务及迎送工作。

（11）负责客房设施、设备的使用管理工作，督促各管区做好日常的维护保养和清洁工作，定期进行考核检查；参与客房的改造和更新装修工作，研究和改进客房的设备、设施。

（12）考核各管区经理、主管的工作业绩，激励员工的积极性，不断提高管理效能。

（13）做好思想工作，关心员工生活，抓好部门的精神文明建设。

2．客房楼层主管岗位职责

（1）执行客房部经理的工作指令，向其负责和报告工作。

（2）了解当天住客情况，掌握当天客房情况，监督楼层与前台的联系和协调，确保房间正常、及时地出租。

（3）合理安排人力，组织和指挥员工严格按照工作规范和质量要求做好客人迎送和服务以及客房和环境的清洁卫生工作。

（4）认真做好员工的服务宗旨教育和岗位业务培训，保证优质规范服务。

（5）坚持服务现场的督导和管理，每天巡视楼层，检查管区内30%住客房和OK房，督导领班、服务员的工作情况，发现问题及时予以指导和纠正。

（6）计划、组织、控制每周的计划卫生。

（7）负责处理客人的遗留物品。

（8）处理客人的特殊要求及投诉。

（9）主持领班每天的例会和组织员工全会，并作好记录。

（10）负责管区的成本费用控制，督导和检查库房保管员做好财产物料的管理，建立财产三级账，定期检查部门财产物料的领用、调拨、转移等情况，做到日清日盘、账物相符。

（11）教育和督导员工做好维护保养和报修工作，定期安排设备维修、用品添置和更新改造计划。

（12）负责客房服务中心的日常管理工作，组织指挥员工严格按照服务工作规范的质量标准，做好客房服务中心的各项工作，认真查阅每天的各种业务报表和工作记录。

（13）坚持现场督导和管理，保证客房服务中心 24 小时电话接听和监控值班台的服务质量，发现问题及时予以指导和纠正。

（14）做好与其他部门的沟通协调工作。

（15）负责落实部门安全管理制度，确保安全。

（16）了解员工的思想状况，做好思想工作。

3. 客房楼层领班岗位职责

（1）执行上级领导的工作指令并报告工作。

（2）负责自己管区内的每日工作安排，保证岗位有人、有服务。

（3）负责检查本班组员工的仪容、仪表及工作表现。

（4）负责检查本楼面客房、公共区域卫生及安全情况。

（5）坚持让客人完全满意的服务宗旨，督导和带领员工按客房服务规范和质量标准做好服务工作。

（6）做好对新员工的带教工作，使其尽快适应工作要求。

（7）负责本楼层设施、设备的维修保养和财产的保管。

（8）加强成本费用控制，做好物料用品的管理领用和发放。

（9）负责本楼层房间酒水的消费统计、领取、发放与分配。

（10）做好交接记录。

（11）关心员工的生活和思想状况，抓好班组的精神文明建设。

4. 公共区域 PA（Public Area）领班岗位职责

（1）执行主管的工作指令，并报告工作。

（2）带领和督导班组员工，按照工作规范和质量标准，做好公共区域的清洁卫生，如地毯、沙发的清洗工作，以及绿化布置、养护清洁工作。

（3）负责清洁机械、绿化工具的保管、保养，物料作品的领用、发放。

（4）了解公共区域内各种设备、设施和家具的使用情况，及时报修和报告主管。

（5）负责本班组员工的工作安排和考勤，以及对新员工的带教工作。

（6）负责交接班工作，作好交接记录。

（7）关心员工的生活和思想状况，抓好班组的精神文明建设。

5. PA 员岗位职责

（1）服从领班的工作安排，按照工作规范和质量标准，做好责任区内的清洁卫生工作并掌握花木的养保、培育和修剪技术。

（2）检查责任区内各种设备、设施和家具的完好情况，及时报告和报修。

（3）做好清洁机械和清洁用品的保养和保管工作。

（4）严格按照绿化工作规范和质量标准，做好花木的布置、养护和清洁工作。

6. 洗衣房领班岗位职责

（1）执行管家部经理的工作指令，并向其负责和报告工作。

（2）督导员工做好各类布草和工作服的质量检查和收调保管工作，防止短缺和不符合质量要求的布草和工作服流入使用部门。

（3）加强成本费用控制，掌握各类布草和工作服的使用、损耗情况，及时提出更新、报废和添置计划，防止调换使用脱档。

（4）督导洗涤组员工严格按照洗涤、熨烫工作流程，做好各类布草、客衣及工作服的洗涤、熨烫工作，确保质量标准。

（5）负责洗衣房财产，做好各管区的精神文明建设。

7．布草保管员岗位职责

（1）服从洗衣房领班的工作安排，做好布草的质量检查、储存保管和收调工作。

（2）认真检查和验收洗净的布草洗烫的质量、收调和检验废旧的布草，对不符合质量要求的布草提出处理意见和建议。

（3）储存、保管的布草账物相符，收领、发放布草手续完备，登记清楚。

（4）负责收调的各类布草分类清点和计数登记工作，手续完备，准确无误。

（5）保持布草房的整洁，做好清洁卫生和设备的保养工作。

8．客房服务中心值班员岗位职责

（1）服从客房主管的工作安排。

（2）负责掌握房态，每天定时编发房态表，并通知客房楼层。

（3）负责接听客人的电话和掌握客情信息，根据需要及时通知服务员和对有关部门提供服务，并作好记录。

（4）做好信息收集和资料积累工作，准确回答客人问讯，主动做好对客服务工作。

（5）负责客房所有钥匙的管理和收发工作。

（6）负责捡拾物品和遗留物品的登记、存放和处理。

（7）负责整个饭店鲜花的预订和鲜花质量把关工作。

（8）负责部门考勤和餐卡统计工作，领发员工工资、奖金、补贴。

（9）负责每日楼层人员的统筹安排及休班。

（10）负责对讲机、值班台电话的管理。

（11）掌握 VIP 客人和行政客人抵离情况，并按客房布置要求通知楼层做好各类礼品和物品的配备工作。

（12）做好工作室的日常清洁工作，保持干净整洁。

9．客房清洁员岗位职责

（1）服从领班的工作安排。

（2）按照客房清洁流程和质量标准，做好客房和责任区内日常清洁及计划清洁工作。

（3）保持楼层责任区域内环境通道和工作间的干净整洁。

（4）负责退客房的检查和报账工作。

（5）协助领班做好 VIP 房和有特殊要求房的布置。

（6）协助洗衣房做好客衣的分送工作。

（7）按照规格要求布置客房，检查房内各类家具和设备的完好情况，及时报告和报修。

（8）负责及时上报，处理突发事故。

（9）做好当班工作记录和交接班工作。

第三节　客房的类型和标准

不同类型的客房具有不同的功能布局、档次规格等，其相应的消费群体也就不同。饭店在设计和选择客房类型时，不能简单地模仿、照搬，而应当认真研究目标市场的需求、竞争对手的情况，以满足客人不同的消费需求。

一、客房类型

1．单人间（Single Room）

单人间又称单人房，房内放置一张单人床（Single Bed），或一张大床（Double Bed）或沙发床（Sofa Bed）。由于单人房面积小，一般位置也较偏僻，客房的隐蔽性较强，不受外界干扰，房价低于标准双人客房，比较适合从事商务旅游的单人客人使用。近些年来，不少饭店为了适应高消费的单身客人的需求，单人间的数量在增加，面积在扩大，设备用品更为讲究，逐步改变了单人间为经济房的传统观念。

2．双人间（Double Room）

房间内设有两张单人床或单双两张便床，可以将两张床合并为大床作为大床间出租。双人间一般用来安排旅游团队客人或会议客人或一家人居住，也可供两个单身旅游者居住。另外，根据客人的要求，客房内可以加床，加床一般是可以折叠的活动单人床。双人间可以分为三种类型：

（1）大床间（Double Room）。大床间是在房内放一张双人床的客房。大床间主要适用于夫妻旅游者居住，新婚夫妇使用时称为“蜜月客房”。

目前，高星级饭店流行将大床间加以改造，房内备有相应的商务设施、设备，如宽大的写字台、宽带上网和小型传真机等，受到高档商务客人的青睐。

（2）两张单人床间（Twin-Bed Room）。在房间内配备两张单人床，称为标准间（Standard Room），是饭店的主要客房类型。一般用来安排旅游团队或会议客人，我国饭店的大多数客房属于这种类型。

（3）两张双人床间（Double-Double Room）。为了使客人住得更为舒适，一些饭店在标准双人房中放置两张双人床，这种客房称为Double-Double Room。

3．三人房（Triple Room）

一般是房内放置三张单人床，供三位客人同时入住，属于经济型房间。此房间种类在中高档饭店中的数量很少，如有必要时通常会以在双人间加一张折叠床的方式来满足三人同时入住一间客房的要求。

4．套房（Suite Room）

（1）普通套房（Junior Suite）。普通套房又称“标准套房”或“家庭套房”，一般由连通的两个房间组成。一间为卧室，另一间为起居室。卧室内通常配备一张双人床或两张单人床，并附有卫生间。起居室也设有盥洗室，内有坐便器和洗面盆，一般供访客使用。由于它既可以住宿，又有会客的场所，适合全家人外出度假时入住或一般经商人员使用。

（2）豪华套房（Deluxe Suite）。豪华套房又称“高级套房”。它可以是双套房，也可以是三间套，房间通常分为卧室、起居室、餐室、小厨房、书房等。其基本条件是室内设备齐全配套，家具用品豪华、美观，气氛和谐高雅，卫生间设备舒适豪华。卧室一般配备大号双人床或特大号双人床。在饭店中，该类房间价格昂贵、数量不多，它代表饭店已经具备豪华的级别，一般适合有经济实力的富商大贾和知名人士居住。

（3）复式套房（Duplex Suite）。复式套房又称为立体套房，是一种两层楼格局的套房，房间设计布置特点为起居室在下层，卧室在上层，并有小楼梯相连接。

（4）总统套房（Presidential Suite）。总统套房一般是四星级及其以上级别的饭店设置的一种房间类型，通常由 7 间以上的房间组成，包括总统卧室、总统夫人卧室、随员卧室、警卫室、会议室、书房、餐厅、厨房等，还有的设室内小花园。总统套房内的装饰布置极为讲究，设备用品豪华富贵。由于总统套房造价昂贵、房价高，所以该类房间的出租率很低，是衡量饭店级别的一种标志。总统套房是个专用名称，并非只有总统才能入住，凡是能承受总统套间开支的客人，同样可以入住，享受总统的礼遇。

5．多功能房（Studio Type）

多功能房是一种可以根据需要变换用途的房间，是为了提高客房的利用效率，为某一类人特别设计和布置的房间。例如，我国旅游涉外饭店规定的为专为残疾人服务的客房，配置了满足残疾人生活起居需要的特殊设备和用品。

除了以上几种房间类型以外，很多饭店还根据房间所处的位置分为内景房（Inside Room）、外景房（Outside Room）、角房（Corner Room）等。

二、饭店客房的等级标准

国际上常按饭店的环境规模、建筑、设备、设施、装修、管理、服务项目、质量等具体条件划分等级。星级制是当前国际上流行的划分方法，在欧洲尤为普遍。星级越高表明饭店档次和级别越高。很多国家把五星级（包括白金五星级）作为最高级别，并且给以漂亮的标志，如英国用玫瑰作为标志。

我国是根据《中华人民共和国旅游涉外饭店星级标准》，按一星、二星、三星、四星、五星来划分饭店等级的。五星级为最高级，在五星级的基础上，再产生白金五星。饭店的星级是按其建筑、装潢、设备、设施条件和维修保养状况，管理水平和服务质量的高低，服务项目的多少，进行全面考察、综合评价后确定的。

1．一星级饭店客房标准

客房内要有适应所在地气候的采暖、制冷设备；24 小时供应冷水，16 小时供应热水；至少有 15 间（套）可供出租的客房。设有卫生间的客房数量不少于总数的 75%，没有卫生间的客房楼层要设间隔式的公用卫生间。客房、卫生间每天要全面整理一次，隔日或应客人要求更换床单、被单及枕套，并做到每客必换。

2．二星级饭店客房标准

在一星级饭店客房标准的基础上还需要有叫醒服务；18 小时供应热水；至少有 20 间（套）可供出租的客房；客房内安装有可拨通或使用预付费电信卡拨打国际、国内长途的电话；有彩色电视机；客房具备防噪声及隔音设备，并要有遮光窗帘。客房内放置饭店服务指南、价目表、住宿规章制度、本市交通地图等。每日或应客人要求更换床单、被单及枕套；提供洗衣服务；应客人要求提供送餐服务；4 层（含 4 层）以上的楼房有客用电梯。

3．三星级饭店客房标准

三星级饭店至少有 30 间（套）可供出租的客房；电视频道不少于 16 个；24 小时提供热水、饮用水，并免费提供茶叶或咖啡。客房内一般要有微型酒吧（包括小冰箱），提供适量饮料，并在适当位置放置烈性酒。提供留言和叫醒服务；提供衣装湿洗、干洗和熨烫服务；提供擦鞋服务；服务人员有专门的更衣室、公共卫生间、浴室、餐厅、宿舍等设施。提供开夜床服务，放置晚安卡。另外还需设专职行李员，有专用行李车，18 小时为客人提供行李服务；有小件行李存放处；提供信用卡结算服务。

4．四星级饭店客房标准

四星级饭店至少有 40 间（套）可供出租的客房；70%客房的面积（不含卫生间）不小于 20m^2；提供国际互联网接入服务；卫生间有电话副机、吹风机；客房内设微型酒吧，提供充足饮料，并在适当位置放置烈性酒，备有饮酒器具和酒水单。客人在房间会客，可根据要求提供加椅和茶水服务。3 层以上建筑物有数量充足的高质量客用电梯，轿厢装修高雅；代购交通、影剧、参观等票务；提供市内观光服务；服务员能用普通话和英语提供服务，必要时能用第二种外国语提供服务。提供开夜床服务，放置晚安卡、鲜花或赠品。

5．五星级饭店客房标准

五星级饭店除内部装修豪华外，还要有豪华的软垫床、写字台、衣橱及衣架、茶几、座椅、床头柜、床头灯、台灯、落地灯、全身镜、行李架等高级配套家具。70%客房面积（不含卫生间和走廊）不小于 20m^2；至少有 40 间（套）可供出租的客房。既要有单间、标准间、豪华套房，也要有残疾人客房，且房间内的设备要能够满足残疾人生活起居的一般要求。客房内铺满高级地毯，或用优质木地板或其他高档材料装饰。卫生间装有高级抽水马桶、梳妆台、浴缸并带淋浴喷头，并且要有良好的排风系统。24 小时供应冷、热水，有可直接拨通国内或国际长途的电话，电话机旁边配备有使用说明及市内电话本。每个客房配备微型保险柜；有紧急救助室。

第四节　客房功能设计

一、客房设计的基本原则

客房是客人入住饭店后停留时间最长的场所，所以筹建和经营饭店应当重视客房的设计，力求使客人达到物质上和精神上全方位的满意。

1．安全性

安全是客人的基本需求，也是“健康、舒适、效率”的前提。饭店客房的安全问题主要表现为防火、治安和保证客房私密性三个方面。

（1）防火。在城市公共建筑中，饭店火灾的发生率最高。饭店火灾的主要起因是客人在房内床上吸烟。由于每间客房相对独立，从火灾发生到报警需一定时间。客房空间小，失火后室内易充满烟雾而使人窒息。因此，设置早期报警系统，是客房防火设计的重要内容。

（2）治安。饭店客房治安的重点是加强门锁控制。客人的人身与财产安全与否，在很大程度上取决于饭店的钥匙控制是否严格。配备电子暗码锁及与它相匹配的电子磁卡钥匙，可大大提高客房安全程度。因为电子暗码锁既便于日常钥匙使用控制，又具有防撬及记录使用者的功能。同时，需重视房内安全设施的配备，要有防盗和呼救的功能。

（3）保证客房私密性。饭店客房是私密性场所，要求安静，不受他人干扰。因此，建筑设计应采取走廊错开客房门的手法，加强客房的私密性。也可采取葫芦型走廊的手法，拉大客房门之间的距离，使客房门前形成一个较安静的角落。同时，在客房服务程序设计方面，应避免干扰客人休息。

2．舒适感

客房室内环境的舒适感是由客房空间、客房装潢和现代设备等诸多方面因素所产生的。

（1）客房空间。客房空间的大小反映了不同的舒适感，客房等级越高，客房面积也越大，舒适度也越高。经过修订的《中华人民共和国国家旅游局旅游饭店星级的划分与评定》标准于2004年12月出台。新的星级评定标准出现一个新名词“白金五星”，其中一项标准为：所有客房面积均在$36m^2$以上。优美的窗外景色和良好的采光条件会使空间显得宽敞，也能提高客房的舒适度。

（2）客房装潢。不同国家、不同地区、不同文化背景、不同年龄层次的客人对客房的装潢风格有不同的要求。一些客人希望客房符合本人的生活习惯，走进客房如同回到家中一样熟悉、方便；另一些客人则希望客房有鲜明的地方特色和异域情调，带来一种新鲜有趣的体验。所以，客房的装潢设计必须充分考虑这两方面的需求，既舒适又有特色。

（3）现代设备。现代科学技术的发展为饭店客房提供了不少可供选择的设备，这些设备增加了客房的舒适感，如有自动控温的空调系统、遥控的电视系统、直拨的国际通信系统、可调明暗的照明系统等，给客人带来了诸多方便。日新月异的科技发展带动社会前进，客人对饭店客房的科技品质也不断有新的要求。饭店设计要时刻关注这些前沿的新技术。例如，客房与房务中心和前台的互动的计算机系统，客人随时可在房间内查询自己的消费明细账单，饭店也可以随时掌握客人是否在房间或已外出等信息。

3．健康性

客房功能设计的健康性主要针对噪声、空气质量、温度等进行有效控制，最大限度地降低环境对客人健康的不良影响。

（1）噪声控制。客房噪声主要来源于客房内部和外部两个方面。内部噪声包括上下水管流水声、马桶盖碰撞声、开启门窗声、空调噪声以及拉动窗帘等的噪声。外部噪声包括客房走廊的谈话声、跑动声、吸尘器发出的声音等，以及临近客房的音响、电视、电话声及邻近地区的施工等城市环境噪声。因此，客房功能设计一般采用客房隔音的手段，如铺设地毯和其他柔软的覆盖物，采用一定厚度的玻璃，注意窗缝的密闭等，尽量消除和减少可能出现的噪声。

（2）空气质量控制。空气质量直接影响客人的健康，主要涉及温度、湿度、通风等内容。现代饭店为了克服多变气候带来的不舒适感，多数采用人工气候，保持一定的空气温度、湿度和气压，以保证客人的健康。国际上的饭店客房普遍采用风机盘管系统。空调的温湿度设计标准与室外气候有关，各国根据气候特征进行规定。

但是，目前人们已经认识到空调在调节温度、湿度的同时，对人体的健康也有一定的危害，所以还应当充分运用自然风进行调节。因此，门窗要尽可能设计大一些，而且要能够开启自如，以利于室内外通风。另外，卫生间一般都是较为封闭的，因此还要安装排风扇，以利于通风机排除异味。

4．效率

客房效率主要包括空间使用效率和实物使用效率，它涉及客房经营的效益，是饭店经营者关注的问题。

（1）空间使用效率。它主要表现在客房空间的综合使用以及可变换性使用两方面。空间的综合使用是指一个空间区域的多功能、高效率使用，如在一个客房内组合成多个功能空间。可变换性使用是指客房的类型设置与内部布置，应随着市场的变化而具有一定的可变换性，如设置一定数量的灵活套间、单人间与大床间供灵活出租等。

（2）实物使用效率。它主要表现为客房的设施、设备要体现“物尽其用”的原则。例如，家具应尽量减少不必要的抽屉；饰面材料宜采用不易脏、坏的材料；对行李架易碰撞墙面应采取保护措施；损耗较大的地面可选用块状耐磨的人造地毯。

二、客房的主要功能设计

客房是客人在饭店下榻期间的主要生活场所，所以饭店要合理设计客房布局，并认真分析和研究客人的消费需求与个性习惯等，从而了解客房究竟应该满足目标消费群哪些共性与个性需求，使客房真正成为客人在异乡的“家”。

客房通常分为5个功能区域，即睡眠空间、盥洗空间、起居空间、储存空间和书写空间。每个空间由不同的设施、设备组成。

1．睡眠空间

睡眠空间是客房最基本的空间，也是整个客房中面积最大的功能区域，主要家具是床和床头柜。床头板与床头柜成为设计的核心问题。客房摆放什么种类和规格的床，要根据饭店等级和房间面积来定。为了适应不同客人的使用需要，同时也方便饭店销售，不少饭店在两床之间设有可以移动的床头柜，床头集中控制面板逐渐被淘汰。床头背屏与墙式房间中相对完整的面积，可以着重刻画。床水平面以上70cm左右的区域（客人的头部位置）易脏，不少饭店采用了防污性的材料。

为了方便客人特别是老年客人，有的饭店在床头柜上放置一个可以移动的、带有房内各种电器设备开关的电子触摸遥感器。这既显示了客房的豪华程度，又给客人带来了方便。

2．盥洗空间

盥洗空间是指客房的卫生间，其设计与布局也是体现饭店等级的一个重要条件。客房的卫生间一般是“背靠背”，目的是使相邻两个房间的卫生间可以共用一个排（供）水道。不少饭店卫生间的干湿区分离，避免了功能交叉干扰。卫生间的设计主要通过三大区域来体现。

（1）淋浴区。有些饭店的客房设有浴缸，也有不设浴缸，只设淋浴喷头的。现代饭店需考虑浴缸是否保留，一是大多数客人不愿意使用浴缸，二是浴缸本身也带来投入大、清扫客房时间长等不利因素，除非是饭店的级别与客房的档次要求配备浴缸，否则完全可以用精致的淋浴间来代替，既节省空间，又减少投入。一般饭店的淋浴设备只需设置冷、热水喷头和浴帘即可，而高档豪华客房会设有冲浪式浴缸。另外，淋浴间要设有活动的晒衣绳供客人晾衣服使用。

（2）坐便区。便器分为坐式和蹲式两种。一般房间只装坐便器，但高级客房两套都装，并在坐便器旁边设有下身冲洗器。坐便区要求通风且照明良好，一个常被忽略的问题是电话架和厕纸架的位置，经常被安装在坐便器背面的墙上，使用很不方便。此外，烟灰缸与小书报架的设计也要令客人感到方便，以显示饭店的细心周到。

（3）脸盆区。这一空间由台面、洗脸盆、水龙头、墙面大玻璃镜、电源插座等组成。台面多用水磨石、大理石、人造大理石等材料，表面光滑美观。一间标准客房的云台规格通常为长 150～180cm、宽 50～70cm。面盆多为瓷质，其特点是美观、耐用、易清洁。有的饭店还会在墙面大玻璃镜的侧面装有放大镜，以便客人剃须或化妆时使用。为了解决客人淋浴而使镜面蒙上水蒸气、看不清镜面的不便，有的饭店还在镜子背面设有防水雾装置。

3. 起居空间

标准间的起居空间在客房的窗前区，供客人饮食、休息、会客使用，主要配备座椅（或沙发）、茶几（或小圆桌）、落地灯等。套房则有独立的起居室。

4. 储存空间

储存空间主要是指设在房门进出小过道侧面的壁橱和紧靠壁橱的小酒柜。

（1）壁橱。壁橱内装有照明灯，挂衣横杆上备有衣架，一般按床位设计，每床两个西服衣架、两个裙架、两个裤架。柜子下面放置洗衣袋和洗衣单。为了保证衣服不至于触地，挂衣横杆高度一般为 170cm。

（2）酒柜。酒柜上方摆放一些烈性酒、酒具、茶水用具及零食，下层为储存饮料的小冰箱，以满足客人饮用的需求。

5. 书写空间

标准间的书写空间一般设在床的对面位置。其主要设施、设备包括写字台、凳子、台灯等。台面一般较长，上面可放电视机，有些客房书写空间的墙面上方还装有梳妆镜。随着饭店商务客人的日益增多，书写空间的功能设计也越来越受到饭店的重视。从采光与视觉角度考虑，许多饭店客房书桌不再面壁而坐了。

饭店客房必须具备以上功能，才能满足客人住宿的基本要求。标准间集以上功能为一身，需要更合理地设计布局和配备家具设备。而套房则是分别用专设的房间来各司其职，或具备某种主要功能同时兼顾其他功能，如标准套间是一间作为卧室，另一间作为起居室。

本章小结

客房部是饭店的一个重要部门，也是饭店经济收入的主要来源，在饭店中具有核心地位。本章主要介绍了客房部的地位与作用、客房部的组织机构、各班组的岗位职责和素质要求、客房的种类和标准以及客房产品设计的相关内容。通过本章内容的学习，应该明确如何做好一名客房管理人员，如何对客房产品进行配备。

客房部的机构设置直接关系到客房部管理的科学性和合理性，各岗位工作人员的职责和任务的落实是能否出色完成客房部工作的重要保证。客房产品与一般产品不同，尤其自身的特点和要求。客房提供给客人的不仅仅是一个休息的空间，更多的是享受和关怀。客房服务的基本要求是清洁卫生、舒适方便，提供个性化、多元化的服务。

为了增强客人的满意度，提高饭店的竞争实力，饭店客房设计应该遵循安全性、舒适性、健康性、实用性的原则，体现以人为本、客人至上的基本理念。

思考与练习

一、填空题

1．客房部通常分为 5 个功能区域，分别是睡眠空间、＿＿＿＿＿＿、＿＿＿＿＿＿、＿＿＿＿＿＿、＿＿＿＿＿＿和＿＿＿＿＿＿。

2．客房类型中的套房包括＿＿＿＿＿＿、＿＿＿＿＿＿、＿＿＿＿＿＿和总统套房。

3．Triple Room 代表的房间类型是＿＿＿＿＿＿。

二、不定项选择题

1．总统套房通常由＿＿＿以上房间组成。（　　）

A．4 个　　B．5 个

C．6 个　　D．7 个

2．Duplex Suite 表达的意思是＿＿＿。（　　）

A．复式套房　　B．总统套房

C．普通套房　　D．豪华套房

3．饭店客房设计应遵循的基本原则有＿＿＿。（　　）

A．安全性　　B．舒适性

C．健康性　　D．实用性

三、简答题

1．客房部的主要任务是什么？

2．常见的饭店客房种类有哪些？

3．一间普通的客房通常有哪些功能区域？

4．如何进行客房卫生间的设计？

四、案例分析

针对盲人市场，美国饭店业推出了盲人套房，其客房布置与众不同，书架上摆放声频的、用大号铅字排印的书籍与杂志，摆放有大型转拨电话机、会说话的温度自动调节器和闹钟，用盲文印刷的说明书摆在小厨房的炉子上。

问题：从这个案例中，我们可以得到什么启示？

第九章

客房清洁保养管理

学习目标

1. 了解客房清扫的准备工作。
2. 掌握客房清洁整理的程序。
3. 掌握客房清洁质量控制的方法。
4. 了解公共区域的清洁保养工作。
5. 掌握清洁器具与清洁剂的使用方法。

第一节　客房清扫的准备

对于饭店而言，客房清扫工作涉及范围广、任务量大、要求严格，特别是在营业旺季时更具有时间紧的特点。因此，为了保证客房清洁整理的质量，提高工作效率，必须做好客房清洁整理前的准备工作。

一、听取工作安排，领取房间钥匙

服务员上班后，应按照饭店要求换好工作服，戴上姓名牌，梳理好头发，女服务员要适当地化淡妆。根据楼层领班的工作安排，领取工作钥匙。为了楼层客房的安全，领取钥匙时，一定要做好钥匙的交接记录。客房的钥匙不得随便交给他人，不能带回家，特别是通匙，更要注意，上下班必须交代清楚。

二、了解房态，决定清洁顺序

为提高客房利用率和保证客房清洁质量，客房清洁整理应根据客房的不同状况，按开房的急缓先后来决定房间的清扫顺序。一般而言，淡季时清扫顺序为 VIP 房间、挂“请清理房间”的房间、住客房、走客房、空房。而旺季时的清扫顺序可调整为空房、走客房、VIP 房间、挂“请清理房间”的房间、住客房。具体操作可视不同情况灵活运用，其目的在于既要满足客人的特殊需求，又要考虑客房出租的周转。

三、准备工作车及清洁工具

工作车是客房服务员整理、清扫房间的主要工具，准备是否妥当直接影响清扫的效率。工作车有三层或四层大小不同的规格，一般为一面开口，以供放取物品。在开始清洁客房前，应按要求把工作车布置好。工作车不仅减轻了劳动强度、省时，也是一种服务的标志。

准备工作的基本内容为：

1．取出物品

工作车上的所有物品必须取出，用半湿抹布擦车身内外，每星期六对车身上一次金属保养剂，注意检查车身有无毛刺，车轮是否灵活。

2．检查工作车

检查布草袋上的挂扣是否全部扣紧，保证有足够的支撑力去放置布草。将干净的垃圾袋和布草袋挂在挂钩上。

3．分类放好客房所需物品

床单和枕套放在最底层，以保证车身平稳；中间层放“四巾”；顶层放文具用品、水杯、烟缸及其他各种客用消耗品，归类摆放整齐。

4．准备好清洁工具

备齐各种清洁剂、干湿抹布、不同刷子、清洁手套等各种清洁工具。检查清扫工具吸尘器和各部件是否严密，有无漏电现象，检查蓄尘袋的灰尘是否倒掉。

服务员在做好以上准备工作后，应检查自己的仪容、仪表，使之符合饭店要求，然后按照工作安排将工作车推到自己负责的清扫区域，开始客房清洁整理。

第二节　客房的清洁整理

一、客房日常清洁内容

客房日常清洁整理又称为做房。通常包括以下几个方面的内容：

1．物品整理

按饭店规定和统一要求，整理和铺设客人使用过的床铺；整理客人放乱的物品、用具；整理客人乱放的饭店衣物（如睡衣、拖鞋等）。一般不整理客人放置的私人用品和衣物。

2．打扫除尘

用扫把扫清地面；用吸尘器吸净地毯、软座椅上的灰尘；用抹布擦拭门、窗、桌柜、灯罩、电视机等各种家具设备；倒掉烟灰缸中的烟灰、纸篓里的废物垃圾。

3．擦洗卫生间

擦洗脸台、便器、浴缸、水龙头等卫生洁具；擦洗四周瓷砖及地面；擦亮镜面及各种金属挂杆。

4．更换及补充用品

按要求更换床单、床垫、枕套、面巾、手巾、浴巾、脚垫巾等棉织品；补充文具用品、火柴、茶叶、卫生纸、肥皂、沐浴液、牙膏、牙刷等供应品。

5．检查设备

检查水龙头、抽水马桶等的放水设备能否正常工作；检查灯具、电视机、音响设备、电话机、电吹风等电器设备的用电安全指数和性能是否正常；检查家具、用品等是否有损坏。

二、客房清洁的原则

各大饭店根据自身不同的特点，在客房清洁卫生的操作和管理中，会有细节上的差异和特色，但一般遵循的清扫原则包括：

1．从上到下

擦拭衣柜时应从衣柜上部擦起，逐渐向下擦。

2．从里到外

特别是最后的吸尘和检查工作，从里到外工作既能保证整洁，又可防止遗漏。

3．先铺后擦

房间清扫应先做床，后擦家具物品。如果先除尘，后做床而扬起的灰尘就会重新落在家具物品上。

4．环形清理

家具物品的摆设是沿房间四壁环形布置的，因此在清洁房间时，也应按顺时针或逆时针方向进行环形清扫，以求时效和避免遗漏。

5．先房间后卫生间

卫生间清洁是带水操作，清洁后服务员的鞋下可能有水渍，后清扫可以避免在房间走动造成的重复污染。

6．干湿分开

干湿分开是指在擦拭家具物品时，干布和湿布要交替使用，针对不同性质的家具，使用不同的抹布。例如，房间的镜子、灯罩，卫生间的金属电镀器具等只能用干布擦拭。

三、客房清洁卫生服务程序

合理的清洁程序、操作方法是提高客房清洁效率、保证服务质量的前提。不同类型的客房在具体清洁内容上会有区别，而客房的清洁服务程序是基本一致的，具体程序如下：

1．停放工作车

推工作车到客人房门口挡住门，开口一面朝里，这样既便于服务员在补充客房用品时拿取，又便于管理者的检查，既保证住客的财产安全，又避免客人误解。

2．敲门进入房间

进入客房前必须敲门，敲门前要先观察门上是否挂有“请勿打扰”牌或门上是否有双锁标志，避免打扰客人。敲门要先轻轻敲三下，然后报称客房服务员，待客人允许后方可进入。如果三四秒钟后客房内仍没有应答，再轻敲三下并报名，给客人以充分的回应时间。重复三次仍没有回答时，可用钥匙轻轻把门打开。进房时，无论客人是否在房间，都不得将门关严。如果客人在房间，要立即礼貌地向客人讲明身份，征询是否可以进房清扫。如进房后发现客人在卫生间，或正在睡觉，正在更衣，应立即道歉，退出房间，并关好房门。注意：敲门时不得从门缝或门视镜向内窥视，不得耳贴房门倾听。开门后，把“正在清扫”牌挂于门锁上。

3．给房间通风换气

拉开窗帘，开窗通风（不能开窗的要开大空调通风量），关闭客房内的电器和照明灯。

4．清理垃圾杂物

（1）将房间和卫生间的垃圾、烟灰缸的烟头、纸篓废弃物等收集倒入工具车的垃圾袋内，并应检查一下垃圾桶内是否有文件或有价值的物品，烟灰缸内是否有未熄灭的烟头。要注意消耗品的回收和再利用，同时注意如有剃须刀等尖利物品和废电池等对环境有污染的物品应单独处理。

（2）将用过的茶杯、冷水杯及烟缸放入卫生间准备刷洗或放回工作车准备调换。

（3）客房内可能有保留价值的东西不可随意丢掉。

（4）换下床上的床单、被单、枕套，连同浴室内需要更换的四套巾（浴巾、面巾、小方巾和足巾）一起，分类点清放入工作车的布品袋内，发现有破损的布品和毛巾，应分开存放（若客人放置了环保卡，则床单、被单、枕套等床上用品不必更换）。

在清理住客房垃圾杂物时，不经客人同意，不得擅自将客人的剩余食品、饮料、自带用品等清理出房间。尤其是女性化妆品，即使是用完的空瓶、空盒也不得扔掉。

5．做床

按照使用布草的不同，做床可以分为西式做床和中式做床两种。

（1）西式做床。西式坐床步骤如下：

1）将床拉离床头板。

① 弯腰下蹲，双手将床架稍抬高，然后慢慢拉出。

② 将床拉离床头板约 50cm。

③ 注意将床垫拉正对齐，并根据床垫四边所表明的月份字样，将床垫按期翻转，使其均匀平衡。

2）铺垫单（第一张床单）。

① 甩单。将折叠的床单正面向上，用左手抓住床单尾部商标，右手抓住床单尾部打松，并将其抛向床尾位置，然后右手抓住床单头分别向左右两边打开床单。

② 开单。两手将床单打开。手心向下，抓住床单头按在床垫约 30cm 处，然后将床单提起约 70cm 高度，使空气进到床尾部位，呈鼓起状，身体稍向前倾，用力将床单甩出去，当空气将床单尾部推开的瞬间，顺势调整将床单往床头方向拉至下垂，利用空气浮力定位，使床单的中线不偏离床垫的中心线，两头垂下部分相等。

3）第一次包角。先包床头，将床头下垂部分的床单掖进床垫下面，包右角，左手将右侧下垂的床单拉起折角，右手将右角部分床单掖入床垫下面，然后左手将折角往下拉紧包成直角，右手将角下垂的床单掖入床垫下面，包左角与包右角相同，床尾左右角包法与包床头左右角一样。包边包角时要求四角的样式统一、紧实，并且外角 90°、内角 45°。

4）铺衬单（第二张床单）。服务员站位与铺设第一张床单要求相同。第二张床单正面朝下，中线与床中线吻合，床单首端余出 10cm 左右，床单保持平整。

衬单与铺垫单的方法基本相同，甩单必须一次性到位，两边所落长度需均等。

5）铺毛毯。毛毯铺设在第二张床单上面。要求正面朝上，商标放在床尾，中线与床中线吻合。毛毯首端与床头距离要适当（一般 30cm 左右）。然后将第二张床单首端反折在毛毯上面。最后将毛毯连同第二张床单同时塞入软垫下面，掖边包角。边角包法及要求与铺第一条床单相同。若需要在毛毯上铺设第三张床单，方法要求与毛毯铺设相同。

6）第二次包角。将毛毯及第二张单一起从床头回折 30cm，将四角包进床垫下，四角的样式统一、紧实，并且内外角 90°、内角 45°。

7）装枕套。

① 将枕芯平放在床上，两手撑开枕袋口使其进入空气，将枕芯放到枕袋口，左手提起枕袋口上边缘，右手将枕芯对半折顺势塞到枕袋里去，然后双手各提住袋口，边提边抖动使其全部进入，最后将超出的枕芯部分的枕袋掖入枕芯里面把袋口封好，枕芯不外露。

② 整理枕头，使枕套四角饱满，外形平整，手握枕头两端，将套好的枕头放置于床的正中，单人床枕套口反向于床头柜，双人床枕套口方向相对。

8）盖床罩。正面朝上，对正中线。先整理床的尾端。要求床盖尾端及两侧下垂部分的长度一致，然后将床头多余部分塞入枕下并作出枕线；整理加工，使其美观。

9）将床复位。用腿部将床推回原位。床头与床头板对称，放在床头板的中间位置。

注意事项：床单、枕袋、床盖等床上用品要无皱、无破损、无污迹；西式做床时要求三线对齐，即床单中线、毛毯中线、枕头中线对齐；掖边要求平、严、实；包角要求式样、角度标准一致。

（2）中式做床。

1）将床拉离床头板。弯腰下蹲，双手将床架稍抬高，然后慢慢拉出；将床拉离床头板约 50cm；注意将床垫拉正对齐。

2）整理床。在撤布草的过程中，有可能使床垫移位，护垫翘角，要按顺时针方向去整理将它们复位。注意：保护垫的正面要朝上，无污渍及毛发。

3）铺单。中式做床的铺单与西式做床相同。

4）套被套

① 把被套打开放于床面，再叉开被套入口，面向上，底向下。

② 将被芯平铺在床上。将被套外翻，把里层翻出。分清被尾（有商标的为被尾），使被套里层的床头部分与被芯的床头部分固定。两手伸进被套里，紧握住被芯床头部分的两角，向内翻转，用力抖动，使被芯完全展开，被套四角饱满。将被套开口处封好。

③ 调整棉被位置，使棉被床头部分与床垫床头部分齐平，将棉被床头部分翻折约 45cm，棉被的中线位于床垫的中心线。棉被不能有皱折，两边长度一致自然垂直，不能鼓起，被尾要离地面 20cm，以被尾两个角翘起为标准。

5）装枕套。其方法与西式做床中的方法相同。

6）将床复位。其方法与西式做床中的方法相同。

6．抹尘并检查设备

（1）抹尘遵循上述先上后下、先里后外、先湿后干的原则，做到不留死角。

（2）抹的过程中将移动物品按规定放回原位，并默记待补充的物品。

（3）每抹一件家具、设备，都要留意检查是否有损坏，一经发现要报告领班报修，并及时在“楼层服务员清洁报表（见表 11-1）”维修和保养栏内作好记录。

7．清洗卫生间

（1）进卫生间。进卫生间时要携带清洁篮和小垫毯，先把小垫毯放在卫生间门口，防止将卫生间的水带入卧室和损坏房间地毯。把清洁篮放在云石台面靠门口的一侧。打开卫生间的灯，打开换气扇，将清洁工具放进卫生间。

（2）撤卫生间物品。把客人用过的“四巾”逐条打开检查，看是否夹带有其他物品，然后堆放一起，接着将客人用过的香皂、浴液、洗发液分类放在清洁篮内，用过的牙具等杂物放在垃圾桶内，然后把垃圾桶内的垃圾收起。可以利用的物品，如肥皂头等集中放在工具箱内。

（3）清洁面盆和浴缸。戴上洗面盆、浴缸的专用手套后，用百洁刷刷洗云石台上三格瓷砖墙壁后用水冲干净；用百洁刷刷云石台面一遍后用水冲干净；用百洁刷刷洗一次面盆和水龙头后用水冲干净；用百洁刷刷洗浴缸上方三格瓷砖和浴缸内外，开启浴缸塞，放走污水，然后打开喷头，让水射向墙壁及浴缸，冲净污水。这时可将浴帘放入浴缸加以清洁；用布擦干面盆、浴缸。用两块抹布，依次按面盆、云石台面、墙、镜面、浴缸、浴缸上方墙、面巾架、浴帘杆、浴帘的顺序擦干净。

（4）清洁镜面。将玻璃清洁剂喷在干净抹布上；用干净抹布从上至下擦净。

（5）清洁电镀制品。用干布将其表面擦净；必要时可用抛光剂进行擦拭。

（6）清洁便器。换上另一对专门洗便器的专用手套；用一块专用百洁布刷洗便器水箱、便器盖板正反面、便器坐板正反面、便器座底，最后放水冲洗干净；用另一个便器刷刷洗便器内壁，并放水冲洗干净；用便器专用抹布依次按便器坐板正反面、便器盖板正反面、便器水箱、便器底部的顺序擦干净。

（7）消毒“三缸”。用消毒水喷洒“三缸”，依次按面盆、浴缸、便器内壁、便器座板顺序消毒，然后盖上便器盖板。

（8）清洁排风口。开启排风口，擦净。

（9）冲地漏。用清水将卫生间地漏冲洗干净。

（10）抹地面。用地板专用抹布将卫生间地板擦干净；将至门口时，返身清洁卫生间门背后，然后再退至门外将门口地面擦净。

8．补充客用物品

补充房间和卫生间内的必备用品，按固定的位置摆放好。

9．吸尘

吸尘由里往外吸，注意行李架、写字台底、床头柜底等边角的吸尘。注意：有移动的家具要顺手挪回原位。

10．复查并填写客房清洁报表

在客房清洁工作结束时，服务员应环顾一下房间、卫生间是否干净，家具用具是否摆放整齐，必备用品是否放好，清洁用品是否遗留在房间等。同时填写好“楼层服务员清洁报表”（见表 10-1），退出房间，关好房门。若客人在房间，要礼貌地向客人表示谢意，然后退出房间，轻轻将房门关上。

表 10-1 楼层服务员清洁报表

楼层＿＿＿＿＿＿ 姓名＿＿＿＿＿＿ 日期＿＿＿＿＿＿

房号	客房状态	住客人数	时间	酒水	维修与保养	备注
			进	出		

额外服务：

加床＿＿＿＿＿＿ 熨斗、熨衣板＿＿＿＿＿＿

吹风＿＿＿＿＿＿ 插座＿＿＿＿＿＿

周期卫生＿＿＿＿＿＿ 其他＿＿＿＿＿＿

四、开夜床服务

开夜床就是在客人就寝前，对客房进行晚间整理，恢复客房的环境卫生，以方便客人休息，表示对客人的欢迎和礼遇。

开夜床服务的时间，一般是从晚上 6 点开始做，在晚 9 点之前做完。因为这时客人大多外出用餐而不在房内，既可避免打扰客人，又方便服务员工作。开夜床包括以下环节：

1．整理房间

清理烟灰缸、废纸杂物，整理客人物品，并整理卫生间。

2．客用品、酒水补充

根据房间实际入住客人的人数或客人实际需要数量补充相应的客用品，如文具用品、浴室洗漱用品、棉织品、洗衣单、迷你吧账单等。如房间迷你吧酒水有耗用，需及时开好迷你吧账单，待客人签字确认后方可撤掉已使用酒水，同时迅速补齐迷你吧酒水。

3．设施、设备运行状态检查

开夜床时需对房间设施、设备的运行状态进行检查。打开电视机检查频道，饭店统一设定频道或音量如被改动，则需进行调试还原；检查各种灯具是否完好，发现问题及时报修；打开空调并检查是否运转良好；检查其他电器等。

4．开床

服务员将被子打开 45° 的角，以方便客人入睡。拍松枕头并将其摆正，如有睡衣应叠好放在枕头上，同时摆好拖鞋。按照饭店的规定在床头的枕头上放上晚安卡、小礼品等。如果要对住有一人的标准间开夜床，则一般开靠近卫生间的一张床，方向应朝向床头柜，或按照客人习惯开床；二人同住标准间，则各自开靠床头柜的一侧。

五、小整理服务

小整理服务是对住客房而言的，就是在客人外出后，客房服务员对其房间进行简单的整理。小整理服务一般是为 VIP 客人和高档房间提供的。是否需要提供小整理服务，以及小整理服务的次数等，各饭店应根据自己的经营方针和房价的高低等作出相应的规定。

小整理服务的内容大致与开夜床服务相似，主要是整理客人午睡后的床铺，必要时补充茶叶、热水等用品，使房间恢复原状。有的饭店还规定对有午睡习惯的客人，在其去餐厅用餐时应迅速给客人开床，以便客人午休，等等。

六、客房计划卫生

1. 计划卫生的意义

客房计划卫生是指在做好客房日常清洁工作的基础上，拟订一个周期性清洁计划，采取定期循环的方式，对清洁卫生的死角或容易忽视的部位及家具设备进行彻底的清扫和维护保养，以进一步保证客房的清洁保养质量，维持客房设施、设备的良好状态。客房服务员每天的清洁整理工作的工作量一般都比较大。一个服务员平均每天的工作量是 12～14 间客房，旺季会更多，所以对客房的某些部位，如通风口、天花板、门窗玻璃、窗帘、床罩等，不可能每天清洁（有些项目也没有必要每天清洁，如地毯）。

为了保证清洁卫生的质量标准，使客人不仅对客房容易接触部位的卫生感到满意，而且对其他每处卫生都能放心，同时又不致造成饭店人力资源的浪费和紧张，客房部应有计划地对一些特殊项目进行周期性清洁保养。

针对不同的项目，客房的计划卫生应按不同的时间周期进行。例如，每天清洁地毯、墙纸污迹；平均两三天用鸡毛掸清洁壁画 1 次；5 天清洁卫生间抽风机机罩 1 次。保证客房设施、设备处于良好状态。

不论客房楼层还是公共区域，有些家具设备不需要每天都进行清洁整理，但又必须定期进行清洁保养。例如，电冰箱除霜一般是半个月进行一次，每季度要对地毯彻底清洗，每年要对红木家具打蜡等，以维持客房设备的良好状态。

2. 客房计划卫生的内容

客房计划卫生保养的内容主要有家具除尘、家具打蜡、地毯清洗、纱窗床罩等的清洗、通风口清洁、金属器具的擦拭等。针对不同的项目，应按不同的周期进行清洁保养，以维护客房设备的良好状态，保证客房的正常运转。

（1）除日常的清扫整理工作外，规定每天对某一部位或区域进行彻底的大扫除。

（2）季节性大扫除或年度大扫除。这种大扫除不仅包括家具，还包括设备和床上用品。一个楼层通常要进行一个星期，因而只能在淡季进行。客房部应和前厅部、工程部取得联系，以便对某一楼层实行封房，维修人员对设备进行定期检查和维修保养。

第三节 客房清洁质量控制管理

客人对饭店产品的需求主要表现在食、宿两个方面，无论是食还是宿，他们都有很高的卫生要求，从心理学的角度来看，整洁、卫生的饭店可以给客人一种安全感和舒适感。因此，做好卫生管理对于提高客房产品质量、满足客人需要具有重要意义。

一、客房清洁卫生质量控制途径

客房清洁卫生管理的特点是管理空间广，工作人员分散，不易集中控制。而客人对客房卫生又非常重视，要求高，因此严格控制客房清洁卫生的质量，对于提高客房产品的形象，满足客人需要具有重要意义。

1．强化员工卫生质量意识

为提高客房清洁卫生质量，首先要求参与清洁的服务人员有良好的卫生意识。为此必须做好岗前及岗位培训，让员工树立起卫生第一、规范操作、自检自查的岗位责任感。同时要求客房管理人员及服务人员注意个人卫生，从自身做起，既完善自身形象，又加强卫生意识和卫生习惯。其次要不断提高客房员工对涉外星级饭店卫生标准的认识，严格与自己日常的卫生标准相区别，与国际卫生标准接轨，以免将一些国际旅游者正常的卫生要求视为“洁癖”。

2．制定清洁卫生质量控制标准

客房的清洁卫生质量与管理者制定的标准及检查制度和检查标准有关，要实现清洁质量标准，要做好服务质量标准化、服务方法规范化、服务过程程序化。客房服务员按照标准和规范进行清洁工作不但可以提高质量，也便于检查和管理，避免差错和不必要的体力消耗。一定的服务规程、操作程序是确保客房清洁卫生的基础，也是对客房清洁员工作进行考核、监督的依据。不同饭店的客房清洁规程和程序会略有不同，但均符合“方便客人、方便操作、方便管理”的原则，都为提高质量服务。

3．严格逐级检查制度

逐级检查制度包括员工自查、领班普查、主管抽查和经理抽查。要保证清洁质量就要有员工自查，提高员工的责任心和检查意识；领班普查要做到每天对所管工作区域的所有房间，进行检查并保证清洁质量；主管抽查主要检查 VIP 房、维修房、抽查长住房、促进领班做好基础检查；经理抽查主要是为了了解客房清洁卫生质量，了解员工工作状况，改进管理方法，修订操作标准，一般情况下经理应抽出 1/2 的时间对楼层进行巡视和抽查。有时饭店总经理、住店经理及值班经理对客房的清洁质量和客房现状进行定期抽查，目的在于增进质量意识。实行严格的逐级检查制度，是确保清洁质量的有效方法。

4．设置“客人意见表”

客房卫生质量的好坏，最终取决于客人的满意程度。所以做好客房清洁卫生管理工作，要发挥客人的监督作用，重视客人的意见和反映，有针对性地改进工作。设置“客人意见表”是较好的一种方法。意见表设计应简单易填，形式要轻松，摆放要显眼。现在许多饭店将它设计成“致总经理密函”，内有饭店总经理真诚热情的欢迎、意见请求、祝福致辞，另附一份简单而较为具体的客人意见书。

二、客房清洁卫生质量的标准

1．视觉标准

视觉标准是指客人和员工、管理者凭借视觉或嗅觉能感受到的标准（如灰尘、污迹、异味等），但由于个体的感受不同，标准只是停留在表面。

1）眼看到的地方无污迹。

2）手摸到的地方无灰尘。

3）设备用品无病毒。

4）空气清新无异味。

5）房间卫生达“十无”：天花墙角无蜘蛛网、地毯（地面）干净无杂物、楼面整洁无害虫（老鼠、蚊子、苍蝇、蟑螂、臭虫、蚂蚁）、玻璃和灯具明亮无积尘、布草洁白无破烂、茶具和杯具消毒无痕迹、铜器和银器光亮无锈污、家具设备整洁无残缺、墙纸干净无污迹、卫生间清洁无异味。

2. 生化标准

生化标准是由专业防疫人员进行专业仪器采样与检测的标准，所包含的内容有洗涤消毒标准、空气卫生质量标准、微小气候质量标准、采光照明质量标准及其环境噪声允许值标准等。生化标准是客房清洁卫生质量更深层次的衡量标准。

客房管理者和清洁卫生工作人员应熟悉本店卫生操作程序和标准，不断对照改进，体现服务质量和管理水平。

第四节　公共区域的清洁保养

一、公共区域的范围

凡是公众共有、共享的活动区域都可以称之为公共区域。公共区域范围广大，不仅涉及住店客人，以及用餐、开会、购物、参观游览等非住店客人，而且还是所有员工工作环境的重要组成部分。所以，做好公共区域的清洁卫生工作意义重大，是客房部服务与管理工作的重要组成部分。一般饭店客房部下设公共区域组，专门负责公共区域的清洁保养及绿化布置工作。

饭店公共区域包括两个部分，即客用部分和员工使用部分。客用部分主要包括饭店前厅、公共洗手间、餐厅、宴会厅、舞厅、会议室、楼梯、走廊、建筑物外部玻璃和墙壁、花园、停车场以及饭店周围等。员工使用部分主要包括员工电梯和通道、更衣室、员工食堂、员工休息娱乐室、倒班宿舍等。

二、公共区域清洁卫生的特点

1. 客流量大，清洁工作不太方便

公共区域的人员流量非常大，客人活动频繁，这给该区域的清洁保养工作带来不便和困难。为了便于清洁和减少对来往人员的干扰，公共区域的清洁工作尽量都安排在人员活动较少的时间段进行，特别是客用的区域，大量的清洁工作被安排在夜班完成。

2. 涉及范围广，对饭店声誉影响大

公共区域清洁卫生的范围涉及饭店的每一个角落，既包括外围的外墙、花园、前后大门、通道等，也包括室内的大厅、休息室、餐厅、娱乐场所、公共洗手间、电梯、行政办公室、员工休息室、更衣室、餐厅、员工公寓，以及所有的下水道、排水排污管道和垃圾房等。公共区域的卫生状况被每一位经过和进入饭店的客人所感知，成为客人衡量整个饭店的重要部分，对树立饭店形象有较大的影响。

3. 项目繁杂，专业性、技术性强

公共区域清洁卫生工作不仅涉及面很广，而且在不同的地点、针对不同的清洁对象，有不同的清洁标准、不同的清洁方法，使用不同的清洁剂，所以其清洁卫生项目繁杂琐碎。例如，地面、墙面、天花板、门窗、灯具清洁，公共卫生间的清扫，绿化布置，除虫防害等。各类清洁工作都具有各自的专业性和技术性，对工作人员提出了较高的要求。

三、公共区域清洁卫生的主要内容

公共区域卫生涉及饭店前台和后台、室内和室外的广泛区域，下面简要介绍主要的几项清洁卫生工作。

1. 大堂的清洁

大堂是饭店一天 24 小时使用的场所，是客人来往最多的地方，是饭店的门面，会给客人留下重要的第一印象。因此，大堂的清洁卫生工作尤为重要。

（1）推尘和抹尘。大厅的大理石地面，在客人活动频繁的白天，需不断地进行推尘工作。遇到雨雪天，要在门中放上存伞架，并在大门内外铺上踏垫和小地毯，同时在入口处不停地擦洗地面的泥尘和水迹。每天夜间 12 点以后打薄蜡一次，并用磨光机磨光，使之光亮如镜。大厅内有地毯处每天要吸尘 3～4 次，每周清洗一次。

大堂地面清洁要仔细，不能有任何遗漏点。拖擦过程中应及时取下清洁工具上的灰尘杂物。操作过程应尽量避开客人或客人聚集区。打蜡或水迹未干区应有标示牌，以防客人滑倒。

（2）门庭清洁。白天对玻璃门窗、门框、指示牌等的浮尘、指印和污渍进行擦拭，尤其是大门的玻璃应始终保持一尘不染。夜间对门口的标牌、墙面、门窗及台阶进行全面清洁、擦洗，对大门口的庭院进行清扫、冲洗等。

（3）家具的清洁。白天勤擦拭休息区的桌椅、服务区的柜台及一些展示性的家具，确保干净无灰尘。及时倾倒并擦净立式烟筒，更换烟缸。更换烟缸时，应先将干净的烟缸盖在脏的上面一起撤下，然后将干净烟缸放上，以免烟灰飘扬洒落。随时注意茶几、台面上的纸屑杂物，一经发现，及时清理。另外，将客人使用过的沙发、茶几、桌椅及台灯等随时整理归位。

（4）扶梯、电梯清洁。大堂扶梯、电梯的清洁保养多在夜间进行，白天只作简单清洁维护。主要清洁工作是擦亮扶梯扶手、挡杆、玻璃护挡，清洁轿厢，更换、清洗星期地毯，使扶梯、电梯内外、上下、四周均无灰尘、无指印、无污迹。

（5）不锈钢、铜器清洁上光。大堂广告架牌、指示标牌、栏杆、铜扶手及装饰用铜球等为饭店大厅增添了不少光彩，这些器件每天都要清洁，否则会失去光泽或沾上污迹。擦洗这些器件时注意要使用专门的清洁剂，若用其他清洁剂会造成对器件的严重损坏。

2. 公共洗手间的清洁服务

公共洗手间是客人最挑剔的地方之一，如果有异味或不整洁，会影响客人对饭店的评价。因此，饭店必须保证公共洗手间的清洁卫生、设备完好、用品齐全。

（1）日常清洁

1）洗手液少于 1/4 时应及时补充，皂液器表面要清洁。

2）地面、台面、墙面、镜子、门板应经常擦拭，确保无积水，墙面、门板无污迹，镜面明亮无水印。

3）台面若放置有梳子、护手霜等物品，应经常检查是否摆放整齐，是否有残损、污损现象，及时清理、更新。

4）卫生间内可适当养殖绿色植物，以吸纳污气。

5）卷纸、擦手纸、卫生袋不足量时应及时补充，且折角保持 90°。

6）每个小便池放两个清香球，小于 1/4 时即需更换以确保卫生间无异味。

7）开餐时，卫生间门应保持关闭。

（2）彻底清洁。在下午或夜间卫生间使用的低峰期进行。

1）检查皂液器、自动洗手器、手纸架等设施有无损坏，检查各类设施的使用说明是否标志有污毁。

2）清倒垃圾桶垃圾，更换新的垃圾袋。

3）放水冲净马桶、便池并倒入清洁剂，用马桶刷清洁马桶，并用消毒剂浸泡的抹布擦拭马桶座圈、外壁、水箱，然后洗净、擦干。

4）用专项清洁剂擦净面盆、水龙头、台面、镜面及所有金属设施和配件。

5）喷洒适量空气清新剂，保持室内空气清新。

6）擦洗地面，使地面无水迹污渍，每周进行打蜡抛光。

7）在卫生间门口放置指示牌，说明卫生间暂停使用的原因及时段，并指示最近距离可使用的卫生间。

8）洗刷墙面，清除污迹。

9）对扫帚、拖把、垃圾斗、抹布、清洁球、清洁剂等专用清洁物品进行归整，锁好此类物品储藏室的门。

3．餐厅、酒吧、宴会厅的清洁

餐厅、酒吧和宴会厅是客人饮食的场所，卫生要求较高。清洁工作主要是在餐厅营业结束后，做好对地毯的清洁。

鉴于餐厅营业时间长短不同，客房部要妥善安排好各餐厅的清扫时间并主动争取餐厅员工的积极配合。在餐厅营业时间内有清理需要时，必须及时地予以处理，否则不仅有碍观瞻，而且可能造成硬地打滑或地毯上的污迹不易清除。不少饭店考虑到工作的迅捷和方便，往往要求在营业时间的清洁卫生由餐厅自行解决。对此，客房部应积极配合，如工作用品的配备和清洁方法的指导等。

餐厅的全面清洁保养通常在夜晚停业之后至次日开餐之前进行。由于餐厅的陈设布置差别很大，因此难以一一评述其清洁项目。不过，通常的工作内容有：

1）清除餐椅上的食物碎屑及污渍。

2）清洁餐椅腿、窗沿及通风口。

3）清洁吧台、账台及电话机等。

4）擦亮金属器件。

5）地面吸尘或磨光。

6）有计划地为家具、灯具等清洁打蜡。

7）有计划地分批对座椅和墙面进行清洗。

酒吧、宴会厅的清洁任务和要求基本上与餐厅相同，只是在时间安排上要依据具体的营业状况。

此外，餐厅、酒吧、宴会厅或其他饮食场所，常会有蚊蝇等害虫出现，应随时或定期喷洒杀虫剂，防止蚊蝇等害虫滋生。

4．后台区域的清洁卫生

员工食堂、浴室、更衣室、服务通道、员工公寓、娱乐室的卫生状况对员工满意度有重要的影响。

后台区域的清洁卫生工作有：做好员工食堂、浴室、更衣室的日常消毒、清洁维护；对员工公寓、娱乐室等进行定期清扫；做好员工通道等的清洁保养，为全店员工创造良好的生活、工作环境。

5．绿化布置及清洁养护

绿化布置能给客人耳目一新、心旷神怡的美好感受。所以饭店在店外的绿化规划和店内的绿化布置上都应做好。

绿化布置的程序：客人进出场所的花卉树木按要求做造型并摆放；定期调换各种盆景，保持时鲜；接待贵宾或举行盛会时要根据饭店通知进行重点绿化布置；在绿化布置和送达楼面的鲜花摆放时要特别注意客人所忌讳的花卉。

清洁养护的程序：每天按顺序检查、清洁、养护全部花卉盆景；拣去花盆内的烟蒂杂物，擦净叶面枝杆上的浮灰，保持叶色翠绿、花卉鲜艳；及时清除喷水池内的杂物、定期换水，对水池内的假山、花草进行清洁养护；及时修剪、整齐花草；定时给花卉盆景浇水，定期给花草树木喷药灭虫；养护和清洁绿化时，应注意操作时溅出的水滴不要弄脏地面，注意不可影响客人的正常活动。

第五节　清洁器具与清洁剂的种类及使用

客房部使用的清洁用具和设备种类很多，归纳起来分为两大类：清洁器具和清洁剂。

一、清洁器具

清洁器具包括：一般清洁器具和机器清洁设备。

1．一般清洁器具

一般清洁器具包括：

（1）扫帚。

（2）畚箕。

（3）拖把。

（4）玻璃清洁器。

（5）其他清洁工具。

1）喷雾器。喷雾器用于喷射清洁剂及蜡水，单手操作即可。

2）百洁布。百洁布有粗、细两种，清洁卫生间洁具很有效果。

3）油灰刀（刮刀）。油灰刀用于去除粘在地板上的口香糖等难以清洁的污垢。

除了上面介绍的几种清洁器具外，其他常用地清洁器具还有抹布、鸡毛掸子、丝瓜布、铝丝绒等。

2. 机器清洁设备

（1）吸尘器。吸尘器应用范围很广，地板、家具、帘帐、垫套和地毯等均可以用其清洁。

1）吸尘器的种类。按照操作原理及构造，吸尘器大致可分为三类，即直立式、吸力式和混合式吸尘器。

① 直立式吸尘器在地毯上操作非常简单，使用者不用弯腰曲背，但其吸嘴通常较大，所以在清洁“矮脚”家具底下或其他浅窄的地方时，就不如圆筒形吸尘器方便。此外，直立式吸尘器在操作时发出的噪声比吸力式的大。

② 吸力式吸尘器有多种款式，如圆筒形、长筒形。虽然外形设计存在一定差别，但它们都有一个共同之处，那就是都有一个长喉管，用来连接各种配件，以配合不同的工作需要。由于这类吸尘器只是靠吸力去吸尘，所以其发动机功率通常比较大。在清洁方面由于没有电动旋转刷，对清理地毯的效力不是很显著。但由于它具备强劲的吸力，对清理地板、家具、帘帐等效果较好，也可较方便地清理“矮脚”家具底下或其他浅窄的地方。

③ 混合式吸尘器外形与吸力式大致相同，多采用圆筒式的设计。它除了具有强劲的吸力外，还备有电动的振动清洁刷，可随时装上使用，因此在清洁效能方面可以同时发挥直立式吸尘器和吸力式吸尘器两者的长处。

2）吸尘器的使用。

① 使用前必须检查电线有无破损，插头有无破裂或松脱，以免引起触电事故。

② 检查吸尘器头有无隔尘网片，机身耳钩是否损坏或丢失。

③ 拉吸尘器时要一手抓吸尘器吸管，另一手拉吸尘器的把手，这样可方便拉动，避免碰撞其他物体。

④ 检查吸把转动是否灵活，发现有问题时要报告维修部检修，以免损坏把头和底部铁盒。

⑤ 吸尘器堵塞时，不要继续使用，以免增加吸尘器的负荷，烧坏电动机。

⑥ 发现地毯上有大件物体和尖硬物体时要捡起来，如果硬用吸尘器吸会损坏其内部机件或造成吸管堵塞。

⑦ 吸尘后要检查吸尘器的轮子是否缠绕上杂物，若有要及时清理并加油。

⑧ 吸尘器每天使用完毕后，必须清理集尘袋，擦干净机身，将机头与机身分拆摆放好。

（2）洗地机。

1）洗地机简介。洗地机又称擦地吸水机，它具有擦洗机和吸水机的功能，可将擦洗地面的工作一步完成，适用于对饭店的大厅、走廊、停车场等面积大的地方的清洗，是提高饭店清洁卫生水平不可缺少的工具之一。

2）洗地机的使用。

① 洗地机使用前要先检查各个部件是否完好。

② 当打开吸水机开关时，应注意查看污水箱是否保持密封，以防污水外溢。

③ 清洗工作完毕，将吸水系统剩余清洁液抽至污水箱内，便于倾倒。

④ 每次使用后，应把各种配件清洗干净，晾干后妥善保存起来。

（3）打蜡机。打蜡机又称打光机，主要用于地板及光整地面上蜡后打光。打蜡机以电动机为动力，经变速机构带动刷盘旋转，将上蜡地面打光。打蜡机有单刷机、双刷机、三刷机和上蜡打光机 4 种。单刷机使用最广。单刷机的速度有慢速、中速、高速和超高速，慢速及中速较适合于洗擦地板，高速则适用于花岗石、大理石等平整硬质地面的抛光。

（4）吸水机。吸水机外形常用的有筒形和车厢形两种，机身由塑料或不锈钢材料制成，分为固定型和活动型两种。吸水机的主要部件是真空泵、蓄水桶和吸水刷。吸水机的功能是：对洗刷后地毯进行抽吸，使残存于地毯中的污物彻底清除。它的使用方法和吸尘器的使用方法基本相同，接通电源即可操作，蓄水桶吸满后要及时放掉。

（5）洗地毯机。

1）洗地毯机简介。洗地毯机工作效率高，省力、省时、节电、节水。机身结构及配件用塑料玻璃钢和不锈钢制成。可用于清洗纯羊毛、化纤、锦纶、植物纤维等地毯。洗地毯机主要由两个吸力泵、污水箱、净水箱、强力喷射水泵、电动机等构成，采用真空抽吸原理。洗地毯机在操作时，强力喷射、振荡刷洗、真空抽吸三个动作同时进行。

2）洗地毯机的使用（以地毯干泡清洗操作规程为例）。

① 用吸尘器对地毯作吸尘处理。

② 用地毯除渍剂清除地毯上地各类污迹及口香糖等污迹。

③ 按比例将洗地毯水兑水后加入电子打泡箱内。

④ 将洗地毯机套上地毯刷，接上电源。

⑤ 打开泡箱开关，将泡沫均匀地擦在地毯上。

⑥ 控制擦地毯机的走向，由左至右，保持适当的速度。

⑦ 操作机械在地毯上来回刷 3～4 次，上下行距互叠 10cm。

⑧ 用毛刷擦洗边角，抹地毯上的泡沫。

⑨ 用地毯吹干机吹干地毯。

⑩ 工作完毕，用清水冲洗泡箱和地毯刷。

（6）高压冲洗机。高压冲洗机用于外墙、广场、地面、汽车和垃圾房、停车场及其他需要高压冲洗的地方。

（7）吹干机。吹干机适用于清洗后的地毯、打蜡后的硬质地面。

除了上述各类机器设备外，各个饭店根据自身的规模、承受能力等条件配备不同的清洁机器。

3．清洁设备的使用

正确使用清洁设备可以提高工作效率，延长机器寿命，同时还能避免相关的伤害事故。在使用过程中应该注意下列事项：

（1）加强培训。要使员工清楚在什么情况下需要使用清洁设备，如何使用清洁设备，如何清洁、保养设备，在需要时找哪个部门帮忙以及设备附件的存放地点和使用情况。

（2）注意设备的清洁保养。要特别注意电线的清洁，随时擦去水迹，以免在家具或地面上留下污迹；尽量不要让水或者清洁剂溅到机器上，以免马达短路或者机器锈蚀；避免机器接触到具有腐蚀性的清洁剂。如果发生上述情况，应立即清除。

（3）严格按照程序操作。按照程序操作是工作正常进行的前提，违反程序的操作往往会导致问题的出现，严重的还会引发安全事故。

（4）重视检查。要重视机器设备的检查，尤其要注意设备使用前的检查，避免设备带病工作。使用时若发现声音不正常或有异味，应该立即停机检查。

二、清洁剂

在进行清洁保养过程中，清洁剂是必不可少的工具之一。清洁剂的工作原理是松动污垢，降低污垢表面的张力，使污垢悬浮于物体表面，容易被清除。作为客房员工，对清洁剂的特性要有所了解，如果使用不当会导致：被清洁对象表面褪色、过滑，瓷砖、木板等松动；物品防火层、防静电涂层或防滑涂层剥离；降低工作效率，增加不必要的费用支出。清洁剂的化学性质通常以 pH 值表示，1～6 表示酸性化合物；8～14 表示碱性化合物；7 表示中性化合物。

一般来说，中性清洁剂对多数被清洁物体不易造成损害，而强酸、强碱清洁剂往往有很强的腐蚀性和毒性，使用此种清洁剂时要戴上橡胶手套。储存时也要特别小心。清洁剂一般都是些化学药品，如果对这些化学药品缺乏一定的认知，使用不当，则会对使用者和使用对象产生严重后果。

1．清洁剂的种类

按照 pH 值的范围，一般将清洁剂分为以下三种类型：酸性清洁剂、碱性清洁剂和中性清洁剂。

（1）酸性清洁剂。酸性清洁剂一般用于卫生间的清洁和一些顽固污渍的清洁。酸不但具有杀菌除臭功能，同时也能中和尿碱、水泥等顽固斑垢。由于酸性清洁剂具有腐蚀性，所以酸性清洁剂在使用前必须稀释，使用后要进行漂洗，不可将浓缩液直接倒在瓷器表面，否则会损伤瓷器表面的釉和使用者的皮肤。酸性清洁剂也不应该用在地板和墙壁上，即使是弱酸清洁剂对石头地板和瓷砖也非常有害。除柠檬酸、醋酸外，其余的盐酸、硫酸钠、草酸要小心使用，使用时要戴橡胶手套。为降低其腐蚀性，增加安全性，有些酸性清洁剂中加入了其他成分，如坐厕清洁剂中加入了合成抗酸剂。

（2）碱性清洁剂。碱性清洁剂有乳状、液状、粉状和膏状，对于清除油脂类脏垢和酸性污垢有较好效果。使用强碱清洁剂要特别小心，因为它具有极强的腐蚀性和毒性，要严格按规定使用，要戴好橡胶手套。漂白粉可以与粉状卫生清洁剂一起使用，漂白粉和氨可加入粉状清洁剂中使用。禁止把食盐、漂白粉与酸性卫生清洁剂一起使用，因为这会产生有毒的氯气。

（3）中性清洁剂。中性清洁剂配方温和，对物品腐蚀和损伤很少，有时还可起到清洗和保护被清洁物品的作用，因此在日常清洁卫生中被广泛应用。其缺点是无法或很难去除积聚严重的污垢。饭店常用的中性清洁剂有以下几种：

1）全功能清洁剂。该清洁剂由于性质温和，对大多数物体表面是安全的。使用全功能清洁剂时，一般不需要漂洗，不会在被清洁物体的表面留下痕迹。使用全功能清洁剂的饭店不但可以减少清洁剂的存货量，还能大批量采购，从而节省开支。其缺点主要是清洁效果不如专项清洁剂，不适合某些清洁任务，如清扫浴室时需要消毒剂，而全功能清洁剂不含消毒剂。

2）地毯清洁剂。这是一种专用于洗涤地毯的中性清洁剂，因含泡沫稳定剂的量不同，又可分为高泡和低泡两种。低泡一般用于湿洗地毯，高泡用于干洗地毯。低泡清洁剂宜用温水稀释，去污效果更好。

2．常用清洁剂介绍

（1）万能清洁剂。万能清洁剂是一种中性清洁剂，在使用过程中如加入沐浴露可以增加润滑作用和芳香味道。调和使用可用于浴室脸盆、马桶、浴缸等的清洗，以去除附在浴缸、墙壁上的油脂、水垢及肥皂残余物等。

（2）地毯清洁剂。

1）用于地毯清洗或局部污渍清理，依地毯材质及脏污程度选用各种类别的药剂，可使地毯颜色亮丽、洁净芳香。

2）再依地毯污渍的程度可稀释 10～20 倍使用，并于清洗地毯前用吸尘器先吸干净，地毯干后再吸尘一次才能使用。

3）注意地毯接缝处要钉上铁钉，以防止地毯缩水。

（3）玻璃清洁剂。用以清理玻璃、镜子的污渍灰尘；也可加入酒精以增强挥发性，使用后洁净明亮并可防止灰尘吸附。

（4）除锈水。除锈水用以清除铁锈污渍，避免触及衣物造成腐蚀。

（5）酒精。酒精可用于电话机消毒和清理轻微黏胶，但必须是药用酒精，而且应避免触及木器油漆，以免造成泛白痕迹；擦拭印刷品也会造成字迹褪色。

（6）瓷洁。瓷洁用于马桶、瓷砖等污垢的清理，要避免触及不锈钢物品或花岗石地板。

（7）去油能。去油能又称化油剂，用于清洗一般污渍、油渍，若需大面积清洁时，可与万能清洁剂掺和使用。

（8）漂白水。漂白水是使用较广泛的清洁剂，具有漂白作用，带微酸性，不易腐蚀石质表面。漂白水适用于瓷砖缝、浴帘等发霉漂白；茶杯、茶壶、盘子、洗脸盆、水塞等漂白；水杯的清洁杀菌。在清理过程中，应避免溅到衣物上或眼睛里，若沾到不锈钢应立即冲水。但漂白水禁止与瓷洁混合使用，以防产生气爆。

（9）三合一清洁剂。三合一清洁剂属于中性清洁剂，一般不会造成损坏，可用于清理黏胶、纤维质污点以及粘在地毯上的口香糖，效果良好。

（10）碧丽珠。碧丽珠主要用于清除各种木质家具、皮革、大理石等物体表面的污渍和灰尘，它含有较多的硅油和浓缩乳蜡，使用方便，具有上光、去污、除尘、上蜡等功能，并散发出柠檬清香味。使用时倒在专用抹布上，均匀涂抹在家具上后用力擦亮，但要避免用量过多，否则会造成湿黏。房门等木器不宜上蜡，以防发霉。

（11）地毯芳香剂。地毯芳香剂用以清除地毯霉味，增加芳香，倒在专用抹布上，均匀涂抹后擦亮，但要避免用量过多，否则会造成湿黏。

（12）香蕉水。香蕉水是油漆的调和剂，可用于黏胶的清理及玻璃、镜面污渍清理，但不得擦拭塑胶、家具、亚克力等制品，否则会造成表面腐蚀的现象。

（13）不锈钢金属防护剂。这是水溶性乳化剂，对于锈蚀、斑点清洁效果显著，保养后不使金属表面起磨痕或刮伤，能保护金属表面，并能有效防止手印痕迹及水斑等。

（14）不锈钢光亮剂。它是用于清除不锈钢表面上的污渍和锈斑，使用时无需稀释，使用后免用清水冲洗，它可使不锈钢洁净光亮，并在表面形成保护膜，有防污作用。

（15）铜油。铜油用以擦亮铜器用品，均匀涂抹后用力擦亮；镀铜用品不可使用，以免破坏保护膜。

（16）地面蜡。地面蜡有面蜡和封蜡之分。

1）面蜡（地面抛光剂）。面蜡主要用于地面的清洁保养，其品种有油性（溶剂型）与水性（水基型）两种。它们都能为地面留下一层保护层，因而被称为面蜡。油性蜡用于木材等多孔质地面，待溶剂挥发后会留下一个蜡质保护层。它易变暗，但只要经常打磨就可恢复光泽。水性蜡则适用于少孔塑料地板、花岗岩和云石等。它是一种混合了蜡与聚酯物的乳状液体，干后能留下一个坚硬的保护层同时具有防滑的作用。

2）封蜡（底蜡）。它其实是一种填充剂，使用后能通过渗透将一些细微的孔隙封住并在地表形成一层牢固的保护层，以防止污垢、液体、油脂甚至细菌的侵入。根据使用情况的不同，封蜡层可在1～5年内有效。

封蜡也有油性和水性两种。油性封蜡一般多用于木质地面，也可用于水泥地、石料地；水性封蜡一般用于塑料地板、橡胶地砖、大理石和水磨石地面等。

完成除尘清洗程序后，将其均匀涂布于地板上，能使地板光洁亮丽，而且日常保养维护容易。表面蜡有诸多种类，如一般树脂蜡、玻璃蜡等，根据地板的材质选用不同的蜡。因为含有特殊聚合分子，抗摩擦、防刮伤、亮度佳，且不变黄、不粉化，不受水侵蚀，耐用性高，易保养。

（17）洁夫液。洁夫液用于清洁墙面或不锈钢表面污渍，使用时要用浅色抹布，清洁后会有白色粉末，注意用湿布擦干净。

（18）起蜡水。起蜡水用于需再次打蜡的大理石和木板地面，可将旧蜡及脏垢浮起而达到起蜡功效，以便重新上蜡。由于碱性强（pH=10～14），使用时要按说明书上的比例稀释，所以起蜡后一定要反复清洗地面后才能再次上蜡。

三、清洁剂的管理

1．清洁剂的存储

饭店用清洁剂最好集中存储，无人看管时，一定要上锁。

清洁剂的存储应注意以下几点：

（1）清洁剂容器上应有标签注明。

（2）必要时要标明清洁剂的稀释率。

（3）所有容器盖要盖紧，同时要保持清洁。

（4）容器要摆放整齐，放置容器的货架要牢固。

（5）高压罐装清洁剂要远离热管道或散热器。

（6）分配或稀释清洁剂要用漏斗。

（7）储藏室要保持通风。

（8）要定期盘点，控制好存货量。

2．清洁剂的分发

清洁剂的分发一般由主管或领班专门负责，其分发主要有以下两种方法：

（1）填写申请表到中心库房领取清洁剂。各使用部门每次需要清洁剂，可由其主管或领班填写三联申领表。第一联送中心库房，中心库房主管检查以后准备好清洁剂，在规定的时间使用部门领取或由搬运工分送到各使用点；第二联交客房部办公室或负责清洁费用的人手中；第三联部门留底。此种方法适合于大中型饭店，其优点是效率高，能有效控制各部门的使用量。

（2）用完即领，以旧换新。由清洁员工执空容器到中心库房，换得或补充新的清洁剂。此方法在小型饭店使用较多。其优点是员工用完清洁剂后能及时得到补充，缺点是增加了库房员工的工作量。

3．清洁剂的安全管理

由于清洁剂具有易燃、易爆、易挥发、有毒等特性，若使用和管理不当，可能造成身体损伤或引起火灾、爆炸，导致财产损失，甚至危及生命。清洁剂的安全管理主要注意以下几点：

（1）在库房清单上列举所有危险清洁剂，并从厂家或经销商处索取危险清洁剂的安全数据单。此清单应该说明该清洁剂的特性、用法、储存方法、易燃性、成分、对健康的损害、急救程序、火灾或爆炸时的处理方法等。

（2）为使用和接触危险清洁剂的员工开办培训班，使他们了解有关危险品的知识以及如何正确使用清洁剂。

（3）饭店要为员工提供保护性的用具，如使用强酸、强碱清洁剂时用的橡胶手套，在通风不足情况下使用挥发性、刺激性清洁剂的呼吸器等。

（4）制定有关清洁剂安全使用管理制度，并有效监督其实施。

本章小结

客房作为客人在饭店的私有空间，客人尤其重视客房的清洁卫生质量。客房清洁卫生质量是客人选择饭店、评价饭店的重要依据。为了保证饭店清洁卫生的高质量，就要完成各项清洁保养工作，建立完善的清洁卫生质量控制体系，掌握清洁器具与清洁剂的种类及使用，为客人创造一个清洁、舒适、安宁的住宿场所，最大限度地满足客人需求。

饭店的公共区域是饭店的重要组成部分，公共区域的清洁保养水准直接影响饭店的水准，是饭店洁美环境的重要保证。饭店公共区域的设施设备品种繁多、性能各异、清洁保养工作专业性较强、技术含量较高，所以服务人员必须具备比较全面的专业知识、掌握熟练的操作技能才能顺利完成公共区域的清洁保养任务，为客人创造优美舒适的环境。

思考与练习

一、填空题

1．客房日常清洁整理通常包括以下几个方面的内容：__________、__________、__________、__________、__________。

2．客房的逐级检查制度是指__________、__________、__________。

3．清洁剂分为以下三种类型：__________、__________、__________。

二、不定项选择题

1．开夜床服务包括以下______。（　　）

A．整理房间　　B．客用品、酒水补充

C．设施设备运行状态检查　　D．开床

2．客房主管抽查客房的比例一般为领班查房数的______。（　　）

A．10%　　B．20%　　C．30%　　D．40%

3．客房清洁卫生质量的标准是指______。（　　）

A．视觉标准　　B．检验标准　　C．生化标准　　D．空气质量标准

三、简答题

1．简答客房日常清洁的内容。

2．简答客房清洁的原则。

3．简答公共区域清洁卫生的特点。

四、案例分析

某天下午，某楼层服务员小王正在整理工作车，准备将垃圾运走。正在这时，402 房间的李先生急匆匆地来到服务台："小姐，请问你收拾房间时，有没有看到垃圾桶里有张支票？"小王迅速地回忆了一下，这个房间是上午清扫的，如果有，也可能被收拾走了。"先生，您说支票在垃圾桶里？""对！"客人懊恼地说："昨天晚上我喝醉了，将一张 5 万元的支票撕碎后扔进了垃圾桶。"

5 万元可不是小数目，但要从一大袋垃圾中找出这张支票的小碎片，又谈何容易！可小王又想到，饭店一直要求员工"想客人所想，急客人所急"，在客人最需要我们的时候，更应该主动为他们提供服务。想到这里，小王微笑着安慰客人说："请不要着急，先回房休息，我一定尽力帮您找到。"客人听了，非常感动，怀着希望走了。

小王将垃圾袋从工作车上取下来，翻开后，一点一点扒垃圾，仔细地查找着每一片纸片。垃圾袋中散发着刺鼻的臭味，但她仿佛没有注意到这些，仍然认真地寻找着，"功夫不负有心人"，撕碎了的支票碎片终于找到了。小王又找来胶水，将碎片一一粘好，碎片又变成了一张完整的支票。客人看到这张虽有污迹，但完整无缺的支票时，激动得紧紧地握住小王的手说："小姐，太感谢你了，没想到贵饭店的员工服务这么好，住贵饭店将是我永远的选择。"

问题：如何为客人提供优质的服务？

第十章

客房服务与质量管理

学习目标

1. 了解客房服务质量的特点及要求。
2. 了解客房部服务模式的优缺点。
3. 掌握客房服务项目的主要内容。
4. 掌握客房服务的操作规程与注意事项。
5. 理解提高客房服务质量的方法。
6. 了解饭店客人的主要类型及个性化服务方法。

第一节　客房服务的特点和要求

客房管理有服务、卫生和安全三大任务。其中客房服务质量的高低直接影响饭店的服务形象和档次以及客房出租率。饭店对客服务必须依托设施、设备和产品，通过服务来满足客人在物质上和心理上的需求，而客人对服务质量的衡量标准是心理上的感受。这就决定着客房服务的复杂性和特殊性，也对饭店提供的服务提出了较高的要求。

一、客房服务的特点

1．接触面广，情况复杂

随着人们生活节奏的加快，旅游活动呈现出短暂性、客源流动性比较大的特点。客房部每天要接待很多来自不同的国家和地区的客人，接触面很广。由于他们的身份地位不同，兴趣爱好不同，文化修养不同，生活习惯不同，所以对客房的要求也是多方面的，这就造成了客房服务工作的复杂性。例如，接待政府官员、贵宾和普通客人的方式不同；接待团队客人和零散客人的方式不同；接待商务旅行者和度假旅游者、会议旅游者的方式不同，这都需要根据客人的具体情况和需求变化，提供灵活的、有针对性的客房服务。不同国家不同民族的客人，他们的习惯不同，提供的服务也需要有针对性。例如，美国人不喜欢沉默，但当他不同意你的观点时他会默不作声，所以对待美国客人要格外的热情周到，主动征求其意见。美国人说话时不喜欢距离太近，合适的距离为0.5m，所以热情的服务要有分寸，否则就是一种粗鲁的热情。日本人不仅对自己要求严格，同时对待服务质量也很苛刻，另外对礼节也极为重视，所以对日本客人要注意礼节，要严肃认真，办事要讲究效率。

2．工作琐碎，随机性大

现代旅游饭店已经发展成为向客人提供吃、住、行、游、购、娱等各项服务的综合性企业。客房服务的范围既包括卧室、会议室、大厅、电梯等区域，也包括其他一些公共场所。客房服务的内容很多，从日常服务到洗烫衣服、委托代办等，工作非常琐碎，而且这些工作之间没有非常明显的直接联系，具有很强的随机性。客人住店期间，不同类型的客人何时需要服务、需要哪些服务，事先难以掌握，这就要求客房服务员要揣摩客人的心理，进行规范性和个性化相结合的服务。

3．“明”、“暗”服务结合，以“暗”服务为主

在客房服务中，客人看得见的服务为“明”，见不到的服务为“暗”。客房服务既有“明”又有“暗”。“明”的服务主要是面对面的服务，如迎送客人服务、引领客人进房、租借物品等。但客房服务应以“暗”为主。客房作为客人休息、睡眠的区域，必须为客人提供一个安静的环境。客房服务员在服务时要注意“三轻”，即动作轻、声音轻、脚步轻。同时，客房作为客人的私人领域，不应被外人干扰。客人住进饭店，生活起居有自己的习惯。凡是客人自己能解决的问题都不需要提供服务，除非出于无奈才会求助于客房服务员。因此，要求服务员做好“幕后英雄”，将服务工作做在客人到来之前，客人不在房内期间，让客人感到饭店处处都在为自己服务而又看不到服务的场面。

从上述的特点看，客房服务是一种特殊的生产劳动方式，它不像一般商业生产劳动那样，总是按一种固定的模式、尺寸和工艺流程进行，而必须根据客人的要求，不断改进和变化，才能满足客人的要求。

二、客房服务的基本要求

1．真诚

真诚是反映服务员的服务态度问题。要为客人提供最佳服务，首先要突出“真诚”二字，要实行感情服务，避免单纯的完成任务式的服务。客房服务员为客人提供的服务必须是发自内心的：用“心”为客人提供服务，体现在细枝末节之处和服务过程的各个环节之中，热情、主动、周到、耐心、处处为客人着想，也就是“暖”字服务。

饭店有许多服务质量差的现象发生，究其原因，都是由于服务人员的态度不好造成的，服务态度不好，主要是心理错位，缺乏真诚和热忱。表现在实际工作中，就是对待客人没有微笑，不使用敬语，甚至与客人争辩。因此，客房部的每一个员工都要调整好自己的心态，把客人当成自己的朋友一样，以主人的身份来接待客人，替客人着想，这是提供优质服务的保证。

真诚服务，实际上也是感情服务，是在用“心”为客人提供服务，体现在细枝末节之处和服务过程的各个环节之中。

2．高效

效率服务就是快速而准确的服务。在客房对客服务过程中的很多投诉都是由于缺乏效率而引起的。因此，国际上著名的饭店集团都对客房各项服务有明确的时间限制。例如，希尔顿饭店集团对客房服务员的要求是：在 25 分钟内整理好一间符合饭店卫生标准的客房。

3．礼貌

客房服务中的礼貌、礼节，是客房服务质量的重要组成部分，也是客人对客房服务人员的基本要求之一。

礼节、礼貌是两个不同的概念。礼节是向他人表示敬意的某种仪式；礼貌是待人谦虚、恭敬的态度。礼节、礼貌就是饭店员工通过一定的语言、行为和程式向客人表示欢迎、尊敬、感谢和道歉。

礼貌待客表现在外表上，就是客房服务员要讲究仪容、仪表，注意发型服饰的端庄、大方、整洁，挂牌服务，给客人一种乐意为其服务的形象；表现在语言上，要文明、清晰，讲究语言艺术，注意语气语调，服务中始终以微笑相迎；表现在举止姿态上，要文明、主动、彬彬有礼，坐、立、行和操作均有正确的姿势。

4．微笑

微笑服务是客房员工为客人提供真诚服务的具体体现，是服务工作所要求的基本礼貌、礼节，是优质服务的基本要求。微笑不仅是热情友好的表示、真诚欢迎的象征，还是旅游者的感情需要，能给旅游者带来宾至如归的亲切感和安全感。

第二节　客房服务模式

不同的客房服务模式在岗位设置、人员配备以及服务规范要求上都有较大的区别，因此客房部应根据自己饭店的具体情况选择合适的客房服务模式。目前国内外饭店客房部对客服务的组织模式有以下 3 种：

一、楼层服务台

饭店客房区域各楼层的服务台称为楼层服务台或楼面服务台，我国传统的旅馆、饭店一般都设有楼层服务台。它一般是在每个楼层的电梯间和楼梯口设立一个服务台，分为前后两部分。前半部分是用柜台将空间分割成半封闭型的空间，为客人提供直接服务。后半部分设有休息室或工作间。休息室可供服务人员小憩。工作间一般也称“仓库”，备有各种服务用设备和物品，如开水机、消毒柜、棉织品等。楼层服务台发挥着饭店客房部所有对客服务的职能，同时，它后面还设有供客房服务员使用的工作间。

在客房各楼层设立服务台，配备专职的楼层值班台服务员，受客房部经理和主管的领导，24 小时设专职服务员值班台，同时与总台保持密切的联系，及时传达房态与客情。

1．楼层服务台的职能

楼层服务台的职能主要有以下 3 点，即服务中心、联络中心和安全中心。

（1）楼层服务台是为本楼层客人提供服务的基地。

1）迎送客人。楼层服务台负责欢迎新客的到来，向客人介绍客房设施、设备及饭店服务项目；欢送离店客人，并为客人安排行李员协助运送行李。例如，广州白天鹅饭店要求楼层服务员听到电梯铃响，要马上站出，在电梯口迎接客人，并向客人报楼层。白云饭店要求服务员看到客人提行李出来准备退房或离开楼层时，要主动为客人按电梯等。

2）应客人要求，随时进房为客人服务。例如，回答客人的问讯，为客人送茶、送水，收取客人待洗衣物等。

3）处理客人的委托代办事项、电话留言及其他有关事宜，并为客人提供叫醒服务。

（2）楼层服务台是客房部与饭店其他部门的联络中心。因工作需要，楼层服务台经常要与饭店其他部门发生联系，这些部门主要有：

1）总服务台。一般情况下，客人办理住宿、离店手续时，要与总服务台互通情况。当客人办理住宿登记手续时，总服务台要通知楼层服务台做好接待准备。当客人离店时，楼层服务台要进行查房，查看客房物品有无丢失、损坏，是否有客人的遗留物品，同时查看房内小酒吧酒水的使用情况，并将这些信息电话通知总服务台，总服务台接收到这些信息后，方可为客人办理结账离店手续。另外，楼层服务员要立即通知客房清扫员，尽快将离店客人的房间打扫干净，并及时通知总台以备再次出租该房。有些饭店客人的楼层服务台设有房间指示器。直接与总服务台相连，显示客房是否已清扫的状况。此外，客人的住宿时间、住宿条件、住宿人数等的变动，以及行李的进出、会客等情况都要与总服务台取得联系。

2）工程维修部。当客房设施发生损坏或出现故障，如马桶不灵、电灯不亮、空调失控、电视图像不清、墙皮脱落、窗帘拉不上等问题时，可由楼层服务台通知工程部进行维修，使出现故障的房间尽快恢复正常，及时出租。

3）洗衣房。客房使用的布草以及待洗烫的客衣等都要送到洗衣房，这些物品在洗衣房与楼层服务台之间都要做好交接记录。

4）餐饮部。客人需要饮食服务时，有时会与楼层服务台联系，这时楼层服务台应及时通知餐饮部门，协助餐饮部门做好饮食服务工作，特别是房内用餐服务。

（3）楼层服务台是本楼层的安全中心。安全工作是饭店管理工作的一项重要内容。饭店不安全事件大都出现在客房楼层。在楼层设立服务台有助于消除不安全因素。楼层服务台应妥善保管客房钥匙（无论是服务钥匙，还是客人的钥匙）。值班台服务员还要随时掌握客人的动态，记住客人的姓名、特征和房号。密切注意楼层动静，做好来访客人的接待和登记工作。发现走廊里有可疑的人要上前盘问，及时消除不安全因素。此外，服务员还应提高警惕，注意消除楼层客房的火灾隐患。

2. 值班台服务员的职责

与楼层服务台的职能相联系，楼层服务台服务员的职责如下：

（1）迎送客人。

（2）建立、保管和掌握住在本楼层客人的资料和有关信息，如客人的到达日期和时间、预定离开时间，以及客人的姓名、国籍、宗教信仰、特别服务要求、房号等。

（3）做好来访客人的接待和登记工作。出于各种原因，有些客人可能不愿意登记，这时，要耐心地向客人解释。如客人嫌麻烦，可请客人留下证件，由服务员代客人填写。

（4）应客人的要求，随时为客人提供服务。

（5）接受并处理客人的各种委托代办事项。楼层服务员代客办事要做好记录，做到

“一清”（费用、金额、收费要清楚）、“二准”（收交洗衣房号、件数要记准，叫醒房号、时间要记准）、“三及时”（代办事项要及时，送传真、信件要及时，有问题反映汇报要及时）。

（6）做好客人待洗衣物的收发工作和交接记录。

（7）协助餐饮部，为客人提供良好、高效率的餐饮服务。

（8）密切注意楼层及客房动静，确保楼层安全。

（9）做好本楼层房间状况（有无客人居住、是否已清扫等）的登记工作，并将客房状况按时通报总服务台。

（10）传送客人电话、留言。

（11）替客人保管客房钥匙。国内有些饭店的楼层服务台还负责保管客房钥匙，服务员凭客人的“开房卡”（或“欢迎卡”，或“住宿登记表”其中的一联）为客人开房，并要求客人离店或外出时，将客房钥匙交回楼层服务台，回到饭店后，再从楼层服务台领取，这对客人来说是很不方便的。实际上，也很少有客人按照这种要求不断地“交回”和“领取”钥匙。这是一种落后的、招待所式的管理方式，因而不值得提倡。

（12）定时清扫楼层服务台。

（13）保持仓库清洁，做好其中布草类的分类。

3．设置楼层服务台的利与弊

（1）设置楼层服务台的好处。如前所述，我国传统的旅馆、饭店一般都设有楼层服务台。设置楼层服务台的好处在于：

1）亲切感强，人情味浓。楼层服务台通过服务员亲切的笑容、良好的态度、悉心的关怀和照顾，为客人提供直接的面对面服务，使客人备感亲切，有“宾至如归”感。楼层服务台能根据客人的需要，及时提供规范性和针对性相结合的面对面服务，这能为饭店提供的服务增加“人情味”。

2）服务及时、周到、高效。楼层服务台是为本楼层客人提供服务的基地，实行 24 小时服务，能够随时解决客人的各种不便。例如，提供问讯服务、接待来访的客人等。在这方面，它起着总服务台难以替代的作用，而且能加快客人退房的查房速度，避免客人在结账时等候过久，产生不愉快。同时，客人一旦有疑难问题需要帮助，一出门就能找到服务员，极大地方便了住客，使客人心里踏实。在以接待内宾、会议客人为主的饭店，甚至在一些豪华饭店里，楼层服务台仍受到客人的欢迎。此外，在我国一些设立了行政楼层的饭店客房区域，它集饭店的前台登记、结账、餐饮、商务中心及客房贴身管家服务为一身，为客人提供更为舒适的环境，让客人享受更优质的服务。特别是贴身管家服务最具特色，从客人进店开始，贴身管家便听从客人的吩咐和安排，包括为客人打扫房间、收送客衣、订餐送餐、发送传真、安排外出旅游等，使客人感到亲切而舒适。贴身管家的出现，可以说是楼层服务台模式的一项新举措。

3）能够有效地保障楼层安全。楼层服务台一般位于楼层中间较为显眼的地方，服务台 24 小时昼夜有人值班，可以随时观察楼层动静，注意来往行人，因而在一定程度上保障楼层及客人的安全。现在，不仅一些老饭店还保留了这一风格，不少高档饭店也对这种形式加以改进，使之成为吸引客人的一种手段。

（2）设置楼层服务台的弊端。楼层服务台的设置也有其不利的一面，主要表现在：

1）占用空间，减少了客房的营业面积。饭店每层楼都设置服务台，势必要减少客房营业面积，这在“每一块土地都要挖金”的饭店，势必要带来相当大的经济损失。

2）增加开支。由于楼层服务台均为24小时值班，实行一天三班倒，要随时保证有人在岗，因此占用了大量人力，由此给饭店带来较高的劳动力成本。

3）楼层服务台的设置往往会影响楼层安静。楼层客房是客人休息的场所，要求绝对安静，但楼层服务台的设置往往会破坏这种气氛，尤其是在一些管理不善的饭店更是如此，服务台的打电话声、嬉笑声、吵闹声等不绝于耳，影响了客人的休息，同时也给客人留下很坏的印象。

4）使客人有受监视的感觉。生活在现代社会的人们，尤其是西方客人对自身的各种权利非常重视，特别是个人的隐私权。因此，出入饭店的客人更希望有一种自由、宽松的入住环境，加上有些饭店的值班台人员对客人服务缺乏灵活性和艺术性，语言、表情、举止过于机械化、程序化，更使客人产生不快，甚至感觉出入客房区域受到“监视”。

正是由于上述原因，欧美等西方国家以及日本等国家的大部分饭店都不设置楼层服务台，而用客房服务中心取而代之。

二、客房服务中心

客房服务中心也称房务中心，是客房部对客服务的另一种模式，国外饭店较多地采用这种模式。在我国首先出现在中外合资饭店，后来推广到很多高档次的饭店。

客房服务中心不在楼面设立服务台和台班岗位，而是根据每层楼的房间数目分段设立工作间，工作间形式上是不对外的，也不承担接待客人的任务。客人由行李员引领进房间，客用钥匙的管理由前厅部负责，客人住宿期间的服务要求由房务中心统一调度服务人员为客人提供服务。

客房服务中心的模式，将客房部各楼层的对客服务工作集中在一起，从而大大提高了饭店对客服务的效率，节约了客房部人力资源的成本和费用，克服了楼层服务台的诸多弊端，同时也提高了饭店客人特别是外国客人的满意度。近年来，许多内资饭店也开始仿效合资饭店的这一做法，在楼层开始逐步取消服务台，代之以客人服务中心，应该说，这是饭店管理的发展趋势。

1．客房服务中心的优点

（1）从对客服务的角度来看，客房服务中心最突出的优点是给客人营造了一个自由、宽松的入住环境，同时使客房楼面经常保持安静，减少了对客人的干扰，体现出客房服务处处为客人着想的“客人至上”宗旨。另外，由于客人的服务要求由专门的服务人员上门服务，让客人感到更多的个人照顾，符合当今饭店服务行业“需要时服务员就出现，不需要时就给客人多一些私人空间”的趋势。

（2）有利于统一调度和控制。从客房管理工作角度来看，采用服务中心的形式加强了对客服务工作的统一指挥，提高了工作效率，强化了服务人员的时效观念。服务信息传递渠道畅通，人力、物力得到合理分配，有利于形成专业化的客房管理队伍。

（3）尤为重要的是，采用服务中心的形式大大减少了人员编制，降低了劳动力成本，这在劳动力成本日益提高的今天尤为重要。加之国外人工费用昂贵，所以欧美国家普遍采用此种形式。

由于客房服务中心的设置可以大大提高工作效率，节约客房部的人力资源成本，这一点已为越来越多的饭店管理者所认识。近年来，许多内资饭店也开始仿效合资饭店这一做法，在楼层开始逐步取消服务台，代之以客房服务中心，应该说，这是饭店管理的发展趋势。

2．客房服务中心的缺点

采用服务中心的形式同样存在一些不足。比如，由于楼层不设专职服务员，给客人的亲切感较弱，弱化了服务的直接性；遇到一些会议客人、团体客人时，他们的服务要求一般较多，让客人不停地拨打服务中心的电话，客人必定会不耐烦；如果有些客人出现一些急需解决的困难，服务的及时性必将受到影响；采用服务中心的形式对楼层上的一些不安全因素无法及时发现、处理，在某种程度上影响了住客的安全感。

但是，取消楼层服务台，设立客人服务中心需要具备一定的条件，否则将以失败而告终。这些条件是：

（1）不违反饭店所在城市或地区的有关法规。

（2）饭店所在地治安状况良好。

（3）饭店属于以接待外国人为主的中高档饭店。由于消费水平、消费素质和文化背景的不同，国内客人往往对服务台的依赖性比较强。他们不习惯于楼层没有服务台的饭店，因此以接待内宾为主的这类饭店一般不宜取消楼层服务台。一些饭店不顾自己的实际情况，不顾国内客人的消费习惯，盲目取消楼层服务台，结果使得一些客人因找不到门牌号码，没有开水而在楼层大喊大叫，还有些客人因缺乏房内设施、设备起码的使用常识，而使这些设施、设备遭受严重损坏，这些都是应该吸取的教训。

（4）饭店必须具有完善的保安措施。楼层服务台的一项重要职能就是保安作用。因此，要取消楼层服务台，就要求饭店必须具有完善的保安措施。例如，在楼层安装电视监视仪等，用以监视楼层动静。另外，还应加强保安人员对客房楼层的巡视等。

（5）楼层建筑结构比较简单。有些饭店建筑结构复杂，楼层走廊“四通八达”，如果没有行李员或楼层服务员带路，客人很难找到自己房号的房门，结果可能出现客人在楼层“迷路”的现象。这时就不宜取消楼层服务台。

（6）有较全的服务项目，且大部分已在客房内设立，使客人能自己动手，满足起居的生活需要。例如，国际国内直拨电话、迷你客房小酒吧、24 小时热水供应、可饮用的冷水，以及电热水瓶、服务指南、游览图等用品，一应俱全。

（7）建立一个独立的呼叫系统，加强信息传递，及时通知有关服务人员满足客人提出的各种合理要求。

在实际工作中，如果饭店因条件不成熟，暂时还不能完全取消楼层服务台，可以考虑采取一些变通手段。比如，可将传统的、占相当大空间的大服务台，改变为一种小型的（或称“袖珍型”的）不设座椅的服务台，供客房服务员做好卫生后或空闲时为客人提供站立服务。或将饭店客房划分为两个部分，一部分专门接待外宾，而另一部分则专门接待内宾。在接待外宾的楼层取消楼层服务台，而在接待内宾的楼层则继续保留服务台。

三、客房服务中心与楼层服务台并设

既设立客房服务中心又设立楼层服务台，这种模式可取前两种模式的优点，克服前两种模式的部分缺点。白天，楼层服务台有专职服务员。因为白天楼层事务以及对客服务工作任务较多，楼层服务员的工作量较为饱满。而到夜间，大多数住客都休息，对客服务的工作也较少，一般可不安排专门值班台。如果客人需要服务，可由夜班服务员负责落实。夜班服务员一般在客房服务中心待命，当客人打电话要求服务时，夜班服务员要立即前往提供服务。也有些饭店在某些楼层（如商务楼层）设服务台，其他楼层则采用客房服务中心提供服务的模式。

总之，各饭店应根据自身情况选择合适的客房服务模式，其原则为既能够保证安全，又能及时为客人提供服务，保证服务质量，同时应节约人力。

第三节 客房服务规范的内容

客房服务是饭店服务的重要组成部分，也是构成完整的饭店客房产品的要素。客人住进饭店后，绝大部分的接待服务工作是由客房部承担的。饭店客房部的服务内容和项目，随着饭店业的发展和客人需求的变化而不断变化，不同星级档次饭店的服务内容也有所区别，但是基本的对客服务工作包括三大环节，即迎客服务的准备、到店的迎接服务和送客服务。其主要内容有迎送客人、贵宾接待、小酒吧服务、送餐服务、洗衣服务、访客接待服务、擦鞋服务和其他服务。如何做好客房服务，是客房部经理和楼面员工需要认真研究对待的重要工作。

一、迎客的准备工作

客人到达前的准备工作一定要充分、周密，要求做到以下几点：

（1）了解客人情况。楼层服务台接到总台传来的接待通知单，特别是VIP客人、团队的接待通知后，应详细了解客人的人数、国籍、抵离店时间、宗教信仰、风俗习惯，以及接待单位对客人生活标准的要求、付费方式、活动日程等信息，做到情况明确、任务清晰。

（2）布置房间。根据客人的风俗习惯、生活特点和接待规格，调整家具设备，配备日用品，补充小冰箱的食品饮料。对客人宗教信仰方面，忌讳的用品要暂时撤换，以示对客人的尊重。晚间还要注意挂好窗帘，开好夜床。

（3）检查设施和物品。房间布置完，还要对室内的家具、水电设备及门锁等再进行一次全面检查，发现有损坏、失效的，要及时保修更换。

（4）调节好客房内的温度和空气。

二、客人到店的迎接工作

客人到店时，客房服务的迎接工作是在客人乘电梯上楼进房间时进行的。客人经过长途跋涉，抵达后一般比较疲惫，需要尽快休息。因此，这个环节的工作必须热情礼貌、服

务迅速，分送行李准确，介绍情况简明扼要。

（1）迎接客人。客人步出电梯，服务员应微笑问候。无行李员引领时，服务员应帮助客人提拿行李至客房，介绍房内设施、设备的使用方法。

（2）引领进房。服务员走在客人前方一两步引领。若客人的行李较多，可帮助其提拿行李；若遇拐弯，上下楼梯，应停步伸手示意；途中可与客人交谈；打开房门后，先请客人入内并征求客人的意见摆放行李。

（3）房内服务。引领客人进房后，首先应向客人介绍房内的设施，介绍要简明扼要，语言得体。其次询问客人并明确有无其他吩咐，若无，向客人道别并祝客人在饭店生活愉快。最后离开时转身向客人示意，轻轻将房门带上。

（4）分送行李。分送行李主要是指团体客人的行李。由于团体客人的行李常常是先于或后于客人到达饭店，因此行李的分送方式有所不同。先到的行李由行李员送到楼层，排列整齐，由楼层服务员核实件数，待客人临近到达，再按行李标签上的房号逐一分送。如发现行李标签失落或房号模糊不清时，应暂时存放。待客人到来时，陪同客人认领。后到或随客人到的行李，则由行李员负责分送到房间。

三、客人住店期间的服务工作

客人住店期间的服务工作是指对客人住宿期间提供的服务，包括常规性服务和个性服务两大类。常规性服务又称为规范化服务，其服务项目很多。常见的服务主要有以下几种：

1．客房小酒吧服务

为方便客人，饭店一般都会在客房里放置一个冰箱，一些高档的饭店还会在客房内设置小型酒吧台，以便向客人提供酒水、饮料及一些简单的食品，供客人自行取用。

收费单放在柜面，一式三联，上面注明各项酒水、饮料、食品等的储存数量和单价，由客人自行填写消耗数量并签名。

服务员每天上午清点冰箱内饮料食品的耗用量，并将其与收费单核对，如客人未填写，则由服务员代填，核对无误后，交客房服务中心。单据的第一、第二联转给前厅收银处，费用记入客人账单。第三联由领班统计，填写楼层饮料日报表，作为到食品仓库领取补充品的依据。

（1）离店房的酒水检查

1）接到客人离店通知后，迅速进房巡视，检查离店客人酒水、饮料消耗情况。认真、细致、准确地把账单记录清楚，转交客房领班报前台收银处。这项工作要快速、准确，于客人结账前完成。

2）不要因酒水检查不及时造成客人跑账现象。在饭店，有些不自觉的客人想出各种花招来逃账。例如，有些客人饮用了小酒吧的饮料后，又去超市购买同样的饮料换回去；有些客人饮用完后又灌水进去，然后把盖子盖上；甚至还出现过有客人把易拉罐从底部钻开一个小孔，喝完后又放回去，看起来就像没有开过一样。

于是，有些高级饭店对客房内的冰箱采用计算机管理，当客人从冰箱里取出一瓶饮料后，冰箱内的开关信号将指示机器驱动，结果将使总服务台收款处该客人账单上的账目自动增加。但这种装置也有缺点。例如，客人取出一瓶啤酒后，发现商标不中意，便放回原处，但这时计算机已经记下了这瓶啤酒的账。

（2）住客房的酒水检查与补充

1）客人住店期间，每次查房后，服务员要按时到楼层领取需要补充的酒水、饮料等。

2）酒单上客人所用酒水、饮料、小吃的数量和种类、客人的姓名、房号、检查时间与检查人签名等要填写准确，及时将酒单报客房领班转交前台收银处挂账。

3）每日制作的客房酒水销售报告要明确，账目要清楚。

4）楼层酒水饮料的领取、发放，要有健全的管理制度、规范的领取程序和手续。

（3）提供客房酒吧服务操作程序

在提供客房酒吧服务时，客房服务员应遵循以下操作程序：

1）先检查客人是否用过小酒吧，如果用过，应核对客人是否已填写清单，如果没有填写，应帮助客人填写；如果客人填写有出入，应向客人说明、澄清并进行更正。

2）检查小酒吧的饮料和食品，要及时进行补充，在补充时，要注意检查饮料和食品的有效期。

2．会客服务

会客服务是指客房服务员为住店客人在房内接待朋友、洽谈生意等活动所提供的周到、细致的服务。

（1）会客服务的程序

1）做好会客前的准备工作。问清客人来访人数（以便加椅）、时间，是否准备饮料和鲜花，有无特别服务要求等。在客人来访前约半小时作好所有准备。

2）客人到来时，协助住店客人将来访者引入客人的房间。

3）会客服务期间安排专人负责送水或送饮料，及时续水或添加饮料。

4）会客结束后，主动为客人撤椅，提醒来访客人不要忘记携带自己的物品。同时，开窗通风，迅速将住店客人的房间整理干净、整齐。

5）填写会客服务登记表。

（2）会客服务应注意的事项

1）在没有征得住店客人同意的情况下，不得将住店客人的姓名、房号告知访客。

2）不经住店客人同意，不得将访客引进客房。

3）如果住店客人不在房间内，可请来访者到大厅等候，服务员不得为访客开门。

4）如果访客需要留宿，应提醒其到前台办理住宿登记手续。

3．送餐服务

为满足住客在房内用餐的需求，一般星级饭店会向客人提供房内送餐服务。房餐服务在欧美国家旅馆业中称为“Room Service”，是指应客人的要求将客人所点的餐品送至客房的一种餐饮服务。

提供房餐服务时，饭店要设计专门的房餐服务餐牌，摆放在床头柜或写字台上，上面标明房餐服务的电话号码。另外，提供房餐服务，通常要收取20%～30%的服务费。

在一些大饭店里，这项服务是由餐饮部负责的，餐饮部设有房餐服务组，由专职人员负责提供房餐服务。在另外一些饭店，房内用餐则是由餐厅服务员送到楼层，再由楼层服务员送进客房，采用这种服务方式的饭店，要求客房服务员必须熟悉菜单，并掌握一定的餐厅服务技能。

房内用餐可以用托盘提供，也可以用餐车送上，这要视所送餐食饮料的多少而定，如果用餐车送餐，要小心谨慎，以免因地毯不平或松动而翻车。另外，送餐时，必须要使用保温、保暖、保凉和保持清洁卫生的用具。

（1）客房送餐服务要点

1）早餐。

① 订早餐。客房应配备“客房用餐点菜单”，列出主要供应品种，供客人挑选。菜单内容还可以有所创新。例如，某饭店客房送餐菜单中，有一个深受客人欢迎的特色项目是“令客人自己创新”的内容，它可昼夜使客人能够挑选设计他们喜爱的餐食（包括调味汁等）。对许多住客来说，“自己创新”是仅次于在自己家中做饭的美事，结果，这项业务占将近所有该饭店客房送餐服务订单的40%。

② 问清客人需求和时间。客人不管是向客房服务员订餐还是通过电话向餐饮部订餐，都要问清客人的房号，需要什么食物、菜品或饮料，烹饪制作上有何要求等。避免同一食品因烹制方式不同而引起客人的不满。

③ 按照客人要求的用餐时间，提前作好准备。如客人所需的菜点较少时，可用托盘；食物较多时，用餐车推送。如同一楼层有几位客人同时用早餐，就要准备好餐车和各种餐具，如咖啡壶、杯、刀、叉、调味品等。

④ 厨房准备好食品、饮料后，服务员用托盘或餐车将客人的食品装好，记下食品价格和客人的楼层及房号。如果有几位客人同时在房间用餐，装车时一定要分开装，同时加盖，注意保温。

⑤ 早餐送到房间，敲门或按门铃，同时说明“送餐服务”。经客人允许后方可进入房间。

⑥ 进房后征询客人的意见：“先生/女士，您的早餐已经准备好，请问您想在房间什么地方用早餐？”然后迅速按客人要求将餐桌布置好，并进行必要的服务。

⑦ 将账单夹双手递给客人，请客人签单或付现金，并向客人致谢。

⑧ 询问客人收取餐具的时间，祝客人用餐愉快，礼貌地退出房间，将房门轻轻关上。

⑨ 返回客房送餐部后，送餐员要将签好的账单或现金送到收银台。

⑩ 在送餐日记簿上记录送餐时间、返回时间、收取餐具时间。

2）正餐。正餐服务程序同早餐服务基本相同，但需要注意：

① 客人在房间用正餐，如果是全餐服务，需提前1～2小时订餐。服务员需提前了解客人所订的食品和饮料；开餐前准备好餐具、餐巾，用餐车连同第一道菜汤及面包送到房间。这时要做好摆台服务，根据用餐人数摆台。

② 客人用餐时，服务员要退出房间，未经客人允许不得入内。1～1.5小时后，再来查看。若客人要求提供桌面服务，服务员可留下并按照餐厅服务标准提供服务。

③ 客人用餐1～1.5小时，送上点心、水果或冰激凌。食品和饮料的品种数量都根据客人订餐而定。

④ 最后给客人送咖啡或茶。过20分钟左右，服务员到客房收拾餐桌，同时整理房间，保持房间清洁整齐。

⑤ 正餐服务后的账单，一般在收拾整理房间时征求客人意见，然后出示账单请客人过目付款或签字，并礼貌地向客人表示感谢。账单和账款要及时送到餐厅的收款处。

（2）客房送餐服务的注意事项

① 接到客人送餐服务信息时，要准确、快速地记录客人要求，并准确复述客人的姓名、食品名称、数量及特殊要求。

② 送餐员要熟记菜单的内容，以便向客人介绍并对客人提出的疑问作出回答。

③ 送餐员收取餐具时应注意卫生并及时检查缺损，无法找回的餐具要呈报，及时把餐具送到洗碗间洗涤、消毒。

一定要注意及时将客人用过的餐具和剩物撤出（一般在 1 小时后，征得客人同意后撤出），以免影响房内卫生和丢失餐具；收东西时，要注意清点餐具并检查有无破损，同时还要注意随手更换烟灰缸、玻璃杯，擦净桌上的脏物，以保持房内清洁。

④ 送餐服务中要注意卫生和保温。冷菜加保鲜纸罩住，热菜应有保温装置。送餐 1 小时后仍未接到客人收餐具的电话，需打电话询问。收餐具时要征求客人对用餐服务的意见。收放餐具时要注意清点，不要与客房用品混淆。

4．擦鞋服务

（1）擦鞋服务的程序

1）客房内的壁橱内均放置标有房号的鞋篮，客人将要擦的鞋放在鞋篮内，或电话通知，或放在房内显眼处，服务员接到电话或在房内看到后应及时收取。

2）将鞋篮放到工作间待擦。

3）在地上铺上布或废报纸，备好与鞋色相同的鞋油和其他擦鞋工具。

4）按规定擦鞋，要擦净、擦亮。

5）将擦好的鞋送入房内，放在饭店规定的地方。

（2）擦鞋服务中的注意事项

1）要避免将鞋送错房间。

2）鞋底和鞋口边沿要擦净，不能有鞋油，以免弄脏地毯和客人的袜子。

3）客人通常是急于用鞋，所以要尽快提供服务，并及时将鞋送回。

4）如果鞋有损坏无法处理，提示客人送修鞋匠处理。

5）如遇雨雪天气，鞋子上易沾有泥泞，客人外出归来时，在大厅门口服务员应主动要求帮客人擦鞋，这样做不仅会使客人满意，又可以避免弄脏饭店和房内地毯。

5．护婴服务

住店客人外出旅游时，带小孩有时会感到很不方便，为了解决这个问题，很多饭店都为住店客人提供托婴服务，并收取服务费。饭店并不配备专职人员从事此项服务，而是向社会服务机构代雇临时保育员，或是由客房部的女服务员利用业余时间照管。护婴服务应注意以下几点：

（1）照看者必须有责任心、可靠，并有一定的育儿知识和经验。客房部应委派专人照管（或由客房女服务员兼管）。

（2）客人提出护婴服务申请时，服务员应向客人了解清楚照看的时间，小孩的年龄、特点及家长的要求。

（3）照看孩子时，不得随便给小孩吃食物、喝饮料，要按客人要求照看小孩。尤其要注意小孩的安全。

（4）在饭店或客人所规定的区域内照看小孩。

（5）不得随意将小孩委托他人看管。

（6）在照看期间，若小孩患突发性疾病，应及时请示领班或主管，以得到妥善处理。

6．借用物品服务

客人在住店期间，有时会因为某种特殊需要而向客房部借用某些物品，如电吹风机、熨斗、熨衣板、冷热水袋、体温计等。

当客人电话要求或向服务员提出借用物品要求时，服务员应立即询问客人借用物品的名称及借用的时间，并将物品送到客人的房间，请客人在租借物品登记表上签名，客人归还物品时也要作好详细记录。提供借用物品服务时应注意：对电器用品，客人借用时应提醒注意用电安全。借出时要提醒客人及时归还，以保证用品的流通。如果客人借用的物品极贵重，可让客人交一定量的押金，然后再提供给客人。如客人造成损坏或遗失，要照价赔偿。

7．洗衣服务

旅游者离家在外，生活很不方便，再加上每天的旅游和商务活动安排都很紧，而自己的衣服又得勤换洗，自己动手洗衣服费时又费力，因此饭店一般都向客人提供洗衣服务，且大都设有自己的洗衣房。尤其是商务客人和因公长住饭店的客人。

（1）服务内容。洗衣服务分为水洗、干洗、熨烫三种。干洗的一般是一些高档衣料以及毛织品、化学纤维衣物、绸缎真丝等。熨烫则是不洗，只是熨烫整齐。

按时间可分正常洗和快洗两种，或叫“普通服务”和“快洗服务”。

正常洗多为上午 9 点收取衣服交洗，晚上送回；如下午交洗，则次日送回。快洗不超过 4 小时便可送回，由于快洗服务会为洗衣房的工作带来不便，要加收 50%的加急费。

（2）服务方法。无论是干洗、水洗还是熨烫，也不管要求普通服务还是快洗服务，都要求客人预先填好洗衣登记表。这张表可置于写字台上或与洗衣袋一起放在壁柜里，客人有洗衣要求时，要在上面注明自己的姓名、房号、日期、所需洗涤各类服装的件数，并标明要求提供普通服务还是快洗服务。

最常见的送洗方式是客人将要洗的衣物和填好的洗衣单放进洗衣袋，留在床上或挂在门把手上，也有客人嫌麻烦请服务员代填，但要由客人过目签名。

洗衣单一式三联，一联留在楼面，另两联随衣物送到洗衣房。为了防止洗涤和递送过程中出差错，有的饭店规定，客人未填洗衣单的不予送洗，并在洗衣单上醒目注明。送洗客衣工作通常由楼面值班服务员承担。

送回洗衣也有不同方式，或由洗衣房收发员送进客房，或仅送到楼面，由值班服务员送入客房并放置在床上，让客人知道送洗的衣物已送回，并可以检查衣物是否受损。

（3）注意事项。

① 客人送洗衣物，饭店应当要求客人在洗衣单上注明洗涤种类及要求，并应当检查衣物有无破损。客人如有特殊要求或者饭店员工发现衣物破损的，双方应当事先确认并在洗衣单上注明。

② 服务员进房收取衣服时，要仔细核对表中所填需洗涤衣服的数目是否与客人放进洗衣袋的衣物相符，同时检查一下口袋内有无物件、纽扣，有无脱落、严重污损、褪色、布

质软弱不堪洗涤等情况，发现问题应向客人指明，并在登记表上注明。

③ 客人事先没有提出特殊要求，饭店按照常规进行洗涤，造成衣物损坏的，饭店不承担赔偿责任。

④ 客人的衣物在洗涤后发现破损等问题，而饭店无法证明该衣物是在洗涤以前破损的，饭店承担相应责任。按国际惯例，由于饭店方面原因造成衣物缺损，赔偿金额一般以洗涤费用的10倍为限。但我国由于洗涤费用较低，按10倍赔偿，客人也不满意。所以要求经手员工认真负责，尽可能不要出现差错，避免给饭店造成经济损失和名誉影响。

⑤ 为了避免一些不必要的麻烦，饭店方面还应在印制的洗衣登记表上注明在洗涤过程中出现某些情况时的处理方法，如关于洗涤时客衣缩水或褪色的责任问题以及如出现洗坏或丢失情况时的赔偿问题。

⑥ 洗烫干净平整的客衣送回时，应根据洗衣单存根联仔细核对清楚，如衣物的件数、房号、客人姓名等。随后，将客衣送至客房，请客人查收，待客人点检清楚后再离房，并向客人道别。最后，在存根联上注明送衣日期、时间，并签上姓名。

8．手机充电服务

手机充电服务不是必需的，但却是饭店提高服务质量的重要手段，是饭店为客人提供的属于客人意料之外的超值服务。

在当代社会，手机作为一种通信手段，已成为人们时刻都离不开的随身携带的生活必需品。客人外出旅游基本上都带着手机，但常常忘记带手机充电器，为旅行和工作带来极大不便，饭店如能在客房服务中心为客人提供各类手机的充电器租用服务（投资不大，或收费或免费），将极大地方便客人，受到客人的欢迎，赢得客人的好感。

四、送客服务工作

客人离店前的服务是楼面接待工作的最后一个环节。服务工作在最后环节不应有丝毫松懈怠慢，应该力求做得更好，给客人留下美好的印象。

1．行前准备工作

服务员应掌握客人离店的准确时间，检查客人洗烫的衣物是否已送回，交办的事是否已完成。要主动征询客人意见，提醒客人收拾好行李物品并仔细检查，不要遗忘在房间。送别团体客人时，要按规定时间集中行李，放到指定地点，清点数量，并协同接待部门核实件数，以防遗漏。

2．送别客人

离房时要送到电梯口热情道别。对老弱病残客人，可护送下楼至门口或上车。

3．善后工作

客人下楼后，服务员要迅速进房检查，主要查看有无客人的遗留物品。发现遗留物品要通知总台转告客人。若发现客房设备有损坏、物品有丢失的，也要立即通知总台收银处请客人付账或赔偿。最后作好客人离房记录，更新房态。有的客人因急事提前退房，委托服务员代处理未尽事宜，服务员承接后要作记录并必须履行诺言，不能因工作忙碌而遗忘、疏忽。

第四节　客房服务质量控制管理

客房服务是饭店服务的主体。客人入住饭店后，绝大部分的接待服务工作是在楼层完成的。楼层接待工作主要是由楼层台班服务员完成的，一般分为4个环节，即迎客准备工作、迎客服务、住客的服务工作、客人退房的服务工作。如何让每位住店的客人时刻享受到始终如一的服务就需要做好客房服务质量的控制管理。

一、客房服务质量标准

1. 迎客准备工作

客人到达前的准备工作是接待服务过程的第一环节，只有准备工作充分才能为整个楼层接待工作的顺利进行奠定良好的基础。

（1）楼层服务台接到前台开房（预订房）通知单后，当班人员要做到“七知”、“四了解”，即知道客人的到店时间，知道客人的国籍和身份、人数和团体的名称，知道客人的生活标准和收费办法，知道其接待单位；了解客人的意见和要求，了解风俗习惯和生活特点，了解客人的活动日程，了解客人退房、离店的时间。

（2）清理好房间，为客人准备好各种生活用品，对贵宾房还应按接待规格，准备相应的鲜花、水果及总经理名片等。

（3）检查房内设备和用品。设备用品如有故障或破损应及时报修和调换，以保证客人居住期间设备正常运行，用品完整无缺。还要注意调试室温、冰箱内的温度，保证水龙头出水清澈。

2. 迎客服务

普通客人入住时，客房楼层服务员通常只在楼层迎接，也无需专门恭候。如果客人由行李员或其他人员陪同进入楼层，客房楼层服务员遇到客人时，面带微笑，热情问候和欢迎即可。如果客人独自进入楼层，服务员除了问候和欢迎外，还应主动帮助客人提行李，引领客人进房。在引领客人进房时，要注意以下几点：

1）问清房号，请客人出示房卡。

2）询问客人是否可以帮其提行李。行走时，应走在客人的侧前方，距客人1.5m左右。

3）适当交谈。

4）严格按照进房程序进房。

5）如果发现客房有不妥之处，应请客人稍等，并立即报告总服务台。

服务员将客人领进客房后，先把行李妥善地放置好。如果客人是第一次入住本饭店，应适当地向客人介绍客房内的设备、用品的位置和使用方法，提醒客人有关注意事项。服务员不宜在客房内久留，以免影响客人休息，引起客人反感。离开客房时，应询问客人有什么吩咐，并祝愿客人在店期间过得愉快。

如果是贵宾入住，当贵宾在有关人员的陪同下到达楼层时，客房部的经理或主管、领班、楼层服务员应在电梯口迎接，并随时做好必要的服务工作，如送茶、送毛巾等。

3．住客的服务工作

住客的服务工作如洗衣、送餐、拾遗、托婴、擦鞋、物品租借服务等。

4．客人退房的服务工作

客人退房的服务主要包括退房前的准备、客人离开时的送别、客人离开后的检查等 3 个环节。

（1）退房前的准备。服务员要根据“当日进房、走客通知单”，了解当天有哪些客人将要退房离店。

（2）客人离开时的送别。当客人要离开时，服务员应热情地将客人送至电梯口，为客人按电梯钮，将客人送进电梯，以敬语向客人告别，祝客人旅途愉快并欢迎客人再次光临。

（3）客人离开后的检查。当客人离开房间后，服务员要立即进房检查，查看是否有设备物品的缺少或损坏，是否有客人的遗留物品，是否带走了小酒吧的酒水饮料和食品等。如有上述情况，要立即通知总服务台。

如果楼层不设立服务台，没有专职值台员，一般客人退房离店时，服务员难以看到，也不会专门送别，而是由总服务台通知。在这种情况下，服务员的主要任务就是接到通知后立即查房，并及时将检查结果报告总服务台。

二、提高客房服务质量的途径

1．培养员工的服务意识

一个服务人员具备良好的服务意识，可以迅速地辨别客人的需求，或是预见到客人的潜在需要，并及时做出安排，即想客人之所想、急客人之所急，并且会热情、细心、周到、迅速地完成工作。我们不仅仅要培养员工的服务意识，还要注重安全意识、提倡等级与服从意识、贯彻标准质量意识、强化市场竞争意识、增强时间意识、讲求效益意识、提高团队意识、实现员工第一意识、树立形象意识等，而所有的内容，通常就被统称为“饭店意识”，而服务意识是其中最重要的部分。

要使饭店的员工都具有强烈的服务意识，就要求服务人员树立正确的服务观念，要理解并且尊重客人的需求，要对饭店的服务产品要有全面的了解。

2．强化训练，掌握服务技能

客房服务员的服务技能和操作技能是提高客房服务质量和工作效率的重要保障，也是客房服务员必备的条件。客房管理者应通过加强训练、组织服务技能竞赛等手段，提高客房服务员的服务技能。

客人在饭店住宿期间，在客房里的时间最长，服务员在对客服务的过程中，随时可能会遇到一些意想不到的问题，能否正确处理这些问题，使客人满意，是影响客房服务质量重要因素之一。正确处理这些问题，不仅要求服务员有服务意识，还要求服务员必须有较强的应变能力。

3．为客人提供“微笑服务”

要使客房员工为客人提供微笑服务，必须使员工认识到：

1）微笑服务是客房服务质量的重要组成部分，是客人对饭店服务的基本要求。

2）为客人提供微笑服务是对饭店员工的基本要求。

3）笑脸常开会使您的服务生辉。

4）是否为客人提供微笑服务，反映一个人的礼貌、礼节和整体素质。

4．为日常服务确立时间标准

服务质量是与一定的服务效率相联系的，服务效率是衡量服务质量的重要标准之一。客人所需要的服务，必须在最短的时间内为客人提供，尤其是商务客人。惜时如金，时间观念极强。因此，为了提高服务质量，客房部必须为各项日常服务确立时间标准，并以此作为对服务员进行监督、考核的标准。

5．做好与饭店其他部门的合作与协调

要提高客房服务质量，还应做好与饭店其他部门的合作与协调，特别是前厅部、工程部、餐饮部、保安部等部门。客房部与这些部门的联系密切，客房部的对客服务工作必须得到上述部门的理解和支持。同样，客房部也必须理解和支持上述部门的工作，同时加强与这些部门的信息沟通。

6．征求客人对服务质量的意见，重视与客人的沟通

客人是服务产品的消费者，对服务产品的质量最有发言权，最能发现客房服务中的薄弱环节，因此征求客人意见、重视与客人的沟通，是提高客房服务质量的重要途径。

征求客人意见，可通过以下3种途径进行：

（1）设置客人意见表。为了及时征求客人意见，让客人有机会对客房服务质量发表意见，客房部和饭店可在客房放置“客人意见表”。事实上，几乎每家饭店都在客房内设置有“客人意见表”，但对客人意见表的管理却大都存在问题，管理人员不够重视，服务员只对客人的表扬意见感兴趣（可以据此领取奖金，获得上级管理者的表扬和认可），而对批评意见则置之不理，或随手扔掉，使客人意见表流于形式。

对客人意见表的管理应注意以下几点：

1）客人意见表的设计应简单易填。

2）统一编号、月底收集汇总，禁止乱撕乱扔，并以此作为考核服务员工作好坏的重要依据。

3）可将“客人意见表”设计成自带胶水、可由客人自行密封的折叠式信封状表格。由于客人的意见涉及客房服务员的工作质量，因此具有一定的保密性。

当然，为了提高客人意见表的回收率，饭店也可以请求客人直接将意见表交给大堂副理或客房管理人员。但这样做会给客人带来不便，客人不到万不得已，一般也不会这么做，而一旦到了“万不得已”，客人必须反映意见时，也不会采取填写“客人意见表”的方式，而会直接找客房管理人员或大堂副理口头投诉。

除了在客房设置客人意见表以外，为了激励员工为客人提供更加优质的超值服务，还可在客房放置一张针对服务员的“表扬卡”，对于收到表扬卡的客房员工，管理方面应以某种特殊的方式给予表扬或奖励，成为其他员工学习的榜样。

（2）拜访客人。客房部经理定期或不定期地拜访住店客人，可以及时发现客房服务中存在的问题，了解客人的需求，便于进一步制订和修改有关清洁保养的标准和计划。同时，这种拜访也会增进与客人的感情交流，是客房部改善客人关系，提高客人满意度的重要途径。

（3）通过客房留言条，加强与客人的沟通。除了通过上述两种方法征求客人意见以外，客房部还可以通过“客房留言条”，加强与客人的沟通。

客房服务的特点是“暗服务”，与餐厅服务员面对面的服务不同，客房服务员通常不接触客人（客房清洁卫生工作要求服务员在客人外出时进行），这就减少了与客人沟通的机会。实践证明，通过在客房放置“客房留言条”这种书面形式，加强与客人的沟通，是一个行之有效、能够从内心感动客人的情感沟通方法，对于提高客人感觉中的服务质量，增强客人对饭店的好感，加深客人对饭店的良好印象，都具有重要的意义。国内很多饭店通过这种方法，鼓励客房服务员与客人进行沟通，都取得了良好的效果，心与心之间的沟通拉近了客人与服务员之间的距离，使服务员的服务增加了感情色彩，也使他们的服务更加专注、用心和细微化。

7．加强对员工在仪表、仪容与礼貌、礼节方面的培训

服务员的仪表、仪容与礼貌、礼节不仅体现员工的个人素质，而且反映饭店员工的精神面貌。这些内容是房务部对客服务质量的重要组成部分。管理人员必须加强对员工在这方面的培训。

第五节 客房个性化服务管理

一、个性化服务的定义

个性化服务就是有针对性地满足不同客人合理的个别需求的服务。个性化服务起源于海外发达国家，称之为 Personalized Service 或 Individualized Service。

之所以提出这样一个服务新概念，主要是因为西方饭店业在近百年发展过程中发现，在真正面对客人服务时仅有标准化的服务仍然不能使不同的客人完全满意。造成这种状况的最主要原因就是服务对象——客人的需求变化莫测，标准化只能满足大多数客人表面的基本需求，而不能满足客人更深层次的、不可捉摸的个别需求。标准化的规范是死的，而客人深层次的需求却是即时的、灵活多变的。这就是为什么有时服务员规规矩矩地为客人服务不但没有让客人高兴，反而会使客人感到别扭，甚至大发脾气。在这种背景下，饭店经营者开始认识到，服务必须要站在客人的角度应客人之需而随机应变，个性化服务由此产生，即服务必须有针对性地满足不同客人的个别需求。

为客人提供个性化服务，不仅是提高客房服务质量的重要途径，而且是未来饭店管理的发展趋势。

要使客人高兴而来，满意而归，光凭标准的、严格的、规范化的服务是不够的，只有在规范化的基础上，逐渐开发和提供个性化服务，才能给客人以惊喜，才能让客人感觉到“宾至如归”，才能使客人“流连忘返”。

规范化服务是保证客房服务质量的基本要求，但规范化服务只能满足客人的共性需求，而不能满足每位客人的特殊服务需求，因此规范化服务只能维持客房部最基本的服务质量，要使客房服务质量上一个台阶，必须为客人提供个性化服务。

二、个性化服务的内容

个性化服务通常体现出服务员的主动性及发自内心的与客人之间的情感交流。个性化服务的内容很广泛，归纳起来，可以分为以下 4 个方面：

1. 更灵活的服务

这是最普通的个性化服务。就是不管是否有相应的规范，只要客人提出要求且是合理的，饭店就应尽最大可能去满足他们。比如，在许多情况下，经常可以听到这样的对话，客人说："小姐，还是让我（们）自己来倒茶吧。"服务员说："先生，对不起，我们饭店有规定，还是让我来吧。"此时，无论服务员的语气多么委婉、态度多么热情，可对客人来讲，仍是他（她）的最初合理要求未得到满足，甚至感到被拒绝。这种情况在当今的饭店服务中是屡见不鲜的。

2. 满足癖好服务

这是最具体、最有针对性的个性化服务。客人的需求千差万别，有些客人的需求更是独特。比如，北京民族饭店曾住进一位外国老太太，她不喜欢服务员穿鞋进她的房间。

3. 意外服务

由于在旅游过程中难免发生意外，客人急需解决有关问题，在这种情况下，"雪中送炭"式的个性化服务必不可少。例如，客人在住房期间患病或受伤、贵重物品丢失等，此时，服务人员应急客人之所急、想客人之所想，在客人最需要帮助时服务及时到位，必将给客人留下好印象。

4. 优质服务

需要指出的是，个性化服务与标准化服务并不是对立的。优质服务是标准化服务和个性化服务的结合。可以说标准化服务是基础，个性化服务是标准化服务的延伸和细化，在强调个性化服务的同时不能放弃标准化服务或弱化标准化服务的作用。大多数客人的基本需求是通过标准化服务来满足的，标准化服务是一家饭店服务质量的基础保证。个性化服务则是针对某些客人。当某些个性化服务成为大多数客人的需求时，就应将这部分个性需要纳入标准化服务的范畴，使之成为新的规范内容，以不断改进饭店业的服务水平。

从现实来说，饭店产品未来总的发展趋势是，以国际饭店业惯例、国家标准、行业标准为基础，以企业标准求发展，以个性化服务求创新。

三、针对不同的客人采用的个性化服务要求

饭店的客人来自五湖四海、由于他们的身份地位、职业领域、宗教信仰、文化修养、兴趣爱好、生活习惯和社会背景等各不相同，外出的目的也不同，如经商、度假、探亲、旅游、会议等，因此对饭店的服务有不同的要求。了解他们的需求特点，采取有针对性的服务是客房管理者和服务人员提高对客服务质量的前提和保证。下面通常按照外出目的的不同对客人进行如下的分类：

1. 商务、公务型客人

商务、公务型客人是一个高消费的群体，无论国内、国外都是如此。据统计，全世界

所有饭店客源中，商务旅游者占 60%，其支出至少占全球旅游观光消费的 2/3。因此，了解商务客人在商务旅游中的需要，对饭店经营者至关重要。随着我国国民经济的迅速发展，我国国内商务散客逐渐成为饭店业的重要客源之一。这类客人住店时间一般较长。有的住户则在客房办公，文件较多，且要求严格保密；来访客人较多；他们最怕打扰，工作时要求安静。此外，商务客人还非常重视保持良好的个人形象，对生活上要求较高，晚上需要娱乐活动，常利用公务之余外出游览参观，委托服务多。因此，许多高档饭店为这类客人开设了商务行政楼层，集中管理，提供有针对性的服务，很受客人欢迎。

商务、公务型客人的需求是：对客房设施、设备和服务的要求较高，生活上要舒适，工作上要方便，尤其通信设施要齐全，要保证客房安全；在服务方面首先要求有 24 小时的洗熨衣物服务，对美容、美发服务也有一定的要求。商务客人讲究饮食，还有约 1/3 人喜欢在客房用餐。对饭店娱乐健身等项目也有兴趣。随着女性商务客人的增多，女性对客房的要求更加被关注。商务客人一般有较高的文化修养，公务繁忙，对饭店的服务方式、服务效率都很讲究，并希望得到更多的尊重。

服务方法：

（1）推荐豪华客房，选派综合素质高、外语口语好、业务精湛的服务人员为这类客人服务，以高质、高效为第一要求。

（2）尽可能为客房增添办公设备，改善办公条件。设备、设施应充分考虑办公条件，如宽大的办公桌、舒适的座椅、明亮的灯光（写字台台灯最好为 60W）、种类齐全的文具用品和个人卫生用品（最好有发胶、摩丝类用品）、先进的通信设备（如网络接口）、传真机。

（3）要主动为他们提供优质的洗衣服务和美容美发服务，洗烫衣服、擦皮鞋等服务的速度要快。茶水供应要及时。不要轻易进房打扰他们。有舞会或其他夜间娱乐活动不要忘记告诉他们。

（4）服务员不要乱翻乱动他们放在房内的文件，否则会引起抱怨。有客人来访，必须事先征得其同意。

（5）在排房时还要注意，敌对国家的客人或商业竞争对手最好不要安排在同一楼层。另外，客人的合理需求要尽量满足，若有邮件要尽可能快地送进房间。

2．蜜月旅游客人

旅行度蜜月的人越来越多，这类客人常有“一辈子就这一次，要好好风光、享受一次”的想法，所以花钱大方，有图舒服、顺心、吉利的心理需求。这类客人一般要求住“蜜月房”（大床间），房间干净、卫生、僻静、不受干扰，对当地风景名胜及旅游纪念品感兴趣。

服务方法：

（1）尽量为他们安排“蜜月房”，安排安静、明亮的大床间，如有预订，应有所准备。如客人有需求可贴红喜字、摆放鲜花等，对客房加以布置。客房整理一定要做到整齐、美观。房间布置要气氛热烈、美观、大方。如果举行婚礼，要送结婚纪念品，组织客人和服务员表示祝贺。

（2）适当多地介绍当地的旅游景点、风味餐馆和旅游商店，以方便客人游玩和购物。

（3）客房清扫等服务要在客人回来前尽可能做好，客人回来后要避免进房打扰。

3．修学旅游客人

青少年修学旅游是近年出现的新事物，以日本、韩国的中学生居多，我国国内的学生目前还比较少。

服务方法：

（1）对这些客人在生活起居方面要多给予关心照顾，遇事多提醒，态度要亲切和蔼。

（2）提供服务时要迅速，讲话单刀直入，问清要求后立即去做，讲求效率。

（3）多介绍图书馆、文物古迹和自然旅游景观等以吸引客人。

4．疗养、度假型客人

这类客人多为一些有慢性病的客人，他们会借旅游机会看病或疗养，在饭店逗留时间长，活动有规律，喜欢安静，对矿泉、优美恬静的自然风光、医疗处所和民间偏方有兴趣。消费水平较高，比较喜欢房间布置有家居氛围。对住房要求特殊，如房间小而舒适、光线足、安静、起居方便。他们也喜欢同服务员打交道，希望得到热情随和而非呆板、规矩的服务。另外，由于度假饭店多为开放式建筑布局，度假客人希望饭店在为客人提供一个轻松自由的休闲环境的同时，能保证客人的人身财产安全，因而要求客房服务和管理工作外松内紧，防止不法分子混入饭店给客人造成伤害。

服务方法：

（1）尽量安排位置僻静的单人房，服务周到、细心，尽快摸清客人的生活规律。

（2）客房时时保持清洁状态，经常作小整理，使客人心情舒畅。

（3）多介绍食疗保健知识，推荐适合客人口味的饮食，或请餐厅为客人提供特殊饮食，如营养配餐等，也要为房内用餐提供方便。

5．长住型客人

在饭店入住时间超过一个月的客人称长住客，如公司、商社或常驻机构长期包租客房作为办事机构，派有关人员长住办公。也有的是外国公司雇员偕家属长期居住。这类客人对客房最需要的是“家”的感觉，期望得到亲切、方便、舒适的服务。

服务方法：

（1）长住客工作紧张，背井离乡，服务员要给予理解和关照。

（2）清理房间时要尽量安排在客人的非办公时间，清扫时对于客人的文件物品要特别注意保持原样，开窗通风时不要被风吹散，不要翻看、移动位置或页码。

（3）对茶具、饮料、擦手巾、记事便笺等用品要专门配备，按客人要求及时送上。

（4）对于长住客在房内安放办公设备和生活设施的要求，根据饭店具体情况应尽量满足，并且服务员在日常服务中要注意检查安全隐患，及时汇报上级和提醒客人。

（5）记住长住客的生日，届时送上鲜花、蛋糕、果篮等表示祝贺和祝福。

此外，为长住客人服务应注意以下几点：

（1）服务人员要相对稳定，以便客人熟悉，产生亲切感。如员工有替换和新员工上岗，也要做好交接和培训，不使客人感到陌生。

（2）细心观察客人的生活习惯，熟知他们的房间号、姓名、性格、爱好等。

（3）对长住客的服务要主动、热情，为他们创造良好的工作和生活条件。

（4）客房管理人员要经常征询意见，发现问题及时解决。

（5）做好来访客人的接待工作，要像对待住店客人一样热情有礼。如来访客人多时，要主动送上座椅，并主动询问被访的住客还需要提供什么服务，同时迅速提供。

6. 会议旅游型客人

会议旅游型客人也是饭店常见的客人，人数较多，住店时间长，客人活动集中，有规律，会场使用多，时间抓得紧，客房服务任务重，要求严格。这类客人的身份地位较高，有专长，多属高级知识分子或政府官员，生活上要求高级享受，爱买旅游纪念品，会议间隙或晚上要求有娱乐活动。

服务方法：

（1）会议期间，要分派有关人员和客房班组专门负责，讲清任务、要求、方法等，妥善安排好会议室或会场出租。有时一天同时召开若干小组讨论会，会出现会议室周转不开的情况，饭店客房要充分挖掘潜力，利用客房或公共场所临时布置代替。要根据人数和需要，安排好茶水，放好桌椅，布置好主席台，做好通信和扩音机设备工作，清扫整理好会议室。两次会议空闲时间，要做好清扫工作以保持会议室清洁整齐。

（2）客房布置打扫要及时，保证茶水供应和房间整洁，室内信封、信纸、墨水等要保证供应，便于客人会议期间使用。

（3）客人用过的会议文件和抄件要严格保密，不得随便乱翻乱动。遇有在会议室或客房签订合同，服务员要事先布置好，主动增添桌椅。

夜晚有娱乐活动不要忘记告诉他们，以便调节客人生活。平时多介绍名胜古迹、旅游纪念品（包括工艺美术品、文物复制品）和其他高档商品。

第六节　客房贴身管家

贴身管家（Butler）服务源于欧洲贵族家庭的管家服务，演变到今天成为了一种专业化、私人化的一站式高档饭店服务。下榻饭店的客人将得到一位指定的专业管家专门为他（她）服务。训练有素的贴身管家将为客人提供体贴入微的个性化服务，无论是商旅事务还是娱乐休闲，都会为客人安排得尽善尽美，让客人居住愉快，体验现代商旅的舒适与便捷。

简言之，饭店的贴身管家服务是一种高档饭店针对入住客人的更加个性化的服务方式，它通过为入住客人提供专业化、私人化的服务内容，极大地方便和满足了饭店客人的需求。

一、贴身管家的素质要求

贴身管家 24 小时为客人提供殷勤周到的服务，要求具备相当高的素质。

（1）流利的外语水平。很多贵宾来自国外，因此贴身管家要能够用流利的英语与客人交流，为客人提供服务，特别是对一些西餐、酒水的翻译都要达到一定的标准。

（2）良好的沟通能力。良好的沟通能力和沟通语言是提高服务质量、使客人满意的前提条件。

（3）良好的礼仪、礼貌修养。这是贴身管家的必修课，为客人服务，必须要有良好的礼仪和礼貌修养。

（4）良好的服务意识。为客人提供体贴、周到的服务，良好的服务意识是必不可少的。

（5）专业的服务技能。其中给客人沏茶、烫衣服也是非常必要的功课，甚至还要在短时间内了解客人的性格喜好。由于是 24 小时服务，贴身管家就住在离客人房间不远的套房里，听候客人随时通过电话要求提供服务。

（6）宽广专业的知识面。宽广专业的知识面包括了解各种洋酒的常识等。

二、贴身管家的服务内容

贴身管家主要负责客人在饭店的“生活起居”，同时兼当客人的“业务助理”。其服务内容包括会议或会见安排、行程提醒、文件打印、衣物整理、生病护理、客房餐饮预订、陪同购物以及文化观光等。

除了照顾客人的生活细节，贴身管家还要兼当客人的“业务助理”。特别对于高档商务客人而言，初来乍到，可能不了解当地的情况，管家要替他们与工商、税务等部门沟通并咨询信息，还要推荐并预订地方特色餐厅以供客人商务洽谈。

总之，贴身管家要通过对客人体贴入微、周到、私密性的服务，使客人感受到生活起居的方便和饭店的特别关怀，从而使饭店的服务上一个档次。

三、贴身管家服务的组织模式

由于涉及服务成本问题，贴身管家服务一般只有高档饭店才提供，三星级以上的中低档饭店没有必要提供贴身管家服务。贴身管家服务可以有两种组织模式。

1. 临时模式

对于偶尔入住饭店的贵宾（如高级政府官员、体育明星、演艺界人士、企业高级行政人员以及其他社会名人等），临时抽调饭店精兵强将，充当客人的贴身管家角色。这种模式主要适用于接待贵宾数量不多的中小型高档饭店。所抽调的“临时贴身管家”，可以来自于客房部，也可以来自于饭店其他部门。

2. 固定模式

在客房部（管家部）设立专职贴身管家岗位，为入住饭店的贵宾提供贴身管家服务。这种模式主要适用于经常有各类入住的大型高档饭店或各类高档精品饭店。

第七节 客房部与其他部门的信息沟通

客房部要生产出高质量的服务产品，必须得到饭店其他部门的合作与支持，做好客房部与饭店其他部门的沟通与协调工作是提高客房部服务质量的重要保证。

一、与前厅部的沟通与协调

客房部与前厅部是两个业务联系最多，关系最为密切的部门。很多饭店的前厅部与客房部是合二为一的，目的在于统一管理、便于协调。从经营的角度讲，客房部是客房商品的生产部门，前厅部是客房商品的销售部门。两个部门之间能否密切配合，直接影响到饭店客房商品的生产和销售。客房部与前厅部之间的业务关系主要包括：

（1）前厅部应将客人的入住信息及时、准确地通知客房部。

（2）前厅部应将客人的换房、离店等信息及时通知客房部。

（3）客房部应将客房的实际使用状况通知总服务台，以便核对和控制房态。

（4）前厅部应将客情状况告知客房部，安排客房维修改造和大清洁计划。

二、与餐饮部的沟通与协调

客房部与餐饮部在业务内容及业务范围上尽管有很大差异，但两个部门之间的业务联系却十分密切。

（1）客房部为餐饮部的经营场所提供清洁保养服务。

（2）客房部为餐饮部的布草及员工制服提供洗烫、修补服务。

（3）客房部与餐饮部配合做好客房小酒吧的管理工作、房内用餐服务、贵宾房的布置、一些大型活动的接待服务等工作。

（4）客房部要配合餐饮促销活动，在客房放置餐饮宣传材料。

三、与工程部的沟通与协调

客房部与工程部的关系十分密切，只有二者很好地协调与配合，才能保证饭店的有效运行。

1．共同负责客房设施、设备的维修保养工作

（1）一旦客房设施、设备发生故障，由客房部报修，维修人员将立即赶赴现场抢修，并确保质量和效率。当工程维修人员进场维修时，客房部的有关人员应尽力协助和配合，并对维修质量进行检查和验收。

（2）向工程部提供客情预报，以便工程部安排客房大修计划。

2．交叉培训

（1）工程部对客房部员工进行维修保养方面的专门培训，使他们能够正确使用有关设施、设备，并能对设施、设备进行检查和简单的保养和维修。

（2）客房部对工程部有关人员进行客房部运行与管理业务的培训，使他们对客房部的基本业务有所了解，从而增强服务意识和工作责任感。

四、与采购部的沟通与协调

通常，饭店各部门所需的物资都由采购部统一采购。因此，客房部与采购部之间的关系主要集中在物资的采购与供应这两个方面。

（1）客房部提出本部门的物资申购报告。客房部要了解本部门所需各项物资的现存量，预测未来一段时期的需求量及目前饭店仓库的盘存量，并根据这些情况提出未来某一时期的物资申购报告，然后将报告送财务部等部门审核，再由饭店有关领导审批。

（2）采购部根据经过审批的物资申购报告，落实具体的采购事宜。

（3）客房部参与对购进物资的检查和验收，把好质量和价格关。

（4）相互通报市场及产品信息。

五、与财务部的沟通与协调

（1）财务部指导和帮助客房部做好客房部预算，并监控客房部预算的执行。

（2）财务部指导、协助并监督客房部做好物资管理工作。

（3）客房部协助财务部做好客人账单的核对、客人结账服务和员工薪金核对与支付等工作。

六、与公关营销部的沟通与协调

现代饭店提倡全员公关和全员推销，要求各部门、全体员工都参与公关营销活动。因此，客房部也必然要与公关营销部发生很多业务联系。

（1）客房部配合公关营销部进行广告宣传，在客房内放置饭店宣传卡，宣传推销客房和饭店其他设施和服务。

（2）客房部参与市场调研及饭店内、外促销活动。

（3）公关营销部及时将有关信息反馈给客房部，为客房部提高客房产品及服务质量提供指导和帮助。

（4）对公关销售部陪同来的参观客房的客人，客房部要积极配合给予方便并热情介绍房内设施、设备。

（5）公关营销部与客房部进行交叉培训。公关营销部对客房部员工进行饭店公关营销的专项培训，以提高其公关营销能力；客房部对公关营销部人员进行客房产品知识的培训，使其对客房设施、设备及客房服务有全面的了解，以利于客房销售工作。

七、与人力资源部的沟通与协调

客房部员工较多，接待旺季还将雇用临时工，为保证客房服务质量，客房部应与人力资源部相互配合，做好客房部员工的招聘、使用与培训等各项工作。

（1）人力资源部负责审核客房部的人员编制。

（2）相互配合做好客房部的员工招聘工作。

（3）人力资源部指导、帮助、监督客房部做好员工培训工作。

（4）人力资源部对客房部的劳动人事管理有监督权。

（5）人力资源部负责审核客房部的薪金发放及考勤管理。

（6）人力资源部协助客房部进行临时性人员调配。

总之，为了做好对客人的各项服务工作，客房部与其他部门进行沟通与协调是非常重要的。而要做好协调工作，客房部与其他部门员工之间的互谅互让也是十分必要的。

八、与保安部的沟通与协调

保安部是负责饭店安全保卫的职能部门，但饭店安全工作是饭店各部门和每一位员工应尽的责任和义务。客房部必须与保安部通力合作，以确保客房安全工作万无一失。

（1）客房部要协助保安部对客房和公共区域进行检查，做好防火、防盗等安全工作。

（2）向保安部提供可疑住客和访客的情况，并在必要时协助公安局、保安部打开客房门。

（3）对重要客人，由保安部提供特别保卫。

（4）对住客报失案要会同保安部处理。

（5）保安部对客房部进行防火、防盗等安全知识的专门培训，使客房部员工增强安全意识，掌握安全工作技能。

（6）保安部指导帮助客房部制订安全计划和安全保卫工作制度。

（7）保安部要监督客房部员工的行为，如规定员工上下班打卡、要求走员工通道等。

本章小结

住房客人的大部分时间是在客房度过的，因此客房服务质量是保障客人在饭店获得舒适、方便的住宿体验的重要因素，也是客房管理的重要任务之一。在国外，饭店的客房服务工作主要是由客房服务中心组织和提供的，而在中国，传统上是由楼层服务台提供的，但近年来，已经发生改变。

客房以客史档案为依据，努力为客人提供个性化服务是客房服务的发展趋势。针对不同的客人可提供相应的个性化服务项目。它主要包括迎送服务、客房迷你酒吧服务、房内用餐服务、洗衣服务、托婴服务、茶水服务、擦鞋以及其他委托代办服务。客房管理人员要为每项服务确立程序和标准。

为了提高客房服务质量，必须加强对客房服务员的培训，确保员工具有良好的仪表、仪容和礼貌、礼节，同时不断提高员工的服务意识和服务技能，为不同类型的客人提供有针对性的个性化服务。另外，还要与前厅部、工程部、公关销售部等相关部门做好信息沟通。

思考与练习

一、填空题

1．客房管理有____________、____________和____________三大任务。

2．客房服务员在服务时要注意“三轻”，即__________、__________、__________。

3．客房对客服务的组织模式有两种：一种是“__________”，另一种是“__________”模式。

4．____________在欧美国家旅馆业中称为“Room Service”。

5．楼层接待工作主要是由楼层台班服务员完成的，一般分为四个环节，即________、________、________、客人退房的服务工作。

二、不定项选择题

1．客房服务的基本要求______。（ ）

A．真诚 B．高效 C．礼貌 D．微笑

2．楼层服务台的职能主要有______。（ ）

A．商务中心 B．服务中心 C．联络中心 D．安全中心

3．提供房餐服务，通常要收取______的服务费。（ ）

A．10%～15% B．40%～50% C．5%～10% D．20%～30%

4．按国际惯例，由于饭店方面原因造成衣物缺损，赔偿金额一般以洗涤费用的______倍为限。（ ）

A．10 B．20 C．5 D．15

5．______服务是饭店服务的主体。（ ）

A．餐厅 B．客房 C．前台 D．康乐

三、简答题

1．解释下列概念：

客房服务中心 个性化服务 Room Service

2．客房服务的组织模式有哪几种？

3．送洗客衣的服务方法是什么？

4．客房服务质量控制的主要环节有哪些？

5．如何理解个性化服务与标准化服务之间的关系？

四、案例分析

冬日的一天，客房中心正值小戴当班。

22:30，电话铃声响起。

“您好，客房中心。”一声亲切的问候在电话这头响起。

“小姐，我是121 3房间的客人，明天就要离开饭店了，我想带点你们这里的土特产回去，可我对萧山这一带不太熟悉，不知你是否能帮我出个主意？”

这样的客人以前也遇到过，所以小戴很热心地向客人介绍：“先生，您好。我们这里的土特产其实不少，但大多是时令产品，现在是冬天，我建议您带点萧山萝卜干回去尝尝，这可是我们萧山的拳头产品！”

“是吗？那我就听你的。”客人迟疑了一会儿又说：“可我对附近的商店不是很熟，你看是否可以帮我一个忙？”

“先生，您的意思是让我替您买一些送到房间里？”

“对对对，就是太麻烦你了！”

“没关系，先生，您需要多少？”

“我看要5斤吧。真是太谢谢你了！”

“不客气，那您明天几点离店？”

“明天我大约早上6点出门，你看有问题吗？”

客人给小戴出了个难题，小戴心想："这么早，现在又是深夜，餐厅都已经结束营业了，明天商店也没这么早开门，到哪里去买？"小戴想回绝客人，可想到客人会很失望，而且办法总是可以想出来的。所以小戴马上应承下来："先生，请您放心，这件事我一定帮您办好。"

"谢谢！谢谢！明天见。"

"好的，先生再见！"

放下电话，小戴就开始想明天到哪里去买这几斤萝卜干呢。农贸市场门开得早，那里肯定有卖的。这下问题能解决了，可惜明早又睡不好觉了，但想到明早客人拿到东西时高兴的样子，小戴的心又恢复了平静。

23:30，小戴下班回到宿舍，特意把闹钟定到 4:30。

第二天一大早，天还没亮，小戴冒着凛冽的寒风赶到农贸市场，买回了客人需要的 5 斤萝卜干，并让楼层服务员送到了客人的房间。当客人了解到其中的经历时，十分感激，一定要当面向小戴道谢。尽管后来客人没能与小戴见面，但他临走留下了一句话："××饭店家外家，优质服务暖人心。"

问题：案例中的服务员小戴是如何提供优质服务的？

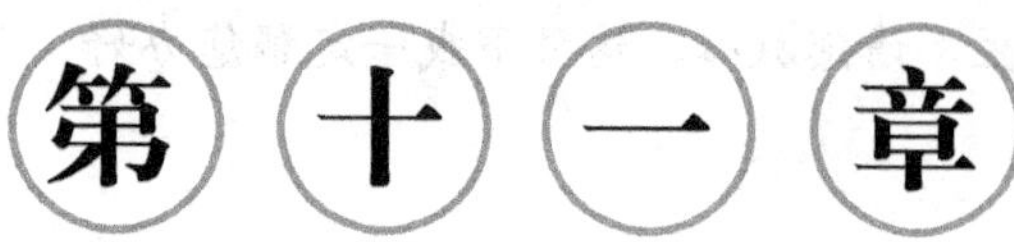

第十一章 客房安全管理

学习目标

1. 了解客房安全管理的特点。
2. 熟悉客房安全设施的配备。
3. 了解客房火灾发生的原因。
4. 掌握火灾事故的处理方法。
5. 掌握盗窃事故的预防措施。
6. 掌握其他意外事故的防范和处理措施。

第一节　客房安全管理概述

饭店安全直接关系到客人和员工的生命财产安全，关系到饭店行业的社会公众形象，因此是饭店服务质量的基础，也是饭店正常运营的保证。客房作为人员高度密集的区域，是饭店安全事故的重灾区，客房安全管理就显得尤为的重要。在饭店中可能导致客房不安全的因素有很多，诸如偷盗、火灾、骚扰、食物中毒、疾病传播、利用客房作为犯罪场所所实施犯罪活动等，都会给客人带来不安全感，进而影响饭店的经营运作。因此，加强客房安全管理对于树立饭店形象，提高客人对饭店的忠诚度，增强行业竞争力，有十分重要的意义。

客房安全首先指客人在客房范围内人身、财产、正当权益不受侵害，也不存在可能导致侵害的因素。客人在住店期间对客房的安全期望很大，对于在旅途之中或身处异国他乡的客人来说，作为客人家外的“家”的饭店客房必须是一个安全的住所。因此，饭店有义务和责任为客人提供安全与保护。此外，客房安全还包括员工的安全和饭店的安全。所以，饭店应加强对服务人员安全意识的培养，增强服务人员的紧急应变能力，以降低事故发生时人员的生命及财产的损失。

一、加强客房安全管理的意义

1. 影响饭店的社会效益和经济效益

客人来饭店消费，饭店经营者有义务制定出保证消费者安全的服务标准，具备能保证消费者安全的服务设施、设备。否则，饭店将面临因安全问题而引起的投诉、索赔甚至要承担法律责任，从而影响饭店的社会效益和经济效益。从法律的角度而言，饭店在经营管理工作中必须牢固树立安全意识，确保饭店内所有人员和所有财产的安全。这里，“所有人员”既包括客人也包括从业人员以及所有在饭店的其他人员；“所有财产”包括客人财产、饭店财产以及从业人员的财产。

2. 提高客人满意度的重要保证

安全是人类的一个最基本需求。饭店客人具有免遭人身伤害和财产损失，要求自身权利和正当需求受到保护和尊重的安全需要。而且，客人身处异地他乡，他们对自己的生命安全、财产安全和心理安全格外的关注和敏感。因此，从经营角度而言，为客人提供安全的环境以满足客人对安全的期望，是饭店开展正常经营管理工作和提高服务质量的一个基础。

3. 有助于提高员工的工作积极性

安全管理不仅是指对客人安全、饭店财产安全的管理，同时也包括对员工的安全管理。如果饭店在生产过程中缺乏各种防范和保护措施，将不可避免地产生工伤事故，使员工的健康状况受到影响，很难使员工积极而有效地工作。

4. 提高饭店声誉、促进地方经济发展的重要途径

中国的饭店在本地区和国民经济中不仅仅担负提供住宿、餐饮、娱乐的功能，也不仅仅是创收、创利的经营性企业，更是一个城市乃至国家改革开放的窗口。

二、客房安全管理的特点

客房安全管理是整个饭店安全管理的重要组成部分，但又具有不同于其他部门安全管理的独特性。这是因为客房一经出租就成为暂时的私人场所，任何人包括服务员不经住客允许都不得入内。这就给客房安全管理工作增加了难度。具体来说有如下特点：

1. 要求高，难度大

饭店为保障客房安全制定了许多管理规章制度。这些制度必须得到客人的理解与配合才能有效实施，如访客制度、防火制度等。如何在工作中既严格执行有关制度，绝对保障客人安全，又不引起客人反感，是需要认真研究的。比如，有客来访，楼层服务员必须有记录，并留心观察房内动静有无异常。访客到晚间规定时间仍不离开客房的，服务员要劝其离开或登记留宿。有的客人认为这是多此一举，妨碍人身自由，有抵触情绪。在这种情形下执行规章制度，服务员一定要讲究技巧。态度要坚决，讲话要委婉，不要伤害客人的自尊心。

2. 服务性强

客房安全是客房商品质量的重要组成部分，加强安全管理首先是为客人着想的。这就

要求服务员在工作中消除安全隐患，保证客人的人身、财物和正当权益不受侵害。这些都要通过服务员严格执行服务规程，尽心尽力做好客房服务，融安全管理于服务中来实现。服务员执行规定时要始终保持对客人的热心、耐心、关心之情，而不能像某些社会公共场所那样给客人下各种禁令，强制实行安全管理。

3. 管理细致入微

由于客房是客人的生活空间，停留时间长，涉及设备用品多，管理中稍有不慎，就会造成对客人的伤害。例如，设备用品质量、摆放位置、坚固程度、破损后能否及时发现并修理撤换，电器、装饰材料的安全性能是否可靠，都是客房管理的内容。需要服务员在工作中细心观察，及时发现汇报并消除隐患。

4. 需要其他部门密切配合

客人住的是客房，但客房安全绝不仅仅只是客房部的工作，而是需要饭店各有关部门共同努力实现的。安全部、工程维修部应首当其冲，采购部、前厅部、餐饮部、洗衣房的人员素质和工作程序设计也都对客房安全产生影响。因此，客房部要与上述部门保持密切联系，共同研究做好客房安全工作。

三、客房安全事故发生的原因

客房安全事故发生的原因可以从直接原因和间接原因两方面进行分析：

1. 直接原因

造成客房安全事故发生的直接原因主要有以下两方面：

（1）人为的原因。人为的原因主要是指由人们不安全行为所造成的各种原因，包括指导与监督疏忽、肇事者未按规定要求行事、误用或错用各种器具、危险性物品使用错误及不安全行为等。

（2）设施的原因。设施方面的原因主要是指不良的环境设施所引起的，包括因照明不良、维修不当使地面过滑，以及危险场所的防护设施等。

2. 间接原因

间接原因是指各种机械装置的定期检查和保养不良。由于最高经营者责任心不强，导致安全管理制度和安全管理组织不完备、安全管理标准不明确等。

1）客房用餐时被玻璃杯划伤。

2）未及时清理使用过的刮脸刀片。

3）裸露的电线。

4）未及时处理各种不良导线。

5）客用电梯的不安全操作。

6）客房照明不良。

7）未及时清理客房地面污物和垃圾。

8）客用钥匙管理不当。

9）玻璃门无明显标记。

10）非常通道使用不安全。

11）裂纹或破损的各种手柄。

四、客房安全管理要点

客房安全管理的水平直接影响到饭店的声誉和形象，为此，客房部必须做好以下几方面的工作来保障住店客人的安全。

1．物质保障

（1）客房设施、设备不仅要符合饭店的档次，其安全性能也要有保证。客房部要配合工程部做好客房设施、设备的日常维护和保养工作，发现问题及时解决，有效杜绝由于设施、设备的原因而导致的安全隐患。

（2）完善客房安全设施。为防止意外，客房部必须建立完善的安全设施应急系统，包括装备必需的消防系统、闭路电视监控系统、各种报警器材及客房安全装置等，而且客房部必须保证各种安全设施始终处于正常状态、功能完好和现代化。

2．制度保障

（1）服务制度是客房服务工作的依据，因此客房部在制定服务制度时一定要以客人为本，认真考察和检测服务工作的每个环节是否会导致客人的不安全感，确保客房服务工作能满足客人对安全的期望。

（2）建立健全涉及客房安全的各种规章制度，做好应对紧急状况的预案。安全防范工作难在做到思想上常备不懈。客房部必须强化员工的制度观念，并深入研究各种控制手段来保证制度得以实施。例如，通过科学的监督保证：员工在做房时严格按照清洁服务规程对客房实施清洁消毒，防止各种疾病传播，确保客人的健康；在接待服务工作中认真执行访客制度，严禁无关人员进入楼层；客房部工作钥匙的管理和使用人员必须严格执行钥匙管理制度，以防患于未然。

3．开展安全和法制教育，提高员工的安全意识和应急能力

客房部的员工由于岗位分工和受教育程度的不同，考虑问题的角度不同，对安全管理工作重要性的认识也有高低之分。虽然各大饭店都设有保安部来保障饭店安全。但是安全保卫仅靠保安部的力量是远远不够的。客房部必须密切配合保安部做好客房部的安全保卫工作，加强对全体员工的安全教育，强化员工的安全防范意识，使每一个员工都明确客房安全服务的内容，并深刻认识到维护客房安全人人有责。客房员工还应定期接受保安部的培训，帮助员工提高应对紧急情况的能力和配合保安部实施客房安全保卫的相关措施。此外，管理人员还应加强走动管理，加强巡视，认真检查安全规章制度的落实情况和安全隐患，了解员工的工作状态，及时发现问题并督促纠正。

4．关注客人的心理安全

从客人的角度出发，安全需要包括生命财产安全和心理安全两个层次。当前的很多饭店都非常重视对客人生命财产的保护，但客人心理层次的安全需求却常常被忽视。心理学家认为，人们外出到一个陌生的地方，常常会产生一种心理的紧张情绪。实际上，这就是人们对新环境的陌生而导致的一种不安全感。问题在于饭店员工对自己所处环境非常熟悉，而常常不能理解客人的这种心态，因此很容易忽视客人对心理安全的需要，所以客房

管理者应加强对一线员工的培训，使全体员工能够站在客人的立场去理解客人的心理。

5．加强对客人的安全引导，提高客人的安全意识

客人素质参差不齐、安全意识淡薄，成为了饭店安全管理的隐患。在维护客人和饭店安全时，客人也有责任。我们要深入研究各种服务引导手段，利用须知、图示、说明书等方式引导客人认识到自己在维护自身和客房安全中的责任和义务。对客人的安全引导的内容应包括：帮助客人提高安全意识，明示他们的安全防范义务，告知他们在一旦发生意外时如何寻求保护和安全逃生。

五、客房安全设施配置

为保证住店客人的生命财产安全，必须在公共区域和客房内加强各类安全设施的配置，同时客房内各种生活设施、设备也要安全可靠。

1．电视监控系统

电视监控系统由一个摄像镜头、电视监视器、控制器、录像机等组成的闭路电视系统。

电视监控系统是饭店必备的安全装置，除了安装在饭店大厅及公共场所之外，通常作为客房部主要的安全装置。一般设置在：

1）楼层过道。在楼层过道安装监控探头，一般采用中、长焦镜头。

2）客用电梯。客用电梯空间小且又是封闭的，一旦出现紧急意外事件，受害人难以求援，安装监控探头便于对电梯内发生的可疑现象进行跟踪和取证。一般采用视野宽阔的广角镜头。

配备电视监控系统可以提高饭店处理问题的效率，同时可以发现不法分子，及时做好防范措施，以确保饭店及客人的安全。

2．安全报警系统

安全报警系统是由各种类型的报警器连接而成的安全网络系统，主要设置在饭店财务部、收银处、贵重物品寄存处以及商场消防通道等区域，用于防盗、防火、防爆报警。

我国饭店常用的报警器有微波报警器、红外线报警器、超声波报警器等远程报警系统，以及声控报警器、微动式报警器、磁控式报警器等。

3．消防监控系统

饭店的监控系统一般由火灾报警系统、灭火系统、防火设施组成。消防监控系统主要安置在客房、餐厅和走廊等处。

4．通信系统

通信系统是指以安全监控中心为指挥枢纽，通过专用电话、传呼系统及对讲机等通信器材而形成的联络系统。

5．房间安保设施

（1）门锁。门锁是保障住客安全最基本、最重要的设施，由于饭店规模、档次的差异，各饭店所使用的门锁各异。

（2）窥镜。窥镜安装在房门上端，为广角镜头，便于住客观察房间的外部情况。

（3）保险箱。保险箱供客人存放贵重财物。

六、建立各项安全管理制度

各项安全管理制度的建立有助于消除任何不安全因素，提高服务水平。

1. 住宿登记的证件查验

凡是进住饭店的客人，无论是本国人或外国人，在入住登记时须持本人有效身份证、护照、外国人居留证等，由柜台接待人员准确核对，并发放饭店住宿证。

2. 对来访人员进行登记

为了维护店内秩序，保障客人的安全，必须做好对访客的登记工作。

3. 加强追踪检查客房

凡客人外出或退房，必须由服务员对客房做追踪检查：

（1）房间设备、物品是否有损坏或遗失。

（2）迷你吧的酒水是否消耗。

（3）是否有未熄烟火及其他异常情况，并记录客人的外出时间、查房时间及签上检查员的名字。

4. 建立巡楼检查制度

除了以电子监视系统对各重要角落进行监视外，房务员、安全警卫、值班经理（大厅副理）交叉巡楼，注意检查下列项目：

（1）楼层是否有闲杂人员。

（2）是否有烟火隐患，消防器材是否正常。

（3）门窗是否已上锁或损坏。

（4）房内是否有异常声响及其他情况。

（5）是否有设备、设施损坏情况及是否整洁。

5. 火警、火灾的预警

定期检查火警总机及消防系统，以便一旦情况发生能随时发出警告并采取紧急应变措施。饭店也应定期做消防宣传与消防演练。

6. 治安事件报案制度

遇有行凶暴力、抢劫事件、斗殴事件、发现爆裂物或发生爆炸事件、突发事件时，立刻通知公安机关报案，并作好记录（案发地点、时间、过程）。控制人员，封锁现场，提供公安人员任何可能的线索。

7. 遗留物品的处理

凡在饭店范围内拾获的一切无主物品视为遗留物品。任何人拾获，必须马上登记收获人姓名、日期、时间、地点及物品名等，上交部门主管，由饭店统一登记造册与存放，私存遗留物品的视为盗窃处理。

8. 财务保管制度

贵重物品的保管，一般由柜台出纳负责处理。在新型的饭店客房中均设有电子保险箱，供客人存放贵重物品。贵重物品的保管，无论在柜台或客房，都可以有效遏止盗窃事件的发生。

9．做好交接班工作

各当班人员必须有交班簿（表），当班人员须认真、详细地填好各项交接班事项，签上自己的姓名，交接班以书面形式付诸文字为准，必要时也可用口头表达清楚。

10．员工外出的检查

员工外出必须接受安全警卫的检查，若有携带饭店物品或特殊之物，须持有主管签名核准的“携出物放行条”，否则必须加以扣留并接受检查。

11．设备的检查制度

落实对各项重型设备的定期及不定期检查，如电力系统、锅炉、冷气系统的维修和安检，尤其饭店备有发电机，应定期测试，一旦遇有停电情况，发电机能够马上衔接供电，可以避免停电造成的恐慌。

12．留意住宿客人的房间情况

房务部各级职员必须注意下列房间内的情况：

1）是否有枪械等凶器。

2）是否有违禁及管制的药品、毒品。

3）是否在客房内烹煮食物及使用耗电的电器用品。

4）房内是否有强烈异味。

5）房内是否有宠物。

6）客人是否生病。

7）房内是否有大量金钱或金饰珠宝。

第二节　客房消防管理

火灾直接威胁饭店内客人和员工的生命财产及饭店的财产安全，使饭店在声誉和经济上付出沉重代价。虽然火灾发生率很低，但由于后果严重，饭店必须花大气力认真对待防火问题。根据《世界饭店》杂志对近年来饭店火灾部位及原因进行统计分析的结果表明，火灾多发生在客房区域，占饭店火灾的68.8%。客房是个封闭场所，出现火情时往往不易被发现。当火情发展到一定程度形成灾害时，组织扑救相当困难。因此，客房的日常防火工作显得非常重要。饭店必须建立一套完整的预防措施和处理程序，防止火灾的发生，减少它们带来的不良后果。客房部特别应当对员工进行经常性的防火安全教育，让员工懂得火灾的成因、防火常识和灭火方法，以免发生火灾时惊慌失措，贻误灭火时机。

一、火灾发生的原因

了解客房发生火灾的原因，可以防患于未然。客房发生火灾的原因主要有如下几种：

1．吸烟不慎引起火灾

吸烟不慎引起火灾在饭店火灾中居首位，起火部位多为客房。烟头虽是个不大的火源，却能引起许多可燃物质的燃烧。因为燃烧着的烟头表面温度为 200～300℃，中心温度可达 700～800℃。一般可燃物质的燃点都在烟头表面温度之下。一支香烟燃烧的时间为 4～15 分钟，而剩下的烟头为烟长的 1/4，可燃烧 1～4 分钟。

烟头的高温和燃烧的长时间，造成接触可燃物时很容易把它们加热到自燃点而引起燃烧。但这种不会立即产生燃烧，而先是小范围的阴燃。在通风不良的情况下，这种阴燃可能长达十几小时。小小烟头危害如此巨大，所以客房防火的工作重点应该是防范吸烟引起的火灾。

吸烟不慎引起火灾主要有以下 5 种情况：

1）乱扔烟头、火柴棍，引起地毯、沙发、衣服、废纸篓、垃圾道起火。

2）躺在沙发、床上吸烟，火星散落其上，阴燃引起火灾。这种原因引起的火灾在客房火灾中所占比例最大。

3）客人将未熄灭的烟头放在沙发扶手上，因事后遗忘或烟头掉落在沙发上引起沙发起火。

4）客人将未熄灭烟头或火柴棍扔入烟灰缸内离去，引起缸内可燃物着火。这类火灾大多发生在烟灰缸靠近其他可燃物的情况下。

5）在禁止吸烟的地方违章吸烟。在有可燃气体或蒸汽的场所，违章点火吸烟，发生爆炸起火。

2．电气引起火灾

在饭店火灾中，由电气引起的火灾仅次于吸烟。

（1）电气线路引起的火灾。电气线路往往由于超载运行、短路等原因，产生电火花、局部过热，导致电线、电缆和周围可燃物起火。

（2）电气设备引起火灾。电气设备由于质量差、故障或使用不当引起火灾事故。

3．其他原因

（1）客人将易爆、易燃物品带进客房，引起火灾。

（2）员工不按安全操作规程作业。例如，客房内明火作业，使有化学涂料、油漆等，未采取防火措施而造成火灾。

（3）防火安全系统不健全、消防设施不完备等。

二、火灾的预防

客房部日常的防火工作很重要，作为客房部应该结合本部门特点制订出适合本部门的火灾预防措施。

（1）客房内配置完整的防火设施设备，包括地毯、家具、床罩、墙面、窗帘、房门等，尽可能选择具有阻燃性能的材料制作。

（2）禁止客人携带易燃、易爆物品入客房。

（3）不得在客房内自行安装电器设备，禁止使用电炉、电暖气等电器。提醒使用电熨斗的客人注意安全。

（4）及时清理楼道内的垃圾，保证疏散通道的畅通无阻。

（5）定期检查房内电器是否处于正常使用状态，是否有超负荷用电。

（6）熟悉各种消防设备和设施的存放地点，培训员工使之正确掌握各种灭火器的使用方法。灭火器的种类及使用方法见表 11-1。

表 11-1 灭火器的种类及使用方法

种　类	适用范围	使用方法
酸碱式灭火器	扑灭一般固体物质火灾	1. 将灭火器倒置 2. 将水与气喷向燃烧物
泡沫灭火器	用于油类和一般固体物质及可燃液体火灾	1. 将灭火器倒置 2. 将泡沫液体喷向火源
二氧化碳灭火器	用于低压电气火灾和贵重物品（精密设备、重要文件）的灭火	1. 拔去保险锁或铝封 2. 压手柄或开阀门 3. 对准燃烧物由外圈向中间喷射
干粉灭火器	与二氧化碳灭火器适用范围相同，但不宜用于贵重物品的灭火	1. 拔去保险锁 2. 按下手柄 3. 将干粉喷向燃烧物
四氯化碳灭火器	上述灭火范围都可以适用，特别适用于精密仪器、电气设备、档案资料的灭火	1. 拔去保险锁 2. 打开阀门 3. 喷向火源

（7）定期打扫楼梯间、转弯处等隐蔽区域，杜绝安全隐患。

（8）房内床头柜上摆放“请勿吸烟”的标志，烟灰缸应摆放在梳妆台上。

（9）发现火情时，应马上报告消防中心。

三、火灾事故的处理

客房楼层发生火灾时，客房服务人员应充分表现良好的专业服务能力和紧急应变能力，沉着冷静地按防火训练的规定要求迅速行动，确保客人的人身财产和饭店财产的安全，努力使损失减少到最小程度。

1．发现火情时的处理

（1）立即使用最近的报警装置，发出警报。

（2）及时发现火源，用电话通知总机，讲清着火地点和燃烧物质。

（3）使用附近合适的消防器材控制火势，并尽力将其扑灭。

2．听到报警信号时的处理

（1）客房服务人员首先要能辨别火警信号和疏散指令信号。如有的饭店规定一停一响的警铃声为火警信号，持续不断的警铃声为疏散信号。

（2）客房服务员听到火警信号后，应立即查看火警是否发生在本区域。

（3）无特殊任务的客房服务员应照常工作保持镇静、警觉，随时待命，同时做好客人的安抚工作。

3．听到疏散信号时的处理

疏散信号表明饭店某处已发生火灾，要求客人和全体饭店员工立即通过紧急出口撤离到指定地点。该信号只能由在火场的消防部门指挥员发出。

1）迅速打开紧急出口（安全门）、安全梯，有组织、有计划、有步骤地疏散客人。

2）组织客人疏散时，一定不能乘电梯。

3）帮助老弱病残、行动不便的客人离房，楼层主管要逐间查房，确认房内无人，并在房门上做好记号。

4）各楼梯口、路口都要有人把守，以便为客人引路。

5）待人员撤离至指定的地点后，客房部员工应与前厅服务人员一起查点客人。

如有下落不明或还未撤离的人员，应立即通知消防队员。

第三节　客房治安管理

偷盗现象在饭店里时有发生，尤其在管理不善的饭店更是如此。偷盗的发生或多或少地影响客人在饭店的正常活动，直接或间接地影响饭店的声誉。客房部应采取有效措施，预防偷盗事件的发生。

偷盗事件的预防是客房安全的重要工作。发生在饭店客房的偷盗事件主要与住客、外来人员及员工有相当关系。饭店借由良好的安全管理可以减少这类事情的发生。一般而言，房门未上锁、物品储存控制不良和平常的疏忽、缺乏警惕性，都为盗窃犯罪提供机会。

一、客房失窃类型

客房失窃可分为饭店财物失窃和客人财物失窃两种类型。

1. 饭店财物失窃

饭店失窃的物品通常有床单、毛巾、毛毯以及客房用品。失窃金额虽然比较小，但还是要引起客房部员工的重视。

2. 客人财物失窃

为了避免客人丢失贵重物品，服务员应提醒客人要做好贵重物品的登记工作。

二、客房失窃的原因

客房失窃事件在各个饭店中都时有发生，不仅是客人会受到财物的损失，就是饭店本身也会受到一定影响。分析客房失窃的原因，有如下 3 种：

1. 员工内盗

员工内盗是指饭店内部员工的偷盗行为。心理学中研究得出，人有从众行为，容易仿效，当一名员工被发现有偷盗行为，而不及时进行阻止，其他员工可能会学样。

2. 客人盗窃

客人盗窃是指住店客人中的不良分子有目的或者是顺手牵羊的偷盗行为。

3. 外来人员盗窃

外来人员盗窃是指社会上一些不法分子进入饭店而引起的偷盗行为。

三、盗窃事故的预防

为有效防止失窃事件的发生，应针对不同的失窃原因采取相应的预防措施。

1．防止员工的偷盗行为

客房部的员工平时接触饭店和客人的财物，因此客房部应从实际出发制订以下有效防范员工偷窃的措施：

（1）聘用员工时，严格进行人事审查。

（2）制订有效的员工识别方法，如通过工作牌制度识别员工。

（3）客房服务员、工程部维修工、餐饮部送餐服务员出入客房时应登记其出入时间、事由、房间号及姓名。

（4）制定钥匙使用制度。客房服务员领用工作钥匙必须登记签名，使用完毕后将其交回办公室。

（5）建立部门资产管理制度，定期进行有形资产清算和员工存物柜检查，并将结果公布于众。

（6）积极开展反偷盗知识培训和对偷盗者的教育培训。

2．防止客人的偷盗行为

客房部制订科学、具体的“客人须知”，明确告诉客人应尽的义务和注意事项。房务当班人员要提高警惕，掌握客人的出入情况，做好来访登记工作，注意观察进出客人携带物品的情况。防止客人的盗窃事件发生，可采取下列措施：

（1）在饭店用品上印上或打上饭店的标志或特殊标志，使客人打消偷盗的念头。

（2）制作一些有饭店标志的精美的纪念品，如手工艺品等，给客人留作纪念。

（3）房务员整理房间时，将工作车停在打开的客房门口，调整好工作车的位置，使工作车上的床单等物品面对客房，防止被人顺手牵羊。

（4）对储藏室进行管制与上锁，不可让客人自己进入储藏室拿取备品或布巾用品。

（5）加强楼层巡视。凡发现房门未关的，应提醒客人把门关好，钥匙插在锁头上的，要取出交还客人。

（6）客房中较有价值的东西如挂画、灯饰等，应该采用较大尺寸，以便无法将其装入行李箱中。至于客用备品或设施如冰箱、电视等，应打上酒店的标志，有助于打消客人的偷窃意图。

（7）做好日常的检查工作，严格管理制度，杜绝不良客人的企图。

3．防止外来人的偷盗行为

饭店周围可能会有一些不法分子在盯着客人伺机而动，因此要：

（1）加强楼层进出口控制，及其他场所的不定时巡查。

（2）加强安全措施，对于摆放在公共场所的有价值的物品（如景泰蓝花瓶），要注意保护。

（3）注意来往人员携带的物品，对于可疑人物尤其要高度重视。

（4）各重要角落应 24 小时以监视器监视录像，加强对出入口的控制，防止外来人员窜入作案。

四、失窃事故的处理

虽然防盗工作一直在做，但仍无法完全杜绝盗窃事故的发生，因此一旦发现此类事故，对于饭店而言，还是要正确处理好。

（1）接获客人投诉在房间内有财物损失，应立即通知以下单位（人员）：值班经理，保安科，房务部。

（2）封锁现场，保留各项证物，同警卫人员、房务部人员立即到客人房内。

（3）将详细情形记录下来。

（4）向保安部调出监控系统的录像带，以了解出入此客房的人，便于进一步调查。

（5）过滤失窃前曾逗留或到过失窃现场的人员，假如没有，则请客人帮忙再找一遍。

（6）千万不能让客人产生“饭店应负赔偿责任”的心态，应树立客人将贵重物品置放在保险箱内的正确观念，这才是首要的预防盗窃措施。

（7）遗失物确定无法找到，而客人坚持报警处理时，立即通知保安室人员代为报警。

（8）待警方到达现场后，让保安室人员协助客人及警方做事件调查。

（9）将事情发生的原因、经过、结果记录于值班经理交代本上。

（10）对于此类盗窃意外，除相关人员外，一律不得公开宣布。

第四节　其他意外事故的防范

凡是能导致对客人造成伤害的任何不安全因素，都在被严格防范之列。在饭店管理过程中，防止意外事故的发生是不容忽视的重要内容，客房部对此类情况更要做好妥善处理工作。

一、遇到自然灾害的处理

自然灾害常常是不可预料或无法抗拒的，包括水灾、地震、飓风、龙卷风、暴风、雪等。自然灾害的发生会引起客人的恐慌，作为饭店的服务人员应以轻松的心情、沉着的态度来稳定客人的心，同时客房部应做好相关的安全计划，具体的内容包括：

（1）客房部及其各工作岗位在发生自然灾害时的职责与具体任务。

（2）应具备的应付各种自然灾害的设备器材，并定期检查，保证其处于完好的使用状态。

（3）必要时的紧急疏散计划（可以类似火灾的紧急疏散计划）。

二、突然停电的处理

停电事故可能是由外部供电系统引起的，也可能是由饭店内部设备发生故障引起的。停电常会造成诸多不便。因此，饭店须有应急措施，如采用自备发电机，保证在停电时能立即自行启动供电。客房部在处理停电事故方面，应该制订周密计划，使员工能从容镇定地应对。其具体内容包括：

（1）若预先知道停电消息时，可用书面通知方式告知住店客人，以便客人早做准备。

（2）及时向客人说明是停电事故，正在采取紧急措施恢复供电，以免客人惊慌失措。

（3）即使停电时间较长，所有员工都要平静地留守在各自的工作岗位上，不得惊慌。

（4）如在夜间，使用应急灯照亮公共场所，帮助滞留在走廊及电梯中的客人转移到安全的地方。

（5）加强客房走廊的巡视，防止有人趁机行窃，并注意安全检查。

（6）防止客人因点燃蜡烛而引起火灾。

（7）供电后检查各电器设备是否正常运行，其他设备有没有被破坏。

（8）向客人道歉并解释原因。

（9）作好工作记录。

三、客人遗留物品的处理

客人的遗留物品由饭店的客房部管理，由客房服务中心或办公室负责处理。

要设立物品登记保管制度，详细记录失物或客人遗留物品情况，包括物品的名称、遗留地点、时间、拾获人等。对遗留物品要注明房号、客人姓名、离店时间等。

（1）当客人结账离店时，客房服务员应迅速查房，如发现遗留物品，应立即通知客房中心或直接与前厅部联络；如果是散客的贵重物品，客房服务员可通过前厅部与客人联络；若是团队客人的，则与团队联络员联系；若找不到失主，服务员应立即将物品送至客房中心或指定地点。

（2）房内遗留的一般物品，由服务员在“服务员工作日报表”上“遗留物品”一栏内填写清楚。下班前，在“遗留物品控制单”上填写此物品的房号、名称、数量、质地、颜色、形状、拾获日期及自己的姓名。“遗留物品控制单”一式三份，一份归拾获者，一份随物，一份留底，一般物品要与食品、钱币分开填写。将遗留物品连同填好的表单送至客房中心或指定地点。

（3）早、晚班服务员收集的遗留物品交到客房中心或指定地点后，由当班的中心联络员或专人负责登记在“遗留物品登记本”上。

（4）钱币及贵重物品经登记后，交主管进行再登记，然后交秘书保管。

（5）一般物品经整理后应与“遗留物品控制单”一同装入遗留物品袋，将袋口封好，在袋的两面写上当日日期，存入遗留物品储存室。

（6）遗留物品储存室每周由专人整理一次。如有失主前来认领遗留物品，须要求来人说明失物的情况，并验明证件，由领取人在“遗留物品控制单”或“遗留物品登记本”上写明工作单位并签名后取回该物。领取贵重物品时需留有领取人的身份证件的复印件，并通知大堂副经理到现场监督、签字，以备查核。若认领遗留物品的客人在前厅等候，则由秘书或主管将物品送到前厅。经客人签认后的控制单贴附在该登记本原页的背面备查。

（7）若有已离店的客人来函报失及询问，客房管理人员在查明情况后，亲自给客人以书面答复。所有报失及调查回复资料应记录在“客人投诉登记簿”上备查。

1）若客人打电话来寻找遗留物品，需问清情况并积极帮助查询。若所拾物品与客人所述相符，则要问清客人来领取的时间，若客人不立即来取，则应把该物品转入待取柜中，并在“中心记录本”或工作日报上逐日交班，直到客人取走为止。

2）若客人的遗留物品经多方寻找仍无下落，应立即向部门经理汇报。饭店对此情况应重视并尽力调查清楚。

3）所有遗留物品的处理结果或转移情况均须在“遗留物品登记本”上予以说明。

四、客人意外受伤情况的处理

客人在客房内遭受的伤害大多数与客房内的设备用品有关，一是设备用品本身有故障；二是客人使用不当。一旦客人负伤、生病等紧急情况发生时，必须向管理人员报告，同时应立即采取救护行动。

（1）开房门发现客人倒在地上时，应注意客人是否在浴室倒下；是否因病（贫血或其他疾病）倒地；是否在室内倒地时碰到家具；身上是否附着异常东西（绳索、药瓶等）；倒地附近是否有大量的血迹；应判明是否因病不能动弹，是否已死亡。

（2）在发生事故后，应立即安慰客人，稳定伤（患）者的情绪，注意观察病情的变化，在医生来到之后告知病情。

（3）服务人员在医护人员来到之前，也可以进行临时性应急处置：如果伤处出血时，应用止血带进行止血，如果不能缠绕止血带时，用手按住出血口，待医生到达后即遵医嘱。

（4）如果是轻度烫伤，先用大量干净水进行冲洗；对于重度烫伤，不得用手触摸伤处或弄破水泡，应听从医生的处理。

（5）如果四肢骨折时，止血后，用夹板托住；如果是肋骨骨折，应在原地放置不动，立即请医生处置。

（6）如果头部受了伤，在可能的情况下，要小心进行止血，并立即请医生或送往医院。

（7）如果后背受了伤，尽量不要翻身体，应立即请医生或送往医院。

（8）如果杂物飞进眼睛，应立即上眼药或用洁净的水冲洗眼睛。

除此之外，为尽量减少发生客房内的意外事故，在日常工作中，服务员要增强责任心，细心观察，严格按照岗位职责和操作规程办，管理人员查房时也要认真仔细，不走过场，许多不安全因素就会被消灭在萌芽状态。

五、客人食物中毒的处理

食物中毒多是因为食品、饮料保洁不当所致，其中毒症状多见于急性肠胃炎，如恶心、呕吐、腹痛、腹泻等。为了保障所有来店客人的人身安全，必须采取以下措施：

（1）采购人员把好采购关，收货人员把好验货关，仓库人员把好仓库关，厨师把好制作关。

（2）客房服务人员发现客人食物中毒时，马上报告总机讲明自己的身份，所在地点、食物中毒人、人员国籍、人数、中毒程度、中毒症状等。

（3）作好记录，并通知医务室和食品检验室、总经理、副总经理、保安部、餐饮部、公关部、行李房、车队到达食物中毒现场。

六、客人死亡的处理

客人死亡是指客人在饭店内因病死亡和自杀、他杀或原因不明的死亡。

1．正常死亡客人的处理规定

（1）正常死亡需要公安机关对尸体作出检验才能定论。

（2）国内人员可根据死亡者所留下的证件、电话号码等与其亲属联系，并依法进行处理。

（3）国外人员除通过以上方法与大使馆或领事馆取得联系外，还要尽可能地根据各国的民族风俗进行处理。

2．非正常死亡客人的处理规定

（1）立即报告公安机关。

（2）无论是室外、室内的死亡现场，都必须保护尸体和保护现场的各种痕迹、物证不受破坏。

（3）遇悬挂着的尸体，检查其是否还有体温，是否还有脉搏、呼吸，应首先考虑抢救，抢救时可先用剪刀剪断颈部的绳或带，将人体卸下时避免造成新的伤痕，并将绳或带保存好；如确认已经死亡，则不要移动尸体，待公安人员到场后进行处理。

（4）如室外遇急救人命、抢救财物、排除险情等必须进入现场或必须移动现场物品时，保安员应尽量避免踩踏现场的足迹和触摸现场的物品，对罪犯留在现场的物品、工具等不要用有浓烈气味的物品遮盖，以免破坏嗅源。

3．住客在店期间不幸死亡的处理程序

（1）发现住客死亡之后，应立即与医生、保安主任和房务主管一起进房。

（2）迅速通知死者的家属、工作单位、接待单位、同行人员。如果是境外人员，须及时通知投保的保险公司。

（3）通知饭店总经理及有关部门的经理，通知总台接待部封锁该房，注意房号保密。

（4）死者运出之前该层一般不安排客人入住。

（5）征得死者家属或单位同意后，报公安机关，并接受法医验尸。

（6）尽快将死者转移出饭店，转移时注意避开住客，可选择夜深人静之时从员工梯降到后区出店。

（7）死者的遗留物品应及时整理、清点和记录，作为遗留物品妥善保存，待死者有继承权的亲属或委托人认领并做好领取的签收手续。

（8）前厅部经理应根据调查的结果写出客人在店期间死亡及处理经过的报告，经总经理审阅通过，一份留饭店备案，其余两份交给死者亲属及有关单位和人员。

（9）对死者的死因不作随意的猜测和解释，统一由饭店指定的权威人士解答。

（10）请卫生防疫部门严格消毒客房，客人用过的物品和卧具作焚毁处理。

七、客房防爆

饭店客房的防爆工作是指为了客人的人身、财物安全，对需要保护的人员、特殊财物、特殊区域，如重要客人、秘密文件、特殊设施、保密会议等的保卫工作，以及对于企图破坏饭店或客人安全的不安定分子进行警戒、防备、探察、制裁等积极的防范工作。因此，饭店应做好客房防爆管理工作。

（1）要让饭店的所有管理人员和职工尤其是客房部员工明白防爆的重要性和懂得防爆的知识。饭店内不得存放任何危险品。平时整理客房时要注意观察异常物品；在服务过程中要注意可疑的人。

（2）饭店要制订防爆方案，进行防爆演习，可以同防火工作联系在一起。

（3）对于发生爆炸以后的现场，立即组织人员警戒，除医务人员、消防人员和公安人员，其他人员一律不得进入现场。已死亡者，应等待法医鉴定处理。现场目击者应问清情况，并详细记下客人的姓名、住址、单位等，以便事后询问。

（4）事故处理完后，写详细报告并存档。

本章小结

饭店安全工作的目的是保证客人、员工的人身及财产的安全，饭店的建筑、附属设施和运行管理应符合消防、安全现行的有关法规和标准。客房是客人在饭店逗留期间的“家”，客人对其安全期望更高。

因此，在客房设计、布置、服务以及管理工作中应充分考虑到各种安全因素，防范任何安全事故的发生，保证客人的人身及财物安全。饭店中一旦发生安全事件，无论后果如何，都会或多或少地影响客人在饭店的正常活动，直接或间接地影响饭店的声誉。因此，客房的安全管理工作应以预防为主，要求每一位客房员工都具有高度警惕性，能够及时发现可能酿成事故的隐患，并能够及时加以控制，杜绝各类安全事故的发生。

思考与练习

一、填空题

1. ____________原因引起的火灾在饭店火灾中居首位。
2. 客房安全事故发生的直接原因有____________和____________。
3. ____________是保障住客安全最基本也是最重要的设施。

二、不定项选择题

1. 客房安全管理的两大重点是指______。（　　）
   A．防火　B．防疾病　C．防盗　D．防陌生人
2. 客房的安全除了保障客人的安全外，还包括______。（　　）
   A．设备的安全　B．员工的安全　C．饭店的安全　D．环境的安全
3. 饭店的消防监控系统一般由______组成。（　　）
   A．火灾报警系统　B．灭火系统　C．防火设施　D．录像机

三、简答题

1. 简述客房安全设施有哪些？
2. 简述客房常见灭火器的种类。
3. 简述客房失窃的原因。

四、案例分析

某大都市的一家豪华饭店。一位装束不凡的男士跨进大堂，向服务总台走来。他中等身材，穿一套笔挺的银灰色的皮尔·卡丹西装，内穿雪白的衬衣，佩戴金利来领带，足登

鳄鱼皮鞋，戴一副 24K 金眼镜，还留着两撇整齐的仁丹胡子，俨然是一派日本贵族的气概。但他身上却散发出一种令人难闻的口臭和脚臭。漂亮的服务员小姐小陈恭敬而又有点疑惑地看着那男士从西装上衣里掏出护照。她打开护照一看，果然是位日本客人，名叫“井俊太次郎”。

小陈忙用日语致词：“欢迎您下榻本饭店！”“井俊太次郎”显得神态迷茫，没想到这位日本客人不懂日文！小陈又用英语重复一遍，“井俊太次郎”更是把头摇得像个拨浪鼓。她还想用别种语言再问候一遍，谁知他生硬地甩出一句：“干啥呀，别瞎整了，干脆给咱弄间客房就得了！”小陈想想不大对劲，但又客气地给“井俊太次郎”办好了入住手续。

“井俊太次郎”入住饭店后，从不到日本风味餐厅光顾，更不用说喝清酒了。倒是顿顿跑中国餐厅，尝遍川、粤、京味菜，喝足茅台、五粮液，甚至连小笼包子、油炸臭豆腐等风味小吃也吃得津津有味。而且他付账只用信用卡，从不用现金。很快全店各个餐厅员工都知道有这么一位嗜好中国饮食、出手阔绰的日本贵客。

那一天，客房服务员小曹在打扫“井俊太次郎”的房间时，却发现了一双××大饭店的拖鞋。这可就蹊跷了！住过饭店的人谁不知道每天都供应一次性拖鞋？“人家爱穿什么拖鞋，谁还管得了那么多？”小曹这么一想，也就作罢。

正巧当天下午，饭店保安部门接到市公安局发来的追捕犯罪通缉令。通缉令称，××大饭店发生了一起盗窃日本游客井俊太次郎财物的恶性案件。案犯为东北地区一个农民，身高 170cm 左右，留有胡子。保安部沈经理漫不经心地把通缉令往抽屉里一塞，自言自语道：“这事管得过来嘛？再说，哪会这么巧跑到我们饭店来？”

当晚，“井俊太次郎”到总台办离店结账手续，当服务员小陈打开他的信用卡计算机储存键一看，大吃一惊，原来那是一张已经宣布作废的信用卡！等她转过身来时，“井俊太次郎”已经无影无踪了。

原来，这个冒充日本贵客“井俊太次郎”确实为盗窃犯，后来在另一家饭店故技重演时落网。而先前这家饭店为这此事不仅损失了几十万日元，而且受到了有关部门的通报批评。

问题：

1．这个案例暴露出了饭店的哪些安全问题？

2．可以采取什么样的措施来预防此类事情的发生？

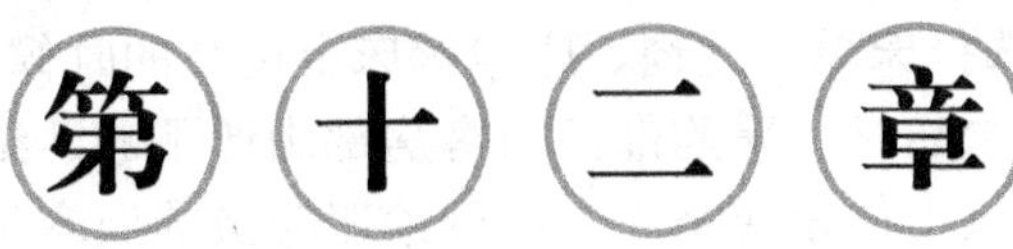

第十二章 客房设备用品管理

学习目标

1. 了解和掌握客房物品与设备管理的任务和方法。
2. 掌握客房设施、设备清洁保养技术。
3. 掌握对客用品进行控制与管理的方法。

第一节 客房设备用品管理的任务和方法

饭店客房设备用品是保证客房部正常运转必不可少的物质条件，选好、配好、用好、管好客房设备用品对保证客房产品质量，提高客人对饭店的满意度，为饭店创造良好的经济效益都具有重要的意义。

一、客房设备用品管理的任务

（1）编制客房物品与设备采购计划。
（2）制定客房物品与设备管理制度。
（3）做好物品与设备的日常管理和使用。
（4）对现有设备进行更新和改造。

二、客房设备用品管理的方法

1. 编制客房物品与设备采购计划

客房部要根据具体情况和实际工作需要，及时做好要求增加物品与设备的计划，报饭店采购部门及时采购所需的各种物品与设备，以保证客房经营活动的正常进行。饭店客房设备及清洁设备一般在开业初就已经准备就绪，但作为客房管理人员，如果在决定开业之初就参与管理，就应当提出客房设备及清洁设备的采购计划。

下面介绍一下客房设备选择的基本原则和选择清洁设备时应考虑的因素。

（1）客房设备选择的标准。客房设备应遵循以下标准：

1）适应性。设备的大小、造型、色彩、格调等必须与客房相适应，从而使客房显得轻松、柔和、舒适、美观。此外，要特别注意，在选择床单、毛毯、床罩等床上用品的时候，一定要与床的大小相适应。很多饭店在采购上述物品时，采购部门与客房部沟通不够，结果采购回来的床上用品与床的大小不匹配，或是包不住床或是太大，既给服务员的做床工作带来麻烦，也影响了床铺的美观。

此外，客房设备的豪华程度还应与饭店的档次相适应。

2）实用性。应选择使用便捷、不易损坏的客房设备，此外还要考虑其清洁、保养和维修是否方便。

3）安全性。安全是饭店客人的基本需要，在选择饭店客房设备时，要考虑是否具有安全、可靠的特性，如客房电器的自我保护装置，家具、饰物的防火性等，并安装防止意外事故发生的各种装置。此外，还要考虑商家有无售后服务，这也是设备安全的重要保证。

4）节能性。节能性是指能源利用的性能。随着水、电资源的日益紧张，人们的节能意识也逐渐增强。饭店用水、用电量都比较大，因此节水、节电也成了大家比较关心的问题，在选择客房设备时应考虑节能设备。

5）经济性。经济性是指既要考虑客房设备的价格，又要考虑其使用寿命，同时还要考虑售后服务的便利程度和价格以及零部件修配的可靠性。

6）成套性。成套性是指各种设备的配套，以保持客房设备的一致性和外观的协调性。

7）可发展性。为了配合新时代商务旅客对饭店服务的需要，饭店在选购设备用品时应综合考虑设备的经济性和发展性。

以上是选择客房设备时要考虑的主要因素，对于这些因素要统筹兼顾，全面权衡利弊。

（2）清洁设备选择应考虑的因素。清洁设备在一定程度上决定着客房部清洁保养的工作能力和效果。清洁设备的选择除了应遵循以上基本原则外，应特别注意以下要点：

1）安全可靠（电压是否相符，绝缘性如何）。

2）操作方便。

3）易于保养。

4）使用寿命长。

5）噪声小。

2．设备的分类、编号及登记

为了避免各类设备之间互相混淆，便于统一管理，客房部要对每一件设备进行分类、编号和登记。客房部的管理人员对采购供应部门所采购的设备必须严格审查。

客房设备经过分类、编号后，需要建立设备台账和卡片，记下品种、规格、型号、数量、价值、位置，由哪个部门、班组负责等。同时，要设立物品与设备保管员，具体负责物品与设备的分配、领用和保养工作。

3．分级归口管理

客房物品与设备应实行分级归口管理，专人负责，将物品与设备管理同部门、班组的岗位职责联系起来，在确保服务质量的情况下，实行“增收节支有奖，浪费受罚”的奖惩措施。

客房设备的日常管理和使用是由客房管理系统各部门、各班组共同完成的，各部门、各班组既有使用这些设备的权利，也有管好这些物品与设备的责任。因此，必须实行分级归口管理。分级就是饭店内部管理体制实行设备主管部门、使用部门、班组三级管理，每一级都有专人负责设备管理，都要建立设备账卡，从而使客房设备的管理落到实处。

对客房设备分级归口管理的关键是：一要账面落实，各级各口管理的物品与设备的数量、品种、价值都要一清二楚，有案可查；二要完善岗位责任制、维修保养制和完全技术操作等规章制度；三是要和经济利益结合起来。

4．建立和完善岗位责任制

设备用品的分级管理，必须有严格、明确的岗位责任做保障。岗位责任的核心是责、权、利三者的结合。既要明确各部门、各班组、个人使用设备用品的权利，更要明确他们用好、管理好各种设备用品的责任。责任越明确，对客房设备用品的使用和管理越有利，也有利于更好地发挥设备用品的作用。

5．客房用品的消耗定额管理

客房用品价值虽然较低，但品种多，用量大，不易控制，容易造成浪费。实行客房用品的消耗定额管理，是指以一定时期内，为保证客房经营活动正常进行所必须消耗的客房用品的数量标准为基础，将客房用品消耗数量定额落实到每个楼层，进行计划管理，用好客房用品，达到增收节支的目的。

6．建立设备档案

客房部的各种设备都必须建档；设备档案内容要完整；档案应附有采购单或申购副本以及发票副本；档案中应包括设施、设备的名称、购买日期、生产厂家、价格、维修记录等。这是对设施、设备进行采购和管理的依据。

7．及时做好客房物品与设备的补充和更新工作

饭店是高消费场所，客人对饭店客房物品及设备的要求很高，不仅要干净卫生，而且要经常变化、经常更新，从而使客房物品与设备具有折旧快、更新周期短的特点。因此，要求客房管理者必须事先做好计划，根据物品与设备的品种、规格、质量等规定各种物品的使用周期，并定期检查设备性能和使用效果，提出申报更新计划，报饭店批准，及时做好客房物品与设备的补充和更新工作。

客房设备的更新，依据其类型的不同而具有不同的特点和要求。清洁设备的更新往往要根据其质量、使用和保养情况决定。通常，只要机器不出现明显问题，如老化、严重磨损、清洁效果不佳和维修费用过高等，就可以照常使用。

第二节　客房设备的选择与保养

一、客房设备的分类与选择

1．客房设备分类

客房设备主要包括家具、电器设备、卫生设备、清洁设备、安全装置及一些配套设施。

（1）家具。家具是人们日常生活中必不可少的主要生活用具。客房使用的家具主要有卧床、床头柜、写字台、软座椅、小圆桌、沙发、行李架和衣柜等。

（2）电器设备。客房内的电器设备主要有：

1）照明灯具。客房内的照明灯具主要有门灯、顶灯、地灯、台灯、床头灯等。它们既是照明设备，又是房间的装饰品。

2）电视机。电视机是客房的常用设备，可以丰富客人的生活。

3）空调。空调是使客房保持适当温度和调换新鲜空气的设备。

4）音响。音响是供客人收听有关节目和欣赏音乐的设备。

5）电冰箱。为了保证客人的饮料供应，在客房内放置小冰箱，在冰箱内放置酒品饮料，方便客人随时饮用。

6）电话。房间内一般设两架电话机，一架放在床头柜上，另一架装在卫生间，方便客人接听电话。

（3）卫生设备。卫生间的设备主要有洗脸台、浴缸、坐厕、毛巾架、镜子、灯具、垃圾桶等。

（4）清洁设备。清洁设备主要包括吸尘器、吸水机、洗衣机、烘干机等。

（5）安全装置。为了确保客人的安全，客房内一般都装有烟雾感应器，门上装有窥视镜和安全链，门后张贴安全指示图，标明客人现在的位置及安全通道的方向，楼道内装有电视监控器，自动灭火器，安全门上装有昼夜照明指示灯。

2. 客房设备用品的选择与配备

在选择客房设备时，要寻求技术上先进、经济上合理、和饭店档次相匹配的最优设备。合理的选择客房设备，有利于提高饭店的工作效率和服务质量，满足客人的需求。每个饭店要根据自身的特点，确定客房设备的选择标准，这是进行客房设备管理的基础。

客房设备用品配备标准是以客房使用的消耗性物品和床上用品、卫生间用品为主，至于服务员使用的塑料垃圾袋、各型垃圾桶等，主要是根据客房清洁卫生的工作量大小、服务场所摆放需要等确定其配置标准的。客房使用的客用物品的配备标准主要是根据饭店客房和床位数量来确定，一般以单房为基础。现以三星级饭店的标准客房为例，说明其配备标准（见表12-1）。

表12-1 三星级饭店客房用品配备标准

物品名称	消耗方式	配备标准	物品名称	消耗方式	配备标准
1. 客用消耗性物品					
服务指南	多次性	1本/房	热水瓶	多次性	1只/房
客人意见卡	一次性	1本/房	冷水瓶	多次性	1只/房
电话簿	多次性	1本/房	茶水杯	多次性	2只/房
客房菜单	一次性	1张/房	冷水杯	多次性	2只/房
订餐单	一次性	1张/房	普通信封	一次性	2个/房
请勿打扰牌	一次性	1个/房	航空信封	一次性	2个/房
洗衣袋	多次性	1个/床	信纸	一次性	6张/房
购物袋	一次性	1个/床	便签	一次性	10张/房
房价表	多次性	1张/房	圆珠笔	多次性	1支/房

（续）

物品名称	消耗方式	配备标准	物品名称	消耗方式	配备标准
1．客用消耗性物品					
紧急疏散图	多次性	1张/房	针线包	多次性	1个/房
文具夹	多次性	1个/房	酒水单	一次性	1套/房
洗衣单	一次性	1套/房			
2．床上用品					
棉褥	多次性	1条/床	床罩	多次性	1条/床
床单	多次性	2条/床	枕套	多次性	2个/床
毛毯	多次性	1条/床	备用毛毯	多次性	1条/床
枕芯	多次性	2个/单人床	双人床枕芯	多次性	4个/双人床
大枕芯	多次性	6个/特大床	晚安卡	多次性	1个/床
记事卡	一次性	2张/床			
3．客用生活用品					
拖鞋	一次性	1双/床	安全火柴	一次性	2盒/房
擦鞋器	多次性	1只/床	茶叶	一次性	4袋/房
大衣刷	多次性	1把/房	衣架	多次性	6个/房
鞋拔子	多次性	1把/房	烟灰缸	多次性	3个/房
4．卫生间用品					
卫生纸	一次性	1卷/房	浴巾	多次性	1条/床
擦面纸	一次性	2份/房	手巾	多次性	1条/床
浴皂	一次性	1块/床	地脚巾	多次性	1条/床
香皂	一次性	1块/床	牙膏	一次性	1盒/床
漱口杯	多次性	1只/床	牙刷	一次性	1把/床
浴帽	一次性	1个/床	梳子	一次性	1把/床
浴液	一次性	1份/床	浴衣	多次性	1条/床

二、客房设备的保养

1．客房设备

客房设备的保养主要在于平时的清洁和计划保养。

（1）所有客房设备不可随意搬进搬出。在一些管理严格的饭店，客房设备的搬动或更换，哪怕是一张椅子，都必须经过客房部经理批准并予以记录方可。

（2）所有需要出门维修的物品，即使从客房部拿到工程部，都必须经过客房中心予以记录和填附维修单。同时，要将该处打上维修标志或以备用品补充上去，直至维修好的物品送回原处为止。

（3）那些存放在库房中的备用设备或维修、报废设备都必须擦净、堆齐，并应加盖兜以遮灰挡尘。

2．清洁设备

一般情况下，饭店员工对于客房和公共区域设备的保养还比较重视，但对于他们日常使用的清洁工具却有忽略之处。清洁设备的使用效果和寿命在很大程度上依赖于其日常的保养工作。清洁设备的保养要注意以下方面：

（1）所有员工应该知道何时要用到清洁设备。

（2）所有使用人员都知道如何按照操作要求去使用清洁设备，并将不同的设备以正确的方法用于相应的工作项目中。

（3）所有清洁设备在使用后都应进行全面的清洁和必要的养护。

（4）设备使用前后都应检查其完好状况，发现问题要及时处理。

（5）遵循规定的维修保养程序，所有设备应建有保养卡。

（6）要有良好的存放条件并按要求摆放。

（7）每一种设备都应有其规定的空位置。

（8）有供存放所有附件的柜子、抽屉、架子和挂钩等。

（9）有可供进行设备清洁保养的工作台、冷热水池和电源插座、灯光照明等。

3．设备的更新改造

清洁设备的更新往往要根据其质量、使用和保养情况决定。通常，只要机器不出现明显问题，如老化、严重磨损、清洁效果不佳和维修费用过高等，就可以照常使用而不实行强制性淘汰。电器设备档案和饭店工程部、设备供应商可为此提供比较可靠的分析依据和结果。

客房设备的更新就有所不同了。为了保证饭店的规格档次和格调一致，保持并扩大对客源市场的影响力，多数饭店都要对客房进行计划中的更新改造并对一些设备用品实行强制性淘汰。这种更新计划往往有以下规律：

（1）常规修整。这项工作一般每年至少进行一次。其内容包括：

1）地毯、饰物的清洗。

2）墙面清洗和粉饰。

3）常规检查和保养。

4）家具的修饰。

5）窗帘、床罩的洗涤。

6）油漆。

（2）部分更新

客房设备使用达 3～5 年时，即应实行更新计划。其内容包括：

1）更换地毯。

2）更换墙纸。

3）沙发布、靠垫等装饰品的更新。

4）窗帘、帷幔的更换。

5）床罩的更换。

由于饭店业竞争日趋激烈，客人的需求也在不断发生变化，这就使饭店客房的更新周期越来越短，有些饭店几乎年年都在更新。

（3）全面更新。这种更新往往 7～10 年进行一次。它要求对客房的陈设、布置和格调等进行全面、彻底的改变。其内容包括：

1）橱柜、桌子的更新。

2）弹簧床垫和床架的更新。

3）座椅、床头板的更新。

4）更换新的灯具、镜子和画框等装饰品。

5）地毯的更新。

6）墙纸或油漆的更新。

7）卫生间设备的更新，包括墙面和地面材料、灯具和水暖器件等。

客房设备的更新，尤其是在全面更新改造之前，一定要做广泛的市场调查，了解国内外同行业的基本情况，掌握饭店业、旅游业的最新发展趋势，根据市场需求合理地调整设施、设备和产品结构。根据饭店自身的经济实力，既要适合当前市场的需求，又要有一定的远见性、超前性，增添一些方便客人享用的新功能、新科技设备，要有新观念、新思维，以保持和增强饭店的竞争力。另外，还需要考虑改造成本，力求尽快收回投资。

第三节　客房布件管理与控制

布件又称为布草、布巾或棉织品。布件不仅作为一种日常生活必需品提供给客人使用，而且常被用于装饰环境、烘托气氛。布件管理是饭店客房管理的主要任务之一。布件房的主要功能是负责饭店所有员工制服、棉织品洗涤后的交换业务，主要工作包括：对饭店所有布草的收发、分类和定期盘点；员工制服的保管、修补和更换；定期添补与更新布草与制服。

一、客房布件的选择

客房常用的布件包括床上布件、装饰布件（如窗帘、椅套）、卫生间布件等。

床上布件主要是指床单和枕套，大多数饭店选用的床上布件一般为白色，这不仅因为白色看起来清洁和舒适，还因为易于洗涤和保养。对于床上布件的选择，主要在于其质量标准和规格尺寸要求。

1．质量要素

布件的质量主要取决于以下要素：

（1）纤维质量。纤维的长短对布件的质量有重要的影响。如果所用的纺织纤维长，则纺织出来的纱均匀、平滑、强度高、舒适度好；而短纤维纺织出来的纱粗糙、强度差，织成的织物厚重，易摩擦起球。

（2）纱支数。纱支数的高低与纤维也有很大关系，纤维长，纺纱细而紧，纱支数高，不易起毛，而且耐洗、耐磨。

（3）织物密度。这是指纺织品在同样面积内纱线排列的疏密程度。密度高而经纬分布均匀的织物，舒适度和强度俱佳。用作床单的织物密度一般为288×244根/10cm^2～400×400根/10cm^{2}不等。用作毛巾类的织物，是由涤经纱、纬纱和毛经纱组成的。

（4）毛圈的数量和长度。通常毛圈多且长，则柔软性好，吸水性强，一般毛圈长度在3mm左右，若毛圈太长则易钩坏。

（5）缝制工艺。各类纺织品卷边要平整，宽窄要均匀，针脚线要等距离且有一定密度。

所有的接缝，要求必须牢固，接缝处留足接缝边料。

2．规格尺寸

即使是同一种类的床单，其尺寸也可能有所不同。下列是4种不同规格的床单和3种枕芯、枕套常用的尺寸。

单人床单：1.6m×2.4m～1.82m×2.64m。

双人床单：2.09m×2.64m。

大号床单：2.29m×2.79m～2.29m×2.92m。

特大号床单：2.74m×2.79m～2.74m×2.92m。

标准号枕芯枕套：枕芯51cm×66cm，枕套53cm×89cm。

大号枕芯枕套：枕芯51cm×76cm，枕套53cm×99cm。

特大准号枕芯枕套：枕芯51cm×92cm，枕套53cm×112cm。

二、布件的入库保管

1．库存条件

全棉织物的特点是吸湿后会霉变。霉变的环境条件是湿度、温度、蛀虫等。布件保管时要做好防霉工作。防霉的必要条件是：通风情况良好，相对湿度不大于50%（可使用去湿机），温度在20℃以下为宜。此外，墙面经过防渗漏、防霉蛀预处理，地面使用PVC石棉地砖。这种环境下的布件存放相对比较安全。

2．存放要求

（1）布件需要分类存放，所有布草房的架子、搁板摆放整齐，客房和餐饮布巾要分类存放并用标签注明，以确保发放布件时的准确性和效率。

（2）遵循“先洗先出、后洗后出”原则，按布件送回的先后顺序摆放，并做好标记说明，以确保每件布草的使用周期大致相同。

（3）新布件应先洗涤再储存、使用，洗涤好的布件应充分散热透气。

（4）暂时不用的布件要贴好标签进行封存，并注明种类、尺寸。

（5）备件不宜过多，闲置太久。

三、布件的发放控制和报废后的处理

1．布件的发放控制

（1）楼层服务员每天清洁房间的卫生前，首先必须要认真检查房间内所配毛巾的数量是否与规定数量相符，毛巾是否完好。

（2）服务员如发现某房间毛巾的数量不够或客人使用后毛巾出现严重污染和破损应马上报告楼层领班，由领班将情况报告给大堂经理，大堂经理将会按规定与客人进行协商处理，未见处理结果，该房间所缺毛巾暂不补配。

（3）布草房员工每天上楼收脏布巾时，应和楼层服务员当面点清数量，然后将同数量的干净毛巾发给服务员使用，并做好记录工作。

（4）若楼层通知有加床，需要加一套毛巾，布巾房员工应登记房号，如加床撤掉后，及时收回毛巾。

（5）布草房收集的脏毛巾，要如数送到洗衣房，由洗衣房员工清点数量并作记录，再进行洗涤。

（6）洗衣房将洗干净的毛巾如数送回布草房，布巾房员工当面点清毛巾的数量，并与送去洗衣房的脏毛巾数字相对照，数量必须一致。

（7）布草房对洗衣房每天送回的、需报损的毛巾要进行再检查，并作记录，针对有特别污迹的毛巾，配合洗衣房进行特殊处理，将处理后返还的毛巾重新投入使用。

（8）员工不得擅自使用可用毛巾进行清洗工作，一经发现，将进行罚款处理。

2．布件报损的条件及处理

（1）棉织品报损的条件。棉织品在采购库存并投入使用后，在使用过程中的质量保证一般由洗衣房来控制。洗衣房工作人员在洗涤中发现严重污渍的床单后对其进行单独去渍处理，在折叠熨烫过程中发现有破损应抽出进行处理，归纳起来棉织品的报损条件有以下几点：

1）旧棉织品。旧棉织品是指棉织品由于超常使用洗涤熨烫而变薄变黄，并出现毛边，对于这种棉织品洗衣房人员应将其挑出单独堆放，进行清点，登记报损。

2）污渍报损。由于各种原因，有的是客人使用不当，有的是服务员使用不当造成棉织品污染，洗衣房人员又没有及时发现，经过正常高温和洗涤后，污渍无法去除的棉织品应报损。

3）破损棉织品。这里的破损是指棉织品在使用、运输、洗涤过程中被刮破、绞破或有烟头烧痕等情况的棉织品，应作报损处理，但是一般的开线、开口的破损应送交缝纫组进行修补，不必作报损处理。毛巾类如果出现个别绒头应剪掉绒头继续使用，如整个纬线经线脱线造成明显残迹的也应报损。

4）褪色报损。这主要指的是餐厅用的各色桌布、餐巾、餐垫等，由于长期使用和洗涤作用严重褪色的应进行报损。

（2）报损棉织品的处理

1）报损棉织品的再利用。如果床单有破洞或脏迹不容易去掉，可将它剪成小块做成枕套。当枕套报损后改作抹布，因为用报损的枕套来擦尘，其纤维少，擦尘效果好，大毛巾可改小毛巾，小毛巾可改为抹布，台布可改餐巾，餐巾可改抹布，这样可以节省一些开支。

2）划价卖出。无论是新的棉织品还是报损的棉织品，都需要相应的空间来储存，为尽可能少占有空间，应经常对报损棉织品进行处理，最好多去几个地方询价，以便将破损棉织品以最好的价格卖出。

四、制服的管理

布草房的主要功能之一是负责保管和发放各级管理人员、各工种员工的制服。

1．制服的设计和选购

设计和选购制服时，应考虑舒适、实用、美观、耐用、易保养等因素。

2．制服的订购量

一般来说，每位员工三套制服是最起码的订购量，但明智一点的饭店经理会要求额外再加一套，以备再换之用。

3．制服的日常送领

制服的日常送领通常要经过以下三个环节：

（1）申领。新入职的员工，由人事部门或申领部门填写“制服申领单”，注明员工部门、工种，部门经理审批签名。

（2）发放。员工制服是根据各部门、各工种、各职务的要求，测量身材，统一制作的。一般由员工试穿合适后，在制服上实行统一编号，并将配套的其他物件按规定统一发给员工。

（3）记录。将员工发放制服情况记在“员工制服领取登记表”（见表 12-2）上，并建卡存档。

表 12-2　员工制服领取登记表

姓名：　　　　　　　　　　　　员工编号：

部门：　　　　　　　　　　　　职　　务：

制服名称	冬夏装	单位	数量	领取登记			缴交登记		
				领取人	领取日期	经办人	回交人	回收日期	经办人
T恤衫									
裤子									
裙子									
外衣									
西装衫									
领带									
衬衫									

4．制服的入库保管

（1）分类保管。员工的制服要实行分类存放、分类管理的办法。按制服的质地、使用的部门进行分类，如厨师制服因洗涤频率高，通常将它们放在布草房专用窗口最容易拿取的地方。

（2）统一修补。如果制服出现破损、缺扣、开线等情况，由布草房统一修补，不能修补或补后影响员工仪容、仪表的，经主管批准，从后备制服中补发。

（3）完善保管制度。布草房对各部门员工的制服需要制定一个完善的保管制度。制服不能穿出饭店，下班后要放到员工衣柜保管。制服的收取和发放均要在布草房的专用窗口和规定时间进行。

5．制服的更新和补充

制服需要更新时，由饭店统一制作，以保证员工着装整齐、美观。旧制服则统一处理。由于损坏、丢失等原因而需要补充的，由部门主管查明原因，员工本人填写“制服申领单”，经部门经理签字后，由布草房报销和补充新制服。

第四节　客房用品管理

客房用品又称日常客用品，主要是供客人使用的生活必需品，在客房部的费用中，客房用品的耗费占了较大的比重。由于这些物品有很强的实用性，是每个人都用得上的生活品，因此也容易发生流失。因此，饭店应该加强对客房用品的控制与管理。

一、客房用品的分类

（1）按物品消费形式来分，可分为一次性消耗品和多次性消耗品。

一次性消耗品如茶叶、信笺、信封、牙刷、香皂、梳子、洗浴液等。

多次性消耗品是指可以连续多次供客人使用的物品，如布草、卫生间“五巾”（面巾、浴巾、披巾、小方巾、地巾）、衣架、烟缸、杯具等。

（2）按物品供应的形式来分，可分为客房免费赠品、客房备用品和客人租借用品等。

客房免费赠品即上面所说的一次性消耗用品，是客人可以带离饭店的物品，包括香皂、洗衣袋、礼品袋、鞋擦、文具、一次性拖鞋、一次性剃须刀、洗浴液、洗发液、牙具、淋浴帽、梳子、卫生纸、火柴、面巾纸、茶叶、针线包、圆珠笔、明信片等。

客房备用品和客人租借用品虽然都属于多次性消耗用品，这种分开归类的方法有利于提高客房物品的保管和使用寿命。

客房备用品是放在客房内供客人使用一般不允许被带走的，但有些备用品如衣架、烟灰缸、酒具、棉织品、服务夹、卫生间防滑垫等会被客人当作纪念品带走，因此要对这些物品加强管理。

客人租借用品一般不放在客房内，而是存放在客房服务中心，供客人临时需要时可以借用的。有不少客人，特别是女客，常常会向饭店借各种物品，如熨斗、熨衣架、冰袋、急救袋、泡沫枕头等。因此，客房部应该准备这些物品，以满足客人的需求，同时要有相关的制度，以保证这些物品的顺利归还。

二、客房用品选择时应遵循的原则

1．物尽其用、方便客人

客房用品是为了方便客人的生活而提供的。因此，在选择时必须符合方便、实用的标准。

2．好中选优、优中选廉

现在，客房用品的供应商越来越多，作为用户，在选择客房用品时可以货比三家、好中选优、优中选廉。因为客房用品的消耗量很大，所以在选择时要注意合理的价格。

3．美观大方、相得益彰

在选择和摆放客房用品时应注重精致、美观、大方，这样在客人使用时容易留下舒适、享受的感觉，同时，美观大方的客房用品也是饭店档次的重要标志。

此外，在客房用品选择和摆放时还要尊重客人的宗教信仰、风俗习惯。不同等级的饭店、不同档次的客房，客用物品配置的种类、规格是不相同的。饭店应根据自身情况及有关行业标准，合理地进行选择和配置。

客房用品不仅种类多，而且也处在不断筛选和改进中。饭店在选择客房用品时应遵循上述三条原则，并结合工作经验和具体情况来进行。有时，别出心裁的选择可以收到意想不到的效果。例如，某饭店的客房中为客人准备了小袋的洗衣粉，这不仅解决了客人洗小衣物的困难，也可以节省香皂的发放量。

三、客房用品消耗定额的制定

通常，客用消耗物品是按照客房客用物品的配置标准进行配置和补充的。但由于客用消耗品并非每天都消耗掉，因此对于客用物品的实际消耗情况要进行具体的统计分析，从中找出规律。

制定客房用品的消耗定额，就是以一定时期内为完成客房接待任务所必须消耗的物资用品的数量标准为基础，将客用品消耗的数量加以确定，并落实到每个楼层，以加强计划管理，达到增收节支的目的。

（1）一次性消耗客用品定额的制定方法是以单房的配备为基础，首先确定每天的需要量，然后根据预测的年平均出租率来制定年度消耗定额。计算公式为

一次性消耗品年消耗定额=单房配备数×房间数×预测的年均出租率×365

也可以用另外一个公式

一次性消耗品的消耗定额=出租客房的间天数×每天客房的配置数×平均消耗率

例如：客房内的浴帽，每间客房每天提供 2 个，每间客房每天的平均消耗量为 1.5 个，即平均消化率为 75%。如果某一楼层本月客房的出租总数为 180 间天，那么该楼层本月的浴帽消耗应为

180 间天×2 个/间天×75%=270 个

确定定额标准后要按定额进行供应，以满足客人的需要。如果客人有额外的需要，也应该尽量满足其要求。同时，对各楼层消耗不足和超额消费的物品可以进行内部调节，尽量使在单位时间内接待的总人次消耗的物品总量不突破预订指标。

（2）多次性消耗物品的定额是指在饭店客房正常运转的条件下，客用多次性消耗品的年度更新率如何确定。多次性消耗物品如客房棉织品中的毛巾、床单、被罩等，是客房中使用频率较高的消耗品，因此其消耗定额的制定是控制客房费用的重要措施之一。

多次性消耗物品定额的确定方法，首先应根据饭店的星级或档次确定单房配备的数量，然后确定棉织品的损耗率，就可以制定消耗定额。计算公式为

多次性消耗品消耗定额=单房配备套数×房间数×年度更新率×预测的年均出租率

在控制客房用品时，要做到内外有别，即客人使用的物品要严格按照有关标准配备，该补充的一定要补充，该更新的必须及时更新。楼层员工内部使用的物品要厉行节约，能修则修，能补则补，精打细算，这样在保证对客服务质量的前提下可以尽量减少饭店开支。

四、客房用品的日常控制

1．客房用品的发放

客房用品的发放应根据楼层工作间的配备标准和消耗情况，规定使用周期和领发时间，一般是一周发放一次，固定在某一天。这样不仅方便了库房的管理工作，也可以使楼层的日常工作更加条理化，减少漏洞。

客房用品定额落实到各楼层、各班组，在客房用品发放之前，楼层领班应将其所辖楼层的库存情况了解清楚，并填写“日常消耗品申领单”（见表 12-3）领取货物，并在领取货物后将此单留在中心库房，以便统计。

表 12-3　日常消耗品申领单

楼层：__________　　日期：__________

物品名称		要求数	供应数	物品名称		要求数	供应数
1	普通信封			15	客人意见书		
2	航空信封			16	住客预订表		
3	便签纸			17	迷你吧酒水单		
4	明信片			18	服务指南		
5	圆珠笔			19	烟灰缸		
6	面巾纸			20	火柴		
7	水杯			21	干洗单		
8	洗衣袋			22	湿洗单		
9	卫生袋			23	枕套		
10	垃圾袋			24	浴帽		
11	大香皂（50g）			25	浴液		
12	小香皂（18g）			26	卫生纸		
13	化妆棉球			27	须刨		
14	文具夹			28	行李贴		

服务员用的清洁用品见表 12-4。

表 12-4　服务员用的清洁用品

物品名称		要求数	供应数	物品名称		要求数	供应数
1	拖把			14	鞋油（黑）		
2	什物			15	鞋油（棕）		
3	空气清新剂			16	鞋油（棕黄色）		
4	除虫剂			17	鞋油（自然色）		
5	鞋刷			18	擦鞋袋		
6	扫把			19	厕所刷		
7	清洁棉			20	洁厕剂		
8	胶手套			21	家具蜡		
9	尼龙刷			22	厕所泵		
10	洗洁精			23	浴袍袋		
11	垃圾铲			24	玻璃水		
12	遗失损坏表			25	工程维修单		
13	布草交换表			26	房间检查报告表		

2. 客房用品的保管

做好客房用品的保管，可以减少物品的损耗，保证正常的周转。良好的库存条件和合理的物流管理程序是做好客房用品保管工作的两个必要条件。

客房用品的存放环境要保持干燥、整齐，货架要采用开放式，货架与货架之间要有一定的距离，以利于通风。物品摆放要分类，重物在下，轻物在上。瓶装液体不能倒置或横摆，以免液体外流，造成不必要的损耗。

要加强库房的安全管理，做到“四防”，即防火、防盗、防蛀虫、防霉烂变质。遵循“先进先出”原则，经常检查库房物品，严格掌握在库物品的保质期，对即将到期的物品应提前向上级反映，一旦发现有霉变、破损的，要及时填写报损单，请有关部门审批处理。

3．完善制度，加强统计分析

要建立客房用品的领班责任制，优化储存客房用品的仓库环境，建立奖惩制度，控制饭店员工或外来人员上楼层，工作车上锁，加强安全检查力度。

饭店各楼层的客房服务员每天完成客房清扫任务后，都要对客房物品的消耗进行统计分析，并填写每日客房物品消耗用量表（见表12-5），由领班进行汇总核实。

表12-5 每日客房物品消耗用量表

楼层：________ 日期：________

房间号	01	02	03	04	05	06	07	08	09	10	11	总数	备注
卷纸													
浴帽													
洗发液													
沐浴液													
香皂													
牙具													
梳子													
剃须刀													
购物袋													
拖鞋													
针线包													
擦鞋纸													
明信片													
圆珠笔													

一般情况下，客房部每月应根据上述表格对客房用品的消耗情况统计分析一次，并作出每月楼层耗量汇总表，分析每间客房每天的平均耗用量，结合客房出租率及上月情况制作每月物资消耗分析对照表（见表12-6）。

表12-6 每月物资消耗分析对照表

文员：________ 日期：________

品名	单位	单价/元	上月消耗	金额/元	本月消耗	金额/元	与上月相比	
							增（%）	减（%）
卷纸	卷							
浴帽	个							
洗发液	袋							
沐浴液	袋							
香皂	块							
牙具	个							

（续）

品　名	单　位	单价/元	上月消耗	金额/元	本月消耗	金额/元	与上月相比	
							增（%）	减（%）
梳子	把							
剃须刀	个							
购物袋	个							
拖鞋	双							
针线包	个							
擦鞋纸	张							
明信片	张							
圆珠笔	支							
杯垫	个							
服务指南	本							
维修单	张							
意见书	张							
合　计								

上月入住率	本月入住率	与上月相比		上月每间房消耗额	本月每间房消耗额	
		增（%）	减（%）			

4. 客房用品控制的方法

客房部对客用品的日常控制，一般采取三级控制的方法。

（1）楼层领班对服务员的控制。

1）通过工作表控制服务员耗用量。楼层领班通过服务员做房报告，控制每个服务员使用的消耗品，分析和比较各服务员每房、每客的平均耗用量。服务员按规定数量和品种为客房配备和添补用品，并在服务员工作表上作好登记。领班凭服务员工作表对服务员使用客用品情况进行核实，防止服务员偷懒或克扣客人用品据为已有。

2）检查与督导。领班通过现场指挥和督导，减少客用品的浪费和损坏。督导和检查服务员清扫房间的工作流程，杜绝员工的野蛮操作。例如，少数员工在清洁整理房间中图省事，将一些客人未使用过的消耗品当垃圾一扫光，或者乱扯、乱扔客房用品等，领班应及时对其加强爱护客用品的教育，尽量减少浪费和人为破坏。

（2）建立客用品的领班责任制。各种用品的使用主要是在楼层进行的，因此定额标准掌握的关键在领班。建立楼层客用品的领班责任制，是客房部对客房用品的第二级控制。

1）楼层配备物资用品管理人员，做到专人负责。楼层可设行政领班和业务领班。行政领班负责楼层客用品的领发和保管，同时协助业务领班做好对服务员的清洁、接待工作的管理。

2）建立楼层资产管理档案。平时如有资产增减或移动，必须由楼层主管或经理批准，并由楼层主管在资产登记卡上进行更改，以加强领班的责任心。

3）建立领班报告制度。领班每天汇总本楼层消耗用品的数量，向客房部汇报。每周根据楼层的存量和一周的消耗量开出领料单，交客房中心库房。每月底配合客房中心库房的物品领发员盘点各类用品。

（3）客房部对客用品的控制。客房部对全饭店各楼层客房用品的控制，是第三级控制。它可以从两个方面着手：一是通过客房中心库房的管理员（物品领发员），负责整个客房部的客用品领发、保管、汇总和统计工作。二是楼层主管应建立相应的客用品领用规范，使客用品的消耗在满足业务经营活动需要的前提下，达到最低限度。

5．加强客房用品控制的意义

加强客房用品的控制和管理可以节能降耗、增加收益，强化饭店等级规格，体现饭店管理精神和增收节支的意识。

本章小结

客房设备用品的分类、控制以及布件用品的管理在饭店客房部的工作中具有非常重要的作用。客房设备用品管理的任务是编制客房物品与设备采购计划，制定客房物品与设备管理制度，做好物品与设备日常管理和使用，对现有设备进行更新和改造。

客房部费用支出是否合理，直接影响到饭店的经济效益。因此，客房部必须合理配置客房用品并进行严格的控制与管理，充分调动员工的工作积极性与主观能动性，使他们树立主人翁的责任感，真正做到从满足客人需求和工作实际出发，对客房部的各种设施、设备进行维护和保养，控制支出，减少浪费和损失，以取得良好的经济效益。

思考与练习

一、填空题

1．客房设备主要包括家具、________、________、________、________及一些配套设施。

2．设备的更新往往要根据其质量、使用和保养情况决定，通常分为常规修整、________________和________。

3．制服的日常送领通常要经过以下三个环节：________、________和________。

4．客房部对客用品的日常控制，一般采取三级控制的方法，即楼层领班对服务员的控制________、________。

二、不定项选择题

1．客房提供给客人的一次性消耗用品包括______。　　（　　）

A．香皂、洗衣袋、礼品袋　　B．洗浴液、洗发液、牙具

C．茶叶、针线包、圆珠笔　　D．毛巾、浴巾、雨伞

2．布件保管时要做好防霉工作。防霉的必要条件是：通风情况良好，相对湿度不大于______。　　（　　）

A．30%　　B．40%　　C．50%　　D．60%

3．客房部各种设备档案的内容应包括______。　　（　　）

A．设备的名称　　B．购买日期　　C．生产厂家　　D．维修记录

三、简答题

1．选择客房设备时应考虑哪些因素？

2．客房布件报损的条件及处理办法有哪些？

3．如何确定客房客用品的消耗定额？

4．如何做到客房设备用品的管理？

四、案例分析

从2008年3月起，客人可在美国“公园大道70号饭店”自行选择十几种防鼾枕头。其中的一款枕头能够支撑颈椎，引导客人侧睡或仰卧，保证气道的畅通，减小打呼噜的几率。

客人抵达饭店前，可以发邮件咨询饭店的“枕头管理员”，详细询问15种防鼾枕头的功效，并决定选用何种枕头。据悉，用荞麦壳填充的枕头最受客人欢迎。这种枕头能够刺激血管，促进血液循环。此外，添加了香料、能够有效缓解疲劳的芳香枕头也大受女性消费者的青睐。

几乎所有的饭店都在竞相采购提高客房舒适度的物品。可是，冷静下来好好想想时，却发现客人最在乎的是优质睡眠，而不是高速的网络、可口的食物、宜人的环境。因此，纳尔逊决意在饭店推广防鼾枕头，并向金普顿集团旗下的其他饭店推荐。

其实，纳尔逊只是一个具体的例子。在众多客人抱怨“又是一个不眠夜”后，助眠用品成为众多美国饭店、Spa 的热门采购商品。万豪、希尔顿、奥姆尼、港丽等高档饭店也纷纷以各种形式展开“睡眠计划”：

（1）与“公园大道70号饭店”同属金普顿饭店管理集团的芝加哥Monaco饭店适时推出了“熟睡套房”。碧绿柔软的竹帘取代窗帘，为套房营造了静谧、安宁的睡眠环境。房间内，保健枕头、睡眠面具等助眠用品更是一应俱全。虽然入住一晚需要花费360美元，不少客人还是首选“熟睡套房”。

（2）北美的皇冠假日饭店提供“优质睡眠”服务。该服务由睡眠专家倾情打造，全程监督。入住的客人可以免费使用“睡眠专用箱”。专用箱内存放着眼罩、耳塞、薰衣草喷雾、催眠曲 CD。因为服务到位，客人很快就进入梦乡，不再辗转、难眠推出该服务的楼层因此也获得了“安静地带”的称号。为进一步提高服务质量，皇冠假日酒店还规定，饭店的叫早服务一旦出现差错，客人即可获得全额退款。

（3）奥姆尼旗下的众多饭店在饭店内布置了“冥想天地”的小角落。在那里，花费5～10美元，客人就可购买催眠CD或薰衣草香薰，营造宁静气氛，放松身心，促进完美睡眠。

（4）佛罗里达州的泰瑞豪特饭店引入“日落沉睡”项目，倡导健康睡眠，并希望客人随时随地保持良好的睡眠习惯。饭店Spa的负责人大卫·卡特表示，饭店正竭尽全力早日推出此项服务。届时，只需支付250美元，客人就能与健康专家面对面讨论生活点滴，参加瑜伽课程，在夕阳下的沙滩上举行宗教典礼，享受按摩等服务。卡特还建议客人参与这些活动时，把手机放在房间里，避免随身携带，以远离外界纷扰，享受难得的清静。当然，旅行期间尽量不要查阅邮件。若确因工作需要，最好每周查阅一次。

（5）Aqua Cancúnt度假村的空气中弥漫着薄荷、桉树、薰衣草的淡淡香气。柔和的音乐也在耳边轻声回旋。不少客人表示，一进度假村，整个人就不自觉地放松下来，心态也平和了不少。度假村的招牌服务是“午休Spa”。顾名思义，客人是在正中午享受Spa，并在Spa的房间里懒懒地睡个午觉。

（6）Canyon Ranc饭店更多的是通过医疗的方式解决客人的睡眠问题。如果客人反映自身存在失眠、打鼾、夜间频繁醒等睡眠问题，饭店会为客人安排执业医师检查身体。美国国家健康统计中心的统计数据表示，与 Canyon Ranc 一样，不少饭店倾向于以医疗方式提高睡眠质量。这已累计影响了 7 000 万美国人。

（7）Miraval Tucson 饭店针对客人的睡眠问题，组成了专门的睡眠小组。《医治睡眠》的作者罗宾·纳伊曼担任小组负责人的职务。在纳伊曼看来，安眠药破坏了自然睡眠规律，对人体不利。因此，他反对服用安眠药，提倡放松身心以医治睡眠。Miraval 的客人可免费听取纳伊曼的演讲或者花费 190 美元进行咨询。Miraval 高调推出了“健康睡眠，甜美梦境”的服务。每位客人支付 2 140 美元即可入住 4 天，并免费就餐、获得个性化的睡眠咨询以及 Spa 服务。

（8）洛杉矶地区的四季饭店为客人量身定做了“完美睡眠”服务。该服务由医生、饮食学家及有关专家发起。客人入住即可免费用餐、享受 Spa、使用保健枕头、接受针灸治疗、冥想以及一些睡眠的临床试验。眼罩、耳塞、暖脚炉、加湿器甚至泰迪熊等有助睡眠的物品应有尽有。花费取决于客人实际享用的服务。

问题：根据案例你在饭店竞争方面得到什么样的启示？

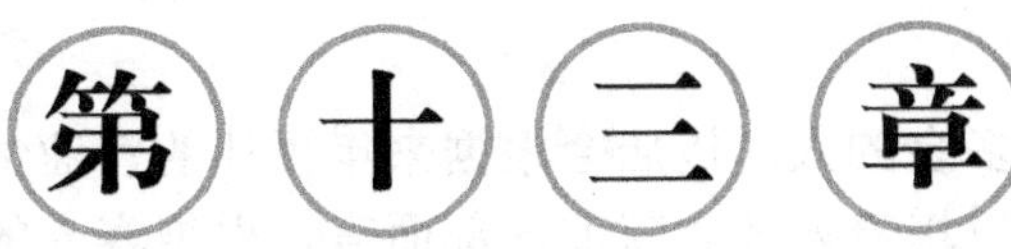

第十三章 前厅与客房管理的新趋势

学习目标

1. 了解未来前厅管理的发展新趋势。
2. 了解未来客房管理的发展新趋势。
3. 了解计算机技术应用对前厅管理的意义。
4. 了解前厅计算机管理的发展趋势。
5. 了解创建绿色客房的要求。
6. 了解绿色客房管理的基本内容。
7. 了解客房设计与饭店的发展趋势。
8. 了解智能技术在饭店客房设计与装修中的应用。

第一节　未来前厅管理的发展新趋势

21世纪提倡人文关怀，以人为本，建立和谐社会成为各国的普遍观念。在这一大趋势下，饭店的服务和管理理念也必然与这一趋势共融。

基于此，我们可以预期21世纪饭店前厅部管理的一些发展趋势：

一、组织精简化

1．精简机构，合理定编

组织结构太过繁杂，是前台对客服务过程中容易造成客人不悦的重要因素之一。未来前厅部的组织机构将化繁为简。组织扁平化是相对传统饭店管理的多层次而言的，基本特点就是削弱领班或主管等基层管理岗位的职能，扩大服务员的职责范围，缩短职位阶梯，让员工在一定范围内不必汇报，可以独立、自主地帮助客人解决一些问题。这些基层管理岗位的工作职责分解成两部分，一部分归属中层管理者，另一部分下放给服务员。这就演变成了由管理到沟通、由监督到信任的开放式管理。

结构扁平化和提升员工权限对普通员工而言，也是一种能唤起员工责任感、为客人主动服务的方式，这自然会为饭店带来良好的信誉和更充足的客源，使饭店更具竞争力。

2．一职多能，人尽其才

人力上讲求最大限度的节约，不会雇用一个多余的人。饭店会根据来年预计的营业情况，重新定编。一职多能既可以精简机构，也可以培养人才。就前厅部而言，根据客人的活动规律，上午是客人退房较为集中的时段，收银员的工作较为繁忙，接待员则没有多少事干；而下午入住客人较多，办理住宿登记的前台接待人员较为繁忙，而办理结账退房手续的收银员则较为清闲。考虑到这一特点，大部分饭店的前台都会将接待与收银的工作合并，前台每一位职员都可为客人提供登记、问讯和结账服务。此外，总机接线员也可承担起多项职能。客人按下饭店房间电话机上客房服务中心的功能键，就会发现接听电话的是总机话务员，她会将接收到的信息及时传递给相关部门。

对员工进行一职多能的培训，可让他们掌握更全面的业务技能，成为出色的员工，为客人提供全方位的服务。拥有这样的员工队伍，不仅为饭店节约了人力成本，更可提高饭店的整体服务水平。

二、经营方式社会化

饭店为了降低经营成本和管理开支，将一些利用率较低或经营成本过高的设施、服务和部门转变为社会化经营，充分利用社会上的专业公司为饭店服务，或者是饭店缺乏某些设施而通过社会公开竞争选择合作伙伴，以保证服务质量。例如，前厅部商务中心的翻译、航空票务、专车迎送等服务的管理成本和运营成本都较高，可以借助社会资源，既保证服务质量，又能减少饭店支出。但是采用这一方法时，必须确保承包商或供货商的产品质量、服务质量和管理水平符合饭店的标准，否则会影响饭店的声誉与收益。

三、产品服务个性化

现代饭店更强调在规范、标准、程序化的服务基础上向客人提供超常、灵活、个性化的服务。前厅部员工的知识层次和教育程度在饭店中最高，具有较好的人际沟通能力、决策能力、判断能力、应变能力以及创新能力。这就为产品服务的个性化提供了良好的基础。服务员针对不同的客人而采用不同的服务方法，并将自己的个性体现在服务中。因此，对前厅员工的培训应该更细、更专业，培训的重点将从程序转向观念、意识、素质和能力的培养。

四、客史档案完善化

饭店利用计算机建立客人数据库，存储每位客人的客史档案。服务人员可检索客史档案中的有关资料，了解常客的需要、习惯和爱好，以便为客人提供高度定制化的服务。服务人员可根据客人数据库存储的信息，及时发现客人急需解决的问题。

五、定价策略灵活化

（1）前台接待人员将得到更大的授权，根据客人及饭店的实际情况，灵活定价。为了提高前台销售人员工作的积极性，最大程度地提高饭店的经济效益，饭店会将接待人员的奖金与其每月的销售效果挂钩。

（2）越来越多的饭店将没有固定的房价，而是根据当天的开房率来定价，以创造最大的利润。但也有些饭店为了维持其档次及其在消费者心中的信誉，会保持其相对固定的价格水平，不会轻易降低价格或提高价格。

六、预订网络化

进入 21 世纪，饭店为了提高客房利用率和市场占有率，将利用包括价格在内的各种手段鼓励客人提前预订客房，客人将根据其提前预订期的长短，在房价上得到不同程度的优惠（提前期越长，优惠程度越大），而且，信息技术的发展也极大地方便了客人的预订，绝大部分客人在来饭店前将通过电话和互联网预订客房，没有预订而住店的“散客”，将越来越少。其中网上客房预订将成为一种新的发展趋势。

七、饭店将实施“收益管理”

收益管理能够使饭店的客房等资料得到最有效的利用，使饭店管理从经验管理上升为科学管理，从而较大程度地提高饭店的经济效益。因此，越来越多的饭店及饭店集团将日益重视并实施收益管理。

从发展的现状和趋势而言，收益管理已经从一种管理思想转化为一种先进的计算机管理系统，好的饭店计算机管理系统都会有收益管理的内容。

八、计算机应用普及化

饭店计算机系统，是计算机技术在饭店管理中最主要的应用，饭店的日常运转和管理都借助它来完成，如营业日报表、客情预报、销售情况、当日客情、客房状况、在店客人情况等。同传统的人工操作相比，计算机系统具有准确、高效、方便、快捷的特点。系统的基本功能有散客客房预订、团体客房预订、总台接待、客账管理、客房管理、客史档案管理、营业报表制作等。

专为饭店业设计的计算机管理系统最早是在 20 世纪 70 年代初期出现的，但到 20 世纪 70 年代后期才被行业接受。这些最初出现的系统价格昂贵，只能引起那些最大规模饭店的兴趣。到了 20 世纪 80 年代，计算机设备价格趋向低廉，更易于操作，系统也包含了更多功能，界面更加友好。多种类型的计算机的发展又带动了适合小型饭店计算机系统的产生。到了 20 世纪 80 年代后期，计算机管理系统已能被各种规模的饭店所接受。

第二节　未来客房管理的发展新趋势

进入 21 世纪，饭店客房的经营管理和服务将发生如下变化：

一、客房管理已经形成协作性很强的系统化管理

现代饭店以客房商品作为客人的“家外之家”和饭店经济收入的主要来源。由于客房管理涉及范围广泛，它必须以市场开发和客人住宿为前提，以前厅接待和迎接服务为引导，以楼面客房和相关服务为中心，以客人满意和获得优良经济效益为归宿。由此，必然要求客房管理推行以客房销售部门为龙头，以前厅接待服务为引导，以楼层客房管理为中心的系统管理体制。而在这一系统管理过程中，又必须加强内部各部门、各环节的互相配合与协调，共同为客人提供优质服务。现代饭店时期的这种客房系统化管理体系还会进一步得到加强，这是未来饭店客房管理的必然趋势。

二、客房管理的内部分工模块已经形成

现代饭店时期的客房管理经过近 50 多年的发展，不论其组织机构的设置如何变化，其内部分工已经形成了 4 个比较固定的模块：一是以销售部为龙头的客房销售模块；二是以客房预订为主的预约推销模块（它可以放在前厅部，也可以放在销售部）；三是以前厅接待与服务为主的房间分配与引导服务模块；四是以楼层客房管理为中心的客务管理模块（包括洗衣房与公共卫生管理）。客房管理的这种内部分工，不论未来的组织形式如何变化，这种模块结构是不会改变的，但内部四大模块的协调性会进一步加强。

三、客房管理技术手段与水平将会进一步提高

现代饭店时期客房管理的技术手段和水平已经有了很大进步，并将进一步得到发展。这主要表现在以下 4 个方面：

1．客房预订与接待设备技术水平已大大提高

传统的饭店客房管理主要采用手工方法，从 20 世纪 50～70 年代，大多数饭店采用了比较先进的威特尼系统设备。20 世纪 80 年代以后，又改用了先进、快捷、准确的计算机操作系统。进入 20 世纪 90 年代和 21 世纪初，大型高档饭店的订房管理已经采用互联网或饭店集团的专业化网络了。这种先进的技术手段还会继续发展，必将进一步推动饭店客房预订、分房、结账、查询、统计制表的准确性和高效率。

2．客房钥匙的技术水平迅速提高，并将进一步发展

为保证饭店与客人财产安全，传统饭店的客房钥匙以机械钥匙为主。20 世纪 90 年代以来，普遍采用了磁卡钥匙。21 世纪初，又开始采用以程控为中心的声控、触摸式钥匙，不仅安全性能大大提高，而且能够随时查询每次开门的时间。未来的饭店客房还会出现用客人的声音和影像等来控制的更为先进的客房钥匙。

3．客房设备技术水平将有进一步提高

未来客房设备技术水平将有进一步提高。例如，饭店客房的烟感设备、灭火设备、安全控制中心设备、客人安全保险箱设备等，进入现代饭店时期以来，随着现代科学技术的进步都有很大提高，也必然随着现代科学技术的发展而进一步提高。例如，客房内宽带网的引入与使用等，就是很好的证明。

4. 客房管理与服务将会朝着人性化与个性化方向发展

现代饭店时期的客房管理与服务，经过 50 多年的发展，其水平已经达到了相当的高度。随着现代旅游业的大发展，客人类型的多样化，消费水平和支付能力的提高，客房管理和服务都会朝着人性化和个性化的方向发展。就人性化而言，以人为本，重视人的本性。心理、动机、需求等的观念会进一步增强，人才竞争会有所加强。就个性化而言，不仅对客服务将会进一步个性化、感情化，而且对员工的管理也会更加个性化和感情化，心理学在客房管理和服务中的运用都会进一步加强。这样才能适应未来饭店客房管理市场竞争发展的需要。

四、客房服务和管理高科技化

进入 21 世纪，高科技在饭店客房服务与管理中将得到广泛应用。客房管理将完全实现网络化、自动化，以先进技术赋予饭店客房传统的“舒适”、“安全”等标准以全新的含义。使以下产品和技术在“未来客房”中的使用成为可能：

（1）光线唤醒。由于许多人习惯根据光线而不是闹钟铃声来调整起床时间，新的唤醒系统将会在客人设定的唤醒时间前半小时逐渐增强房间内的灯光，直到唤醒时刻的灯光亮得像白天一样。

（2）无匙门锁系统，以指纹或视网膜鉴定客人的身份。

（3）虚拟现实的窗户，提供由客人自己选择的窗外风景。

（4）自动感应系统。光线、声音和温度都可以根据每个客人的喜好来自动调节。

（5）“白色噪声”。客人可选择能使自己感到最舒服的背景声音。

（6）客房内虚拟娱乐中心。客人可在房间内参加高尔夫球、篮球等任何自己喜爱的娱乐活动。

（7）房内健身设备。以供喜爱单独锻炼的客人使用。

（8）电子控制的床垫。可使不同需求的客人都得到最舒服的床上感受。

（9）营养学家根据客人的身体状况设计专门的食谱。

五、客房的设计和服务将走向无障碍化

21 世纪，世界将普遍进入老龄化。因此，饭店客房在其建设、经营、管理和服务等方面，除了为残疾人提供无障碍服务以外，还应考虑到老年人的需求特点，向他们提供能够满足其特殊需求的服务设施和服务项目，同时调整客房部的服务内容和服务方式。

六、客房的装修和布置更加注重文化品位

随着市场竞争的加剧，饭店的营销策略日益多样化。目前，许多饭店在营销过程中注重文化含量，把人们特有的价值观念、审美情趣、艺术品位等文化内涵融入饭店的客房产品中，以此满足客人的精神文化需求。这种文化取向可以减轻营销的商业气味，树立良好的企业形象，也会受到客人的青睐。

七、客房服务和管理将更加注重客人的人身安全和健康问题

社会的发展使旅游者更加注重自身的安全与健康，因此在客房服务与管理中要充分考虑到这一因素。要采取各种有效的措施和手段，防止恐怖活动、各类犯罪分子，以及新、旧型传染病等对客人的袭击，确保客人在饭店住宿期间的安全与健康。

八、绿色客房将越来越受欢迎

符合可持续发展思想的绿色饭店、绿色客房将受到饭店经营者及客人的普遍推崇和欢迎。美国旅游协会最近的一项研究表明，约有 4 300 万的美国人认为自己是生态旅游者。他们并不全都是商务旅行，但这些人宣称当下榻在他们认为是具有绿色环保意识的饭店时，他们愿意多付 8.5%的费用，也就是说，人们愿意付更多的钱去实现节水、节能，减少浪费和减少污染的目的。

九、钟点客房将占据一定市场

钟点客房是一种按小时收费的饭店客房经营模式，以其灵活性和便利性受到客人的欢迎，这种经营模式适合于中低档饭店和位于机场、车站等流动人口较多地方的饭店。例如，上海华东大饭店地处火车站附近，考虑到许多旅客缺少短暂停留的休息场所，便推出钟点客房，客房利用率高达 120%以上，为此饭店专门开设了钟点客房专用楼层。另外，每年参加高考的城市考生也是钟点客房的一大市场，全国各地的饭店及时推出了“考生房”，为钟点房增加了新卖点。

第三节　前厅部计算机管理与应用

一、计算机技术应用对前厅管理与服务的意义

随着时代的发展和市场的变化，饭店实现计算机管理是大势所趋。前厅作为饭店前台业务管理中心、信息中心和协调中心，使用计算机技术进行管理和控制意义重大。

1．提高工作效率

前厅每天要处理大量有关客房预订、入住登记、户籍管理、问讯、结账等业务，手工操作速度慢、效率低，数据处理手段滞后，不适应经营管理发展和服务的需要。运用计算机技术则可以克服这些障碍，极大地提高前厅服务的工作效率。

2．提高服务质量

前厅服务种类繁多，客人需求变化的随机性强，常常因发生信息错误、传递失误等而影响服务质量。计算机技术则由于其信息存量大、处理速度快以及实时性控制等，显示了更大的优越性，从而为提高服务质量和服务水平提供了可靠的技术保障。

3．使前厅管理严格规范

饭店计算机管理系统及应用软件本身就是完整的管理模式，它集中反映了经营者的宗旨、组织、计划、控制及经营目的。因此，恰当地、不失时机地引进并很好地使用计算机技术，对加强前台和后台管理，完善功能，保持管理风格，提高饭店管理规范化水平都具有重要意义。

4．提高饭店的经济效益

采用计算机技术不仅可以节省人力、物力，提高前厅部的工作效率，而且还可以提高饭店的整体管理水平，增强市场竞争力，从而使饭店最终达到增收节支和成本控制、物流控制的目的，更大地提高饭店的经济效益。

二、前厅计算机管理的功能

前厅部计算机管理系统，是计算机技术在饭店管理中最主要的应用，前厅部日常运转和管理，如客情预报、销售情况、客房状况、在店客人情况、当日客情、营业报表制作等都借助它来完成。前厅部计算机管理系统的基本功能一般分为以下几个：

1．客房预订功能

预订系统通常可以执行以下与预订业务相关的功能：

（1）散客客房预订

1）将客人原始资料输入预订档案，生成新预订。

2）查找并更改已受理的预订。

3）建立预订记录。

4）预订确认。

5）预订记录维护。

6）自动搜索和显示客史资料。

7）打印预订报表。

（2）团体客房预订

1）建立和更新团体资料。

2）建立团体主账单。

3）查询与更改团体成员的资料或消费的变动情况。

4）制作有关报表。

2．客房管理功能

客房管理系统大多数执行以下功能：

（1）总台接待

1）办理客人登记入住并变更房态。

2）建立客账。

3）记录预付款数额及付款方式。

4）客人资料的显示和更新。

5）提供客人离店服务并变更房态。

6）取消未到达客人预订。

7）打印前厅接待报表。

（2）客房房态管理

1）维护当前房态。

2）房态差异的控制与管理。

3）辅助分房。

4）打印房态报表。

3. 客史档案管理功能

客史档案是预订和接待人员的重要工具，客史档案管理系统大多执行以下功能：

1）客人首次订房即时自动建档。

2）客人再次订房即时资料自动更新。

3）客人再次预订和入住时系统自动调用资料。

4）客史档案查询。

5）客史档案输出。

三、前厅计算机管理的发展趋势

近年来，互联网的发展日新月异，电子商务逐渐成为一种重要的经营方式，人们在商业活动中越来越多地使用网上交易、电子支付等新兴的交易方式。同传统的交易方式相比，客人的选择面更广，对商品的了解更全面，能得到最理想的价格。网上交易更方便、快捷，但由于目前网络安全存在一定隐患，网络交易还需要相当长的时间才能真正成熟。

饭店业经营者很早便意识到了网络销售对饭店经营的意义。长期以来，饭店的主要客源大都来自于旅行社、订房系统、航空公司及其他中介机构，为此需支付相当比例的回扣或给予相当大的折扣，从而影响了饭店的收益，而客人并没有得到最大的优惠。网络恰好解决了这一矛盾。客人可以通过网络了解饭店的最新信息，如价格、房间类型、装饰风格、餐饮特色、娱乐设施等，同时在同一地区拥有较多的选择，能寻找到最适合自己的饭店。另外，网络预订还是一种最经济、快捷的预订方式，客人只需支付少量的网络费用便可避免相对高昂的长途电话费用，而网络费用在某些欧美发达国家甚至是免费的。对饭店而言，网络预订则可减少中介支出，提高平均房价，并可通过链接热门网站提高知名度，以较少的支出获得较大的宣传效果。

近年来，国内饭店网络也有较大发展，“网络”成为一种时尚。大饭店也纷纷在本地以及知名网站上注册域名。但由于多数网站建设还不够完善，除上海、北京等少数城市外，多数地区网站还只能提供饭店的图文信息，无法直接提供网上订房服务，而只能通过电子邮件订房。国内饭店网络预订服务最完善的应属上海和北京，其他中国旅游热点城市只有少数饭店提供网络订房服务，其他则需通过网站代理。绝大部分联号和连锁饭店，都可以在网上直接预订，如知名的“假日”、“喜来登”、“希尔顿”、“玛里奥特”、“凯宾斯基”等。

通过这一比较，一方面说明国内饭店经营者对网络市场的开发重视不足，另一方面说明饭店的网络销售在国内有着巨大的潜力和发展空间。由于国内饭店，除合资、独资饭店外，多属于中小型地区性企业，无力也不可能在跨地区的广告促销活动中有大的投入。因此，影响力和知名度就受到地区限制，难以开拓国际性市场，在同合资、独资饭店的竞争中处于不利的地位。但是，网络销售恰恰可以帮助中小饭店扬长避短，通过有限的投入获得最大的收益，利用网络资源直接建立与客人的联系，降低营销成本，扩大饭店的国际影响力和知名度。

第四节　创建“绿色客房”

随着地球生存环境不断恶化，人们发起了一系列追求人与自然和谐共处的“绿色运动”，在全世界范围内掀起“绿色浪潮”。与此同时，饭店业也积极引入可持续发展的原则，认为饭店必须为社会提供舒适、安全、有利于人体健康的产品，并在整个经营过程中，以一种对社会、对环境负责的态度，坚持合理利用资源，保护生态环境。由此，“绿色饭店”的称谓应运而生。“绿色饭店”首先要在提供满足人体健康需要的产品和服务的前提下，使饭店的建设对环境的破坏最小，设备运行对环境的影响最小，物资消耗尽可能降低。

一、绿色饭店与绿色客房

“绿色饭店”至今还没有一个被广泛认同的定义，“绿色”一词往往用来比喻“环境保护”、“回归自然”等。国际上指代“绿色饭店”的单词应为 eco-efficient hotel，意为“生态效益型饭店”，意思是充分发挥资源的经济效益。“绿色饭店”只是一种比喻的说法，较为直观、形象地将饭店与环保、饭店与可持续发展的概念等同起来。世界旅游组织“可持续发展委员会”已在全世界饭店行业推广“持久旅游证书”（又称“绿色图章”），规定“饭店必须在周围环境、硬件设施、服务质量等方面都符合保护环境和生物多样化的要求之后才能获得这个证书。”一旦获得此证书，饭店的等级和名望将得到更好的认可。

“绿色客房”是绿色饭店所提供的客房产品，它必须满足“绿色饭店”的一些基本要求，它建立的根本目的是满足消费者对清洁、安全、健康、舒适的居住环境的要求，这一要求所包含的内容是非常广泛的，它可以涵盖以下内容：

（1）客房内提供给客人使用的用品、家具是清洁的，无污渍。

（2）客房是安全的，包括客房设备安全、客房提供的饮用水安全、保险箱及门锁可靠、消防安全等。

（3）客房的健康要求是指客房内无病毒、细菌等的污染；室内空气是清新的，无化学污染，氧含量满足人体要求等。

（4）客房的健康要求还包括客房家具的人性化设计、合理布局，室内无噪声干扰，具备良好的采光和照明等。

（5）为满足上述要求而采用的设备、设施、能源、原材料等都是环保型的。

二、创建“绿色客房”的意义

1．有效节约资源，降低成本消耗

从国外的成功经验来看，饭店可以通过加强能源管理和使用节能技术节约 10%～20%的能源，从而为饭店节省一笔可观的开支。客房是饭店的创利“大户”，也是能源与物品的消耗“大户”。创建“绿色客房”，将为饭店的节流工作做出巨大贡献。例如，在客房设置

征询牌、减少棉织品的洗涤量、减少一次性消耗物品、对物品重复使用等。

2．倡导绿色消费，树立良好形象

“绿色客房”倡导绿色消费，符合消费潮流的变革趋势。根据调查显示，90%的美国人在消费时更愿意购买绿色产品，66%的美国人甚至愿意支付更高的价格购买绿色产品。在青少年消费群中，也有大多数的消费者更愿意购买倡导绿色环保意识企业的产品。在国际市场上，“绿色消费”已成为主流。饭店创建“绿色客房”，树立环保形象，体现了饭店具有较高的环境法制观念和环境道德观念，以及强烈的社会责任感。这样一个关心环保事业的企业更能赢得政府的支持及消费者的信赖和好感，有助于树立良好的企业形象。

3．有利于环境保护

饭店对环境造成的污染包括燃料燃烧时对大气的污染，排出的生活污水、洗衣污水对水体的污染，以及客房一次性消耗物品所造成的固体废弃物污染等。创建“绿色客房”可以尽可能地减少饭店在这些方面对环境造成的污染。而且，饭店创建“绿色客房”、倡导“绿色消费”，也有利于增强饭店员工、客人的环保意识及保护环境的责任感，从而推动整个社会的环境保护意识。

三、创建绿色客房的要求

1．节约能源

据资料统计，我国饭店的能耗水平约为发达国家的2倍。绿色客房内应摆放节约水资源、减少不必要资源消耗的棉织品洗涤宣传卡，倡导客人绿色消费、保护环境。并且，可以通过适量减少水龙头水流量及抽水马桶冲水量等措施节约水资源消耗。再者，我国星级标准规定三星级以上饭店24小时供应热水，这同样也是能耗的大头。水温若从70℃降到50℃，就能节约能源23%，所以饭店应正确设定水温，节约能耗。总之，饭店应通过制定每日能耗通报制度、节约用电制度、节约用水制度等对饭店客房区域的能耗进行有效控制。

2．设备设施

使用环保型空调器及环保型冰箱等无氟电器，并且配备空气清洁设备及饮用水清洁设备。完善各项设备、设施的保养维护工作，延长设备的使用寿命。

3．客房环境质量

客房环境质量是创建绿色客房时容易忽视的问题，客房环境质量主要是指客房内的建材质量、空气质量、噪声、光环境与饮用水质量。

（1）建材质量。绿色客房室内墙面应采用环保型涂料，并选择抗菌卫生陶瓷和釉面砖、低甲醛释放的板材等。

（2）空气质量。目前饭店客房内空气质量的最大缺陷是空气洁净度不符合要求，原因在于送风系统送风量达不到规定的要求。

（3）噪声治理。客房的噪声治理包括对室外噪声的治理、建筑物内部噪声的治理（包括客房内的各项电器设备，如风机盘管、换气扇、电冰箱等发出的噪声）以及客房隔音材料的选择及配备。

（4）室内照明。国家涉外饭店星级评定与划分标准上专门列有一条“灯光设计具有专业性”，绿色客房在室内照明上更应体现出健康、方便与节能。

（5）饮用水质量。绿色客房应配备质量上乘的饮用水，一些饭店自行安装饮用水系统，还有一些饭店采用外购瓶装矿泉水或纯净水，但应杜绝二次污染。

4. 物品控制

绿色客房的物品消耗控制应注意减少浪费以及减少废弃物。

（1）减少物品消耗量。减少物品消耗量有助于减少废弃物的产生，根据客人的实际需求严格控制客房物品摆放的数量，减少浪费。据调查，很多饭店提供的浴室易耗品，如香皂、浴液、洗发水、牙膏、润肤露等均超出正常人 4 天的用量。每日一换或每客一换（当客人停留天数较短时）都将造成浪费，所以应改为小包装或取消提供易耗品，使客房易耗品更精致实用而避免浪费。减少客房物品包装也是减少废弃物产生的重要渠道，目前一些饭店已向国外饭店学习，将以往独立包装的沐浴液与洗发液改为安装在浴室墙上的固定容器中。并且将所使用洗浴产品的品牌标志印制在液盒表面，使客人放心使用。

（2）提供绿色产品。客房内提供绿色产品与绿色食品，做到无污染、安全与优质。例如，世界排名第 22 位的美国特许经营饭店系统在绿色饭店已卓有成效的基础上推出称之为“常青客房”的绿色客房。它们为每间客房花 350 美元，增设两个空气净化器、过滤可饮水系统、过滤淋浴龙头，保证向客人提供常青水。

（3）再使用。决不废弃可以再使用的物品，如将报废床单改制为洗衣袋，将用过的纸张、废旧报纸收集再利用，将客人用过的肥皂收集制成洗涤剂进行再利用等。

（4）替换使用。替换使用即尽量将一次性使用的物品替换为可以重复使用的物品。例如，将一次性塑料制品改为可以重复使用的布制品，不使用一次性毛巾、一次性牙刷、一次性梳子、一次性容器等。

（5）循环回收。对于某些饭店无法利用的废弃物，可分类投放，由专门的工厂重新处理后作为资源进行再生利用，进行循环回收，如玻璃、金属、纸包装、塑料包装和铁皮包装、旧电池、废灯管等物品。

四、“绿色客房”管理的基本内容

“绿色客房”管理的基本内容主要包括以下几个方面：

（1）选择那些同意将其产品废弃物减少到最小程度的供应商，或者坚持生产厂商将非必要的包装减少到最少或重新利用。

（2）注意回收旧报纸、易拉罐和玻璃瓶等，并将有机物垃圾专门堆放在一起。

（3）合理安装各种设施、设备，减少能源浪费的现象。

（4）在客房中注意使用各种节能设施、设备及节能新技术，如安装节能灯及各种自动化控制的节能设施和技术。

（5）节约用水。严格控制客房淋浴喷头、洗脸盆龙头及马桶抽水每分钟的出水量。在饭店建设、客房装修和改造时，注意选用节水型卫生洁具。

（6）鼓励住宿超过一天的客人继续使用原有的毛巾或不更换床单，减少清洗所需的水和洗涤剂用量。

（7）减少客房整理次数。

（8）对于预计当天离店的客人所住的房间，要求当班服务员在客人离店后整理。特别是有的客人下午离店，如果上午整理好，换上新床单及易耗品，午休后就成了走客房，还需再清扫一次，并更换有关物品，造成不必要的浪费，而客人也不会“领情”。

（9）减少使用含氯氟烃的产品及含氯漂白剂的布草。

（10）尽可能使用有利于环境保护的商品和可再生利用的产品。例如，放置的洗衣袋从塑料制品改为纸制品，或用可多次使用的竹篮或布袋代替。

（11）改变客房卫生用品的供应方式。传统饭店的卫生间每天都要为客人配备肥皂、罐装沐浴液、洗发液等卫生清洁用品，凡客人用剩的都要扔掉，这样既浪费了资源，又污染了环境。未来饭店应将客房内惯用的肥皂和沐浴液小罐子，改为可添加的固定容器或在卫生间取消提供这些易耗品，既可减少浪费，也能避免丢弃用剩的肥皂，以减少资源浪费。

（12）洗衣房节约洗涤用水。饭店是用水大户，洗衣房更是饭店的用水大户，因此洗衣房做好节约用水工作对于饭店实施“绿色经营”具有重要的意义。

（13）在洗衣房安装水回收器，对废水回收处理，重复使用。

（14）洗衣房对洗涤剂的使用量加以控制。

（15）洗衣房尽可能减少氯漂白剂的使用。

（16）有无烟客房楼层。

（17）房间的牙刷、梳子、小香皂、拖鞋等一次性客用品和毛巾、枕套、床单、浴衣等客用棉织品，按客人意愿配备或更换，减少洗涤次数。

（18）改变（使用可降解的材料）、简化或取消客房内生活、卫浴用品的包装。

（19）放置对人体有益的绿色植物。

（20）供应洁净的饮用水。

（21）客房采光充足，有良好的进风系统，各项污染物及有害气体检测均符合国家标准。

第五节　智能技术在客房设计中的应用

一、客房设计与饭店的发展趋势

进入21世纪，客房设计与装修将更加体现“以人为本”的理念，呈现以下几方面的发展趋势：

1．客房

（1）窗台下落，落地窗将更加普遍。

（2）客房上网，电视计算机化及没有点播系统。

（3）去除移动式小型集中控制器，床上只设床头灯的控制及总掣开关，房内其他灯具就地控制。

（4）去除节电牌，改为红外线与空调一体化的控制器。房间、卫生间无人时，灯就自动熄灭，有人时就保持正常的照明状况。

（5）变氟利昂式小冰箱为吸收式小冰箱，实现无噪声。

（6）房内灯光向顶灯、槽灯方向发展，摇臂灯及台灯越来越少用。

（7）电源插座同时具备中国标准和英国标准，减少提供接线板的麻烦。

（8）家具多元化，布置分散，有挂墙趋势。

（9）走火图、房门号码、空调风口工艺化，安装位置有上墙的趋势。

（10）房门外有光源不强的局部照明射灯，看房门号及插锁孔更方便。门锁除电子门锁外，还会出现指纹锁、视网膜锁等。

（11）客房地面改变铺满地毯的传统，常在小过道和窗前用硬地面。

（12）墙面有涂涂料的趋势。

（13）客房配计算机及可移动的计算机桌。

（14）房内配置手电筒及消防防毒面罩。

（15）窗帘逐步电动化。

（16）客房色彩多元化。

（17）对床本身的关注与改造也是一种趋势。很多饭店开始使用能够改善客人睡眠，具有各种功能的保健床。

2. 卫生间

客房卫生间是体现饭店整体硬件标准的最重要特征之一，客房卫生间的设计原则除了完整的功能和方便、卫生、安全的因素之外，还要考虑格局的创新、空间的变化、视觉的丰富和照明光效的专业化标准等。

（1）功能上的多元化。卫生间最基本的功能是满足客人盥洗、如厕、淋浴等个人卫生要求。而在21世纪，除了这些基本功能外，卫生间将成为健身与享受温馨的空间，其设施性能、室内装修等都有了相应的改变。

在卫生间的诸多功能中，化妆功能将得到进一步强化。台面上可供客人摆放各种自带的梳洗、化妆用品。为此，要求台面要宽阔。此外，一些饭店化妆台除正面使用大面积的镜子外，侧面还设有供化妆、剃须用的放大圆镜，豪华饭店的卫生间镜面后还装有加热导线，以消除镜面雾气。

此外，包括三星级饭店在内的越来越多的饭店还在卫生间放置磅秤和安置吹风机，以满足客人保健和美容美发的需要。

（2）设施的现代化。现代化的卫生间设施、设备将为客人提供更加方便、舒适的享受：

1）具有保健功能的按摩浴缸。很多高档饭店竞相在豪华套间设置冲浪式浴缸，以显示档次，其四周与下部设有喷头，喷射水流冲击人体肌肉，起按摩作用，以消除疲劳，恢复体力。

2）将出现方便、舒适的自动化马桶。客人如厕时，可根据需要调节坐盖的温度。如厕结束后，可自动冲洗下身（水温可自动调节），并带有自动烘干装置。

3）在卫生间安装音响。为了使客人在使用卫生间（如在浴缸沐浴时）时得到彻底的放松和享受，越来越多的饭店除了在卧室内安装音响以外，还在客房卫生间安装音响设施，以便为客人提供更加舒适的享受和高标准的服务。除了音响以外，有的豪华饭店甚至在卫生间内安装小电视，方便客人随时收看经济行情、重要新闻、球赛和各种娱乐节目。

4）卫生间不用排风扇。为了降低噪声，卫生间排风不采用排风扇，而采用管井集中排风。

（3）独立的淋浴装置将在客房卫生间装修中大行其道。越来越多的饭店将在其客房卫生间设独立的箱式淋浴间，且多为拼装结构，采用玻璃或有机玻璃箱体。这一趋势将从很多豪华饭店及套间发展到普通饭店的普通房间。在一些热带国家和地区，还可能出现用这种独立淋浴装置替代传统的浴缸的趋势。

（4）卫生间的空间扩大化。总的趋势是卫生间的面积越来越大，我国饭店星级评定将卫生间的面积定为4～6m²，这与国际上三件套（洗盆、浴缸、马桶）设施卫生间的面积相同，但对 5 件套设施（增加净身盆和箱式淋浴器）的卫生间来说，需 8～10m²。豪华卫生间的经典之作当属中国香港丽晶饭店的海景套间，其卫生间面积达 36m²，拥有豪华的按摩浴缸及独立的桑拿浴室，卫生间三面采用大面积镜子，采用借景的手段将迷人的维多利亚港湾风景尽收眼底，沐浴在按摩浴缸之中，仿佛置身于蔚蓝的大海，令人心旷神怡。

（5）节能型洁具将在卫生间普遍采用。为了节约经营成本，普遍采用绿色环保型卫生间，不少坐便器将注明用水量。

（6）卫生间的“开放化”。迄今为止，饭店客房的卫生间基本上都是一个“小黑箱”，而今后的设计将更趋向于有连通外部空间的窗户和回归自然的气氛，特别是在度假饭店中的单人房内更应倡导这种客、卧室相通（可以用玻璃隔开，也可以在卫生间内加 PVC 卷帘），使客人通过落地欣赏户外景观的设计风格和理念。

（7）卫生间的设计将更加注重“美感”、“温馨”和“浪漫”。卫生间将力图为客人创造“温馨”、“浪漫”，富有美感的情调和氛围。高档、豪华饭店将在洗面台、镜面、浴缸等位置陈设或安装一些特别的工艺品、装饰画、插花等，同时要为每一件映设品安装相应的低压石英灯照射。

此外，卫生间的设计与装修还将出现以下变化趋势：

1）在卫生间内安装艺术画。

2）在卫生间内安装“呼叫”和“请等候”按钮，以便在出现紧急情况或在客人使用卫生间时有来访客人敲门时使用。

3）沐浴液、洗发液改为盒装，挂墙。

二、智能技术在饭店客房设计与装修中的应用

科学技术不断提高，各种现代化、智能化设施、设备管理技术越来越多地应用在饭店的经营中，为饭店开展人性化、个性化的服务提供了完善周到、可靠先进的技术支持。新建饭店或老饭店改造时，要注意以下智能技术在饭店中的应用。

1．智能门锁系统

智能门锁的锁舌为防插、防铝的锁舌结构，为防止客人开锁后忘记拔卡，智能门锁等卡拔出后才开启。一旦转动把手后就可立即锁上，防止有人跟踪进门。如果客人未关好房门，门锁会自动报警提示，同时智能门锁可与饭店管理系统接口使用，以实现饭店信息资源统一化、网络化管理。现在饭店内常用的智能门锁主要有 IC 卡门锁、TM 卡门锁和射频门锁，同时智能门锁卡还可以一卡多用，可以开门锁、保险箱、取电、付费、乘电梯，具备安全、方便、易管理的特点。

2．智能保险箱

智能保险箱将智能卡技术、微电子技术、电磁技术和机械制造技术有机地融为一体，是高科技的结晶，它有密码、IC 卡、TM 卡、液晶显示等多种规格，其钥匙都采用与开门

卡统一的智能卡，安全性高、管理方便，而且可以与房间智能控制器、门锁一起联网到中央监控系统，一旦遭到非法侵犯会自动报警。客人退房时，前台甚至可以看到保险箱开关状态，提醒客人以免造成遗漏，真正体现“影子”服务。

3. 智能客房中心

智能客房中心（IGC）由智能门锁、智能卡、智能身份识别器、门磁开关、联网组件（网络控制器、转接器等)、智能管理软件系统组成（包括能源管理系统、服务管理系统、安全管理系统和互动平台等)。通过智能客房中心，饭店可以提升服务细节品质，提供“贴身侍从”般的服务。例如，客人到前台登记入住时，前台员工可以通过远程控制系统，打开房间灯光和空调；打开电视，带有客人姓氏的问候语映入眼帘，使客人有宾至如归之感；当客人不在房间时，检测系统会及时提醒中心控制人员，及时通知服务人员进行清洁，退房预告功能可以将客人下楼结账的时间减到最短；特别是当白天房间无人时，如果房门一直处于打开状态或客人晚上入住后门未锁好，智能客房中心会自动提醒服务人员对该房间进行检查，大大提高了安全性能。由于管理系统控制中心界面上包括了正在维修、清洁请求、呼叫请求 VD 房、维修房、正在清洁、房门打开/关闭、保险箱开/关、客历档案自动弹出、温度显示等 20 多项状态显示并可实时查看，使得对客人的多种需求的关注程度大大提高，真正体现以客人为中心的关注焦点。

4. 智能数码电视

万豪国际集团宣布，其旗下饭店将在客房及酒廊安装纯平数码高清晰度电视机（HDTV)。预计在未来几年内，世界各地的 JW 万豪、万豪及万丽品牌饭店将总共安装 5 万台 LG 电子公司生产的高清晰度电视机。这批电视机有一个独特设计，就是它带有一个连接面板，置于桌面可以令客人有足够长的电线将其笔记本电脑、DVD 播放机、MP3 播放机、摄像机及计算机游戏连接至电视机。客人只需插入设备，连接面板就会自动进行系统设置程序，无论商务或休闲客人，都可以享受数码科技带来的便利和乐趣。

这款特别为万豪国际集团定制的电视机及面板可同时进行两项工作。如果一名商务客人希望同时处理多项任务，可选择把电视机屏幕分成两部分，一半用作编辑计算机演示文稿，另一半显示电子邮件的接收。客人也可把娱乐带进工作中，如可在通过电视机进行计算机演示文稿修订的同时收听数码音乐或观赏电影。电视机放在特别定制的桌子上，可作 178° 旋转，其宽阔的角度，大尺寸的高亮度、高对比度的液晶屏幕及配套的高功率音响设备，可为客人带来逼真的视听感受。

本章小结

未来前厅部管理的发展新趋势是：组织机构精简化，经营方式社会化，产品服务个性化，客史档案完善化，定价策略灵活化，预订网络化，饭店将实施“收益管理”，计算机应用普及化。

客房管理的发展趋势是：客房管理已经形成协作性很强的系统化管理，内部分工模块已经形成，管理技术手段与水平将会进一步提高，服务和管理高科技化，设计和服务将走向无障碍化，装修和布置更加注重文化品位，更加注重客人的人身安全和健康问题，绿色客房将越来越受欢迎，钟点客房将占据一定市场。

前厅是饭店业务活动的中心，也是饭店的信息中心。饭店的一切经营活动都是建立在大量的信息或数据的基础上，每一个部门的经营管理都需要信息的支持，部门与部门之间的协调更离不开信息，特别是与经营有关的信息。在前厅部业务管理中应用计算机，大大提高了工作效率，有利于前厅与其他部门之间的信息沟通与协调。

思考与练习

一、填空题

1．21 世纪前厅部管理的发展新趋势有______、______、______、______、______、______、______、______。

2．饭店在创建绿色客房方面的要求是______、______、______、______、______。

3．智能技术在饭店客房设计与装修中应用在______、______、______、______等方面。

4．前厅部计算机管理系统的基本功能一般分为______、______、______等。

二、不定项选择题

1．21 世纪饭店前厅部管理发展趋势之一是组织精简化，具体从______做起。（　　）

A．精简机构，合理定编　　B．岗位分工更加细化

C．严格实行五级管理体制　　D．一职多能，人尽其才

2．以下______可能会在“未来客房”中的使用。（　　）

A．光线唤醒　　B．白色噪声　　C．自动感应系统　　D．电子控制的床垫

3．创建绿色客房应从______做起。（　　）

A．节约能源　　B．设备设施　　C．客房环境质量　　D．物品控制

三、简答题

1．未来客房管理的发展新趋势有哪些？

2．简述计算机技术应用对前厅管理与服务的意义。

3．绿色客房的物品消耗控制应注意减少哪些方面的浪费以及减少废弃物？

四、案例分析

2009 年 12 月 25 日，山东省德州市开发区太阳谷微排国际酒店开业，酒店应用太阳能集热系统和外墙保温技术。酒店所用建材以及酒店用品均为环保材料，所生产的食品均以绿色有机产品为原料。不使用燃煤，所用热水均由太阳能装置提供，客房实行计算机智能化控制，使用无磷和符合标准的有机洗浴、洗涤用品，排水均由中水处理装置进行处理后二次利用。厨房设备为运水排烟系统，减少厨房大气污染物以及噪声的排放。酒店绿色客房在门口标示“绿色客房”的字样，其标准是客房内不设吸烟器具，有阳光房和完备的能耗记录卡，有各种环保警示及提示牌。绿色客房所在楼层为无烟楼层，每个房间内有环保宣传资料和报刊书籍等，对客人的单位能耗进行跟踪记录，给予礼品奖励。

酒店还定期对员工进行各种形式的环保培训，举行以环保为主题的讲座，全员参与并

引导和鼓励来店客人参与以节能降耗为主题的绿色活动。

山东省德州太阳谷微排国际酒店被称为“世界最大太阳能酒店”，其屋面、外墙采用了聚苯保温板，整体传热系数大大降低，比节能标准低30%左右；门窗、天窗和幕墙采用温屏节能玻璃和 BIPV 温屏光伏组件，传热系数降低为国家节能标准的一半，而且隔热、隔音、防结霜露；太阳能高效遮阳系统使得夏季实现高效遮阳；光伏并网发电系统发电量达到 20kW。酒店投入使用后，整体节能 70%，加上 60%采暖、制冷，节能效率高达 88%，远远高于国家公共建筑节能 50%的设计标准。酒店每年可节能 2 640t 标准煤、节电 660 万度，减少污染物排放 8 672.4t。

问题：请结合案例分析中国打造“低碳酒店”的措施。

附录　全球酒店集团排名（2011 年）

序位	集团名称		国家和地区	客房总数	酒店总数
	英文名称	中文名称			
1	Inter Continental Hotels Group	洲际酒店集团	英国	647 161	4 437
2	Marriott International	万豪国际集团	美国	618 104	3 545
3	Wyndham Hotel Group	温德姆酒店集团	美国	612 735	7 207
4	Hilton Hotels Group	希尔顿酒店集团	美国	604 781	3 671
5	Accor	雅高集团	法国	507 306	4 229
6	Choice Hotels International	精品国际饭店公司	美国	495 145	6 142
7	Starwood Hotels & Resorts Worldwide	喜达屋全球酒店与度假村集团	美国	308 736	1 041
8	Best Western International	最佳西方国际集团	美国	308 692	4 038
9	Carlson Hospitality Worldwide	卡尔森环球酒店集团	美国	162 143	1 064
10	Global Hyatt Gourp	全球凯悦公司	美国	127 507	453
13	Jin Jiang International Hotels	金色郁金香酒店集团	中国上海	107 019	
19	Home Inns	如家酒店集团	中国上海	93 898	350
34	Shangri-La Hotels and Resorts	香格里拉饭店集团	中国香港	27 987	58
43	HK CTS Hotels Co. Ltd.	港中旅维景国际	中国深圳	19 268	58
48	Jinling Hotels & Resorts Corp.	金陵饭店集团公司	中国南京	18 075	73
50	Barony Hotels & Resorts Worldwide	君廷国际酒店集团	中国香港	16 369	56
59	GreenTree Inns Hotel Management Group, Inc.	格林豪泰酒店管理集团	中国上海	14 481	131
60	Guangdong (Int'l) Hotel Management Holdings Ltd.	粤海（国际）酒店管理集团有限公司	中国香港	14 342	51
64	HNA Hotels & Resorts	海航酒店与度假村集团	中国海口	13 628	46
83	New Century Tourism Group	开元旅业集团	中国杭州	11 017	33

参考文献

[1] 陈乃法，吴梅．饭店前厅客房服务与管理[M]．北京：高等教育出版社，2003．

[2] 刘伟．前厅与客房管理[M]．北京：高等教育出版社，2007．

[3] 余炳炎，张建业．饭店前厅部的运行与管理[M]．北京：旅游教育出版社，2002．

[4] 严伟．饭店前厅与客房管理[M]．上海：上海交通大学出版社，2004．

[5] 徐文苑．饭店前厅管理与服务[M]．北京：清华大学出版社．2004．

[6] 李晓东．旅游饭店前厅客房服务与管理[M]．郑州：郑州大学出版社．2006．

[7] 孟庆杰，唐飞．前厅客房服务与管理[M]．2 版．大连：东北财经大学出版社，2002．

[8] 林美珍，郑向敏．饭店前厅运作与管理[M]．北京：中国财政经济出版社．2005．

[9] 孟广杰，黄海燕．前厅客房服务与管理[M]．大连：东北财经大学出版社，1999．

[10] 曾凌峰．客房服务规范[M]．北京：中国经济出版社，2003．

[11] 谢玉峰．旅游饭店前厅客房服务与管理[M]．郑州：郑州大学出版社，2004．

[12] 蔡万坤．前厅与客房管理[M]．北京：北京大学出版社，2006．

[13] 李光宇．前厅客房服务与管理[M]．北京：化学工业出版社，2007．

[14] 汝勇健．客房服务与管理[M]．南京：东南大学出版社，2007．

[15] 贺湘辉，徐文苑．饭店客房管理与服务[M]．北京：清华大学出版社，2005．

[16] 李雯．饭店前厅与客房业务管理[M]．大连：大连理工大学出版社，2005．

[17] 孔永生．前厅与客房细微服务[M]．北京：中国旅游出版社，2007．

[18] 蒋丁新．现代饭店前厅与客房管理[M]．大连：东北财经大学出版社，2002．

[19] 黄珏．饭店前厅与客房部管理[M]．厦门：厦门大学出版社，2004．

[20] 丁林．旅游饭店前厅客房服务与管理[M]．济南：山东大学出版社，2005．

[21] 康蓉．饭店前厅与客房管理[M]．西安：西北大学出版社，2002．

[22] 韦小良．前厅与客房管理[M]．北京：中国财政经济出版社，2005．

[23] 徐明．客房实务[M]．北京：电子工业出版社，2008．

[24] 李葱葱．前厅与客房管理[M]．北京：中国财政经济出版社，2001．

[25] 陈宁．前厅客房服务与管理[M]．北京：北京理工大学出版社，2010．

[26] 孙超．饭店前台管理[M]．北京：中国旅游出版社，2004．